网络与信息法实务教程
系列丛书

数 据 安 全
法律实务教程

周 辉／主编　何 波　闫文光／副主编

DATA SECURITY
LEGAL PRACTICE TUTORIAL

法律出版社
LAW PRESS·CHINA
北京

图书在版编目（CIP）数据

数据安全法律实务教程/周辉主编.－－北京：法律出版社，2025.－－ISBN 978-7-5197-9514-6

Ⅰ.D922.17

中国国家版本馆 CIP 数据核字第 2024RQ4052 号

数据安全法律实务教程
SHUJU ANQUAN FALÜ SHIWU JIAOCHENG

周　辉　主编

策划编辑　邢艳萍
责任编辑　邢艳萍　石蒙蒙
装帧设计　鲍龙卉

出版发行　法律出版社	开本　710 毫米 × 1000 毫米　1/16
编辑统筹　法律应用出版分社	印张　19.25　　字数　280 千
责任校对　王　皓	版本　2025 年 1 月第 1 版
责任印制　刘晓伟	印次　2025 年 1 月第 1 次印刷
经　　销　新华书店	印刷　保定市中画美凯印刷有限公司

地址：北京市丰台区莲花池西里 7 号（100073）
网址：www.lawpress.com.cn　　　　　　　　销售电话：010-83938349
投稿邮箱：info@lawpress.com.cn　　　　　　客服电话：010-83938350
举报盗版邮箱：jbwq@lawpress.com.cn　　　　咨询电话：010-63939796
版权所有·侵权必究

书号：ISBN 978-7-5197-9514-6　　　　　　　　定价：89.00 元
凡购买本社图书，如有印装错误，我社负责退换。电话：010-83938349

编辑委员会

主　　编：周　辉
副 主 编：何　波　闫文光
成　　员：冯子轩　徐玖玖　谢　祎　孙菊鸿
　　　　　张心宇　秦瑞翰　崔　倩　程嫚琪

副主编简介

何　波

中国信息通信研究院互联网法律研究中心主任，法学博士，高级工程师，移动应用创新与治理技术工信部重点实验室副主任，国际电信联盟人工智能全球峰会学者。兼任中国互联网协会法治工作委员会副秘书长、中国人工智能产业发展联盟安全治理委员会副主任等。长期从事网络法治研究和立法支撑，先后在中央网信办政策法规局、工信部产业政策与法规司、中央纪委国家监委驻工信部纪检监察组借调工作，深度参与《电子商务法》《个人信息保护法》《网络数据安全管理条例》等法律法规研究起草，牵头完成《中国网络法治三十年研究报告》《人工智能发展及规范法律问题研究》等部级研究课题数十项，曾获得工信部首届青年干部论文大赛一等奖等多项奖励荣誉。

研究领域：网络与信息法学、国际数字规则。

代表作：《中国网络法治建设与互联网跨越式发展》《中国参与数据跨境流动国际规则的挑战与因应》《数据权属界定面临的问题困境与破解思路》。

闫文光

中国人民大学法学院博士研究生，北京航空航天大学工业和信息化法治研究院（工业和信息化部重点实验室）研究员，参与数据要素治理、个人信息保护、数据安全、平台责任与监管、知识产权保护等多项国家与省部级重点研究项目。

研究领域：网络与信息法学、法理学。

代表作：《论中国数据跨境制度的现状、问题与纾困路径》《中国人工智能算力产业发展的规制困境及其解决路径》《弱人工智能时代算法歧视的综合治理》等。

编写团队简介

冯子轩

西南政法大学人工智能法学院教授、数字法治政府研究院执行院长，兼任中国法学会网络与信息法学研究会理事、中国法学会立法学研究会理事、中国法学会行政法学研究会理事、中国法学会行政法学研究会政府规制专业委员会委员、中国生物医学工程学会医学人工智能分会法律伦理专家组委员、重庆市法学会首席法律咨询专家、"八五"普法川渝讲师团成员等。在各级核心期刊发表学术论文40余篇，主持完成国家社科基金青年项目、司法部课题等省部级以上项目7项，出版专著、译著3部。

研究领域：行政法学、网络与信息法学、政府监管（规制）。

代表作：《人工智能与法律》《智能行政执法的过程机理及其冲突调适》《生成式人工智能的伦理立场与治理之道》《重大行政决策裁量基准的规范构造研究》《人工智能法律指南》《我国政务数据开放的风险及其法律规制》等。

徐玖玖

中国社会科学院法学研究所网络与信息法研究室助理研究员，中国社会科学院文化法制研究中心助理研究员，中国社会科学院大学法学院讲师，《网络信息法学研究》副主编。主持国家社科基金一般项目、中国法学会部级研究课题、司法部法治建设与法学理论研究部级科研项目等课题5项，在《现代法学》《法律科学》《光明日报》等发表论文文章20余篇。

研究领域：网络与信息法学。

代表作：《利益均衡视角下数据产权的分类分层实现》《人工智能的道德性何以实现？——基于原则导向治理的法治进路》。

谢 祎

国家互联网应急中心助理研究员，长期从事中美网络关系、互联网治理、网络信息安全、数据治理等领域战略、立法等研究工作，参与国家社科基金、省部级课题项目等数十项，参与撰写《全球网络空间安全战略与政策研究：2020-2021》《世界互联网大会蓝皮书》等，在《大数据》等期刊发表论文4篇。

孙菊鸿

北京互联网法院法官助理，中国政法大学法学硕士。辅助审理的某网络服务合同纠纷案判决书获评北京市优秀裁判文书，辅助审理的侵害作品信息网络传播权纠纷案件两次入选北京互联网法院知识产权典型案例。参与编写《网络侵权纠纷典型案例解析》等，围绕实际审判工作撰写多篇调研报告。

张心宇

法学博士，北京理工大学法学院博士后研究人员，工信部智能科技风险法律防控重点实验室研究员，《网络信息法学研究》特约编辑。在网络与信息法学领域有着长期的工作积累，作为研究人员多次参与数据跨境管理、数据合规、网络安全相关的国家智库报告的撰写；作为法律专家接受企业和地方政府等关于数据合规、公共数据管理等方面的咨询，熟悉数据跨境、数据资产入表等实务。

秦瑞翰

中国标准化研究院长三角分院标准化研究人员，厦门大学法律硕士。主要从事数据知识产权、政务数据、公共数据、智能化社会治理、标准必要专利研究、社会管理和公共服务标准化研究及实务工作。主持或者参与"中小微企业数字化法治智检和服务规范综合标准化"等国家社会管理和公共服务标准化试点项目、国家服务业标准化试点项目、国家循环经济标准化试点项目、国家社科基金项目与省部级重点研究项目数十项，参与编制地方标准、企业标准30余项，参与专利法规政策研究和地方标准化政策制定。

崔　倩

中国社会科学院大学法学院法律硕士研究生。

程嫚琪

中国政法大学硕士研究生。

总　序

新一代信息技术数字化、网络化、智能化迭代发展，经济社会发展面临新的发展机遇和风险挑战。中国顺应全球信息化发展大势，立足中国互联网发展实践，将依法治网作为全面依法治国和网络强国建设重要内容，坚持科学立法、民主立法、依法立法，《网络安全法》《数据安全法》《个人信息保护法》《反电信网络诈骗法》等专门性网络与信息立法先后出台。网络空间治理、平台经济和数字经济规范健康发展的法律遵循日益健全。

2024年1月，国务院学位委员会第八届学科评议组、全国专业学位研究生指导委员会编修的《研究生教育学科专业简介及其学位基本要求（试行版）》将网络与信息法学列为法学二级学科。网络与信息法学已经形成以网络法、数字法、智能法、信息法为主体的矩阵框架。在这一背景下，围绕网络与信息法学的基础性专门立法进行阐述，以实现规范内容、理论研究、实践经验的深度融合为基本思路，系统全面梳理现有立法成果、深入阐释法律规范内涵，可以更好地满足教学、研究的需求。

法律的生命在于实施。依法治网、依法办网、依法上网，首先需要准确理解和适用基础性专门立法。信息化实践快速发展，新技术、新应用、新业态不断创新，法律的细节也需要及时解释明确。为此，我们策划"网络与信息法实务教程系列丛书",在阐述法律变迁、制度原理的基础上,分析立法背景、聚焦执法实践、解读典型案件,总结相关法律适用的基本规律和信息技术合规应用的最新趋势,为读者提供立体参考。

本系列丛书汇聚了来自高等院校、科研机构、司法机关、产业部门的一线专家,不少编者深度参与了相关法律的起草和一线案件审判。基于这些复合型优势,我们努力将本系列丛书打造为集学科教材、实务指南于一体的专业读物。

期待丛书的出版,可以带来对中国网络与信息法学研究和法治建设的更多关注、讨论和思考,培养一批精通网络与信息法律适用的专业人才,更好助力网络强国、法治中国建设。

2025 年 1 月 1 日

前　言

2021年9月1日，《数据安全法》正式实施，确立了数据安全治理和开发利用的基本框架，明确了数据安全与发展的基本原则、数据安全制度与保护义务、政务数据安全与开放和相关法律责任。2025年1月1日起施行的《网络数据安全管理条例》进一步完善了重要数据安全管理、优化了网络数据跨境安全管理、突出了网络平台服务提供者数据安全保护义务。中国的数据安全保护法律规范体系日益健全。

本书以截至2024年12月31日出台的《数据安全法》和相关法规规章为核心，详细阐释数据安全法律原理和内容。考虑到"网络与信息法实务教程系列丛书"的整体布局，本书对《个人信息保护法实务教程》涉及的个人信息数据保护制度不做详细介绍。

编写体例上，本书逻辑严谨，条理清晰，各章节之间相互呼应、层层递进，使读者能够循序渐进地理解数据安全法律体系的全貌，避免了知识的碎片化和跳跃性，为读者构建了一个系统完整的知识框架。本书共精心编排为十章。第一章至第三章为总论部分，详细阐述了数据安全法律的基本概念、主要国家和地区的立法概况、适用范围、法律渊源、基本原则以及安全监管与合规主体等基础知识，为后续深入介绍打下坚实的理论基础。其余部分为分论，第四章至第八章分别从数据安全与发展、数据安全管理、数据安全保护、数据跨境流动管理、政务数据安全与开放等多个重要维度,深入探讨了数据安全法律在不同领域的具体应用和实践要求,使读者能够深入了解数据安全法律在各个业务场景中的实际操作要点;第九章和第十章则聚焦于争议解决与救济以及法律责任,明确了在数据安全法律关系中各方的权利义务,以及违反法律规定所应承担的后果。

  本书能够顺利完成,要感谢参与撰写的各位学者专家的辛勤付出,也要感谢法律出版社提供的大力支持。由于编写时间仓促,实践发展日新月异,本书难免存在问题,恳请读者批评指正。

目 录

第一编 总 论

第一章 概 论 / 003

 第一节 基本概念 / 005

  一、数据 / 005

  二、数据处理 / 006

  三、数据安全 / 006

  四、数据分类分级 / 007

 第二节 主要国家和地区的立法概况 / 008

  一、欧盟的立法概况 / 008

  二、美国的立法概况 / 011

  三、其他国家的立法概况 / 013

 第三节 适用范围 / 017

  一、域内适用效力 / 018

  二、域外适用效力 / 018

 第四节 法律渊源 / 019

  一、正式法律渊源 / 019

  二、非正式法律渊源 / 023

第二章 基本原则 / 027

 第一节 数据主权原则 / 029

一、数据主权原则的概念 / 029

　　二、数据主权原则的内涵 / 029

　第二节　数据安全与发展并重原则 / 031

　　一、数据安全 / 031

　　二、数据安全与发展并重 / 034

第三章　数据安全监管与合规主体 / 037

　第一节　数据安全监管主体 / 039

　　一、中央国家安全领导机构 / 039

　　二、网信部门 / 040

　　三、数据管理部门 / 041

　　四、公安机关、国家安全机关 / 042

　　五、工信部门 / 043

　　六、保密部门 / 044

　　七、其他行业主管部门 / 044

　　八、地方政府相关部门 / 045

　第二节　数据安全合规主体 / 045

　　一、一般数据处理者 / 046

　　二、重要数据处理者、核心数据处理者 / 047

　第三节　其他相关主体 / 048

　　一、数据交易中介服务机构 / 048

　　二、数据委托处理者和受托者 / 049

第二编　分　　论

第四章　数据安全与发展 / 053

　第一节　数据开发利用和产业发展 / 055

　　一、数字经济发展规划 / 055

二、智能化公共服务 / 058

第二节　数据合规技术与产品 / 062

一、数据合规技术发展趋势 / 062

二、重点数据合规技术 / 065

三、数据合规技术产品 / 069

第三节　数据安全检测评估与认证 / 072

一、制度背景 / 072

二、制度内容 / 075

三、制度的实施要点 / 076

第四节　数据交易 / 086

一、制度背景 / 086

二、制度内容 / 092

三、制度的实施要点 / 096

第五章　数据安全管理 / 105

第一节　数据分类分级保护 / 107

一、制度背景 / 107

二、制度内容 / 108

三、制度的实施要点 / 110

第二节　数据安全风险监测预警 / 113

一、制度背景 / 113

二、制度内容 / 114

三、制度的实施要点 / 116

第三节　数据安全审查 / 122

一、制度背景 / 122

二、制度内容 / 123

三、制度的实施要点 / 124

第六章　数据安全保护 / 129

第一节　数据安全培训 / 131
一、制度背景 / 131
二、制度内容 / 134
三、制度的实施要点 / 136

第二节　特定数据服务合规 / 138
一、制度背景 / 138
二、制度内容 / 140
三、制度的实施要点 / 140

第三节　配合提供数据 / 142
一、制度背景与内容 / 142
二、制度的实施要点 / 143

第四节　重要事项报告 / 145
一、制度背景与内容 / 145
二、制度的实施要点 / 146

第七章　数据跨境流动管理 / 149

第一节　制度背景与内容 / 151

第二节　数据出境合规要点 / 153
一、数据出境活动界定 / 155
二、不同类型数据出境路径 / 155
三、数据出境安全评估制度 / 156
四、个人信息跨境提供的合规问题 / 159

第三节　数据域外调取合规要点 / 162

第四节　对等应对歧视性措施 / 165
一、制度背景与内容 / 165
二、合规要点 / 166

第五节　数据跨境流动管理的未来趋势 / 166

第八章　政务数据安全与开放 / 171

第一节　公共数据与政务数据 / 173

一、公共数据和政务数据的概念 / 173

二、政务数据和公共数据的关系 / 174

第二节　国家机关数据安全保护义务 / 175

一、国家机关收集、使用数据的基本原则 / 176

二、建立数据安全管理制度 / 177

三、委托他人建设、处理 / 177

第三节　政务数据开发利用 / 178

第四节　政务数据开放 / 183

一、中国政务数据开放的沿革 / 183

二、政务数据开放的基本原则 / 184

三、政务数据开放的要求 / 185

第五节　政务数据共享 / 187

第九章　争议解决与救济 / 193

第一节　行政救济途径 / 195

一、行政救济的程序制度 / 196

二、投诉举报 / 197

三、行政复议 / 205

四、行政诉讼 / 208

五、行政补偿与赔偿 / 218

第二节　民事救济途径 / 219

一、受案范围 / 219

二、参诉主体 / 220

三、管辖 / 220

第十章　法律责任 / 223

第一节　数据安全侵害行为界定 / 225
一、《数据安全法》的法律适用逻辑 / 225

二、数据安全侵害行为概述 / 227

第二节　民事责任 / 233
一、现有法律体系和司法实践对数据的保护 / 233

二、数据确权问题研究 / 236

三、数据库的法律保护 / 241

四、民事法律责任的承担方式 / 243

第三节　行政责任 / 245
一、数据安全监管中的约谈制度 / 245

二、行政处罚方式 / 248

三、行政执法情况 / 252

第四节　刑事责任 / 260
一、数据犯罪刑事责任承担 / 260

二、《刑法》中对数据犯罪的规定 / 262

附　　录 / 275

参考文献 / 291

第一编 总 论

第一章

概　论

本章主要介绍了《数据安全法》的基本概念、适用范围、法律渊源以及主要国家和地区的立法概况。在基本概念中,主要介绍了数据、数据处理、数据安全、数据分类分级等概念的内涵与外延,为理解《数据安全法》提供知识基础。在主要国家和地区的立法概况中,分析了全球范围内不同国家和地区在数据安全方面的法律法规,了解世界各国在数据安全领域的法律制度实践。在适用范围中,说明了《数据安全法》在境外与境内的法律适用效力。在法律渊源中,从正式法律渊源和非正式法律渊源出发,讨论了《数据安全法》制度构建的法律基础。

第一节 基本概念

一、数据

《数据安全法》第 3 条规定，数据是指任何以电子或者其他方式对信息的记录。具体来看，可以从以下三个方面理解这一定义。

第一，信息。信息是对事物存在的特征或者所处状态的一种描述，也可以泛指我们日常接触到的"音讯和消息"。[1]信息是数据表达的内容，即数据所"记录"的对象。《数据安全法》所调整的信息范围广于《个人信息保护法》所调整的信息范围，一方面，《数据安全法》既调整个人信息数据，又调整非个人信息数据；另一方面，《数据安全法》既调整可识别自然人的信息数据，也调整经过匿名化处理后的个人信息数据。

第二，记录。数据本质是一种信息的"记录"。数据的产生是一个将信息编码、分类和整理，使其具有可识别性和可处理性的过程。在数据产生的过程中，原始的、自然产生的信息被转化为一种结构化或非结构化的形式，便于人们进一步对其进行存储、传输和分析。此外，数据记录还可以体现信息的时效性、完整性和准确性，为人们提供更可靠的决策依据。正因如此，数据在各个领域的应用都具有重要价值，如科学研究、商业分析、政策制定等。

第三，形式。目前，对"数据"与"信息"间关系有三种不同观点：其一，"数据 + 信息"。数据和信息具有天然的共生性和一致性，部分国家立法混用"数据"与"信息"概念，比如菲律宾、文莱等。其二，"数据 > 信息"。数据是信息的载体，只有经过认知、分析或挖掘才能成为信息。其三，"数据 < 信息"。信

---

[1] 参见朱雪龙：《应用信息论基础》，清华大学出版社 2001 年版，第 1 页。

息的外延大于数据,数据仅是信息的一种载体。[1]从《数据安全法》的定义来看,数据是以"电子或者其他的记录形式"对信息进行的记录,其记录形式并不仅限于电子方式,也包括其他方式,如各类纸质记录、胶卷、唱片等,也可以被视为数据。除数据外,信息也可以用语言甚至肢体动作、面部神态来表达,因此只有经过电子或其他记录形式表达出来的信息才适用《数据安全法》,而一些天然存在于其他载体的信息,如基因等,则需要通过《人类遗传资源管理条例》等相关法规进行规范。

二、数据处理

《数据安全法》采用"列举+兜底"的方式对数据处理进行了定义,数据处理包括数据的收集、存储、使用、加工、传输、提供、公开等。

数据收集是数据处理的起始环节,指的是从各种来源获取信息并将其转化为数据的过程。数据存储是指将收集到的数据保存在某种载体(如硬盘、云存储等)上以便后续使用。数据使用是指根据特定目的对数据进行分析和应用的过程。数据加工是对原始数据进行整理、清洗、转换等操作,以便更好地特定需求。数据传输是指将数据从某一个介质发送到另一个介质的过程。数据提供是指数据处理者将数据提供给其他数据处理者使用的过程。数据公开是指将数据向公众或特定群体披露的过程。[2]

三、数据安全

《数据安全法》强调数据安全是指通过采取必要措施,确保数据处于有效保护和合法利用的状态,以及具备保障持续安全状态的能力。《数据安全法》通过

---

[1] 参见梅夏英:《数据的法律属性及其民法定位》,载《中国社会科学》2016年第9期。
[2] 参见杨合庆主编:《中华人民共和国个人信息保护法释义》,法律出版社2022年版,第102~103页。

对"数据安全"的定义明确了数据安全的三个要点。

第一,"数据安全"首先要求对数据进行有效保护,降低数据泄露、丢失、损坏等风险。这需要数据处理者采取适当的技术和其他必要措施,包括加密、访问控制、数据备份以及建立健全全流程数据安全管理制度,组织开展数据安全教育培训等,确保数据在存储、传输和使用过程中的安全性和完整性。

第二,"数据安全"还强调对数据的合法利用。数据处理者需要遵循相关法律法规,尊重数据主体的权益,在征得数据主体同意的前提下,合法、合规地使用数据。此外,数据处理者还应确保数据处理活动透明、可控,使数据主体能够充分行使自己的权利。

第三,"数据安全"应是一种持续的状态。数据安全还要求具备保障持续安全状态的能力,及时发现和应对潜在的安全风险。这包括定期进行数据安全风险评估,采取必要的预防和应对措施,及时修复漏洞,提升数据安全防护水平。

四、数据分类分级

随着现代信息技术的迅猛发展,全球逐步迈入了数字经济发展时代,各类数据急剧增长,海量聚集,数据的安全与利用也面临复杂严峻的挑战。考虑到数据概念覆盖范围广、指向丰富,对数据进行分类分级是实现数据安全管理与保护的基本路径。《数据安全法》第 21 条规定了国家建立数据分类分级保护制度,通过分类分级对核心数据、重要数据、一般数据等不同类型的数据采取不同的监管措施并提出不同的法律要求。

数据分类,是指根据数据的属性或特征,将其按照一定的原则和方法进行区分和归类,并建立起一定的分类体系和排列顺序,将具有共同属性和特征的数据归为一类的过程,从而保证相关主体可以更好地处理数据。

数据分级,是按照数据遭到破坏(包括攻击、泄露、篡改、非法使用等)后对相关权益(国家安全、社会秩序、公共利益以及公民、法人和其他组织)的危害程度,对数据按照一定价值识别标准划分保护级别,并以此为依据确立适当的保护策略与规则。

根据《数据安全技术 数据分类分级规则》(GB/T 43697-2024)附录Ⅰ,按照数据加工程度的不同,数据通常可分为原始数据、脱敏数据、标签数据、统计数据、融合数据,其中脱敏数据、标签数据、统计数据、融合数据均属于衍生数据。衍生数据的级别可参考原始数据级别,综合考虑数据加工对分级要素、影响对象、影响程度进行数据分级:(1)脱敏数据级别可比原始数据级别降低;(2)标签数据级别可比原始数据级别降低或升高;(3)统计数据级别可比原始数据级别降低或升高;(4)融合数据级别要考虑数据汇聚融合结果,如果结果数据是对大量多维数据进行关联、分析或挖掘,汇聚了更大规模的原始数据或分析挖掘出更敏感、更深层的数据,级别可以升高,但如果结果数据降低了标识化程度等,级别可以降低。

第二节 主要国家和地区的立法概况

数据安全风险带来的问题和挑战受到全球关注,世界各国和地区均通过积极立法应对此问题。本节将归纳国外主要国家和地区在数据安全领域的立法情况,总结国外的立法经验。

一、欧盟的立法概况

(一)欧盟数据安全立法的发展

欧盟在数据安全领域内的立法处于全球领先地位,目前已经形成了较为综合且全面的数据安全立法保障体系。

欧盟的数据安全立法起始于20世纪80年代。1981年欧洲委员会通过了《关于个人信息自动化处理中的个人保护公约》(Convention for the Protection of Individuals with regard to Automatic Processing of Personal Data），其作为全球首部涉及数据保护的国际公约，确立了欧盟乃至全球的数据安全立法的基本框架，具有重要的里程碑式意义；1995 年欧洲议会和欧盟理事会通过了《个人信息处理保护与自由流通的第 95/46/EC 号指令》（Directive 95/46/EC on the protection of individuals with regard to the processing of personal data and on the free movement of such data），正式确立了公正合法、知情同意、安全保障等处理个人信息的基本原则，还对数据控制者、处理者规定了相应的权利与义务；2016 年欧盟颁布了《通用数据保护条例》（General Data Protection Regulation，GDPR），鼓励数据在安全的前提下进行自由流通，并且将个人信息的保护及监管提升到前所未有的高度；2018 年，欧盟颁布了《非个人信息自由流动条例》（Regulation on the Free Flow of Non-personal Data），明确了非个人信息在欧盟内部自由流动的规则；2019 年，欧盟通过了《网络安全法》（EU Cybersecurity Act），确立了第一份欧盟范围的网络安全认证计划，使欧盟的数据安全保护制度框架逐渐完善。

近年来，欧盟在数据安全领域逐步迈向更加战略化的发展道路。2020 年欧盟委员会发布《欧洲数据战略》（A European Strategy for Data），旨在实现真正的单一数据市场的愿景，标志着欧盟在数字一体化进程中迈出了里程碑意义的一步。随后出台的《数据治理法》（Data Governance Act，DGA）、《数据法》（Data Act）、《数字市场法》（Digital Market Act，DMA）以及《数字服务法案》（Digital Service Act，DSA）、《人工智能法》（Artificial Intelligence Act，AIA）作为落实《欧洲数据战略》所采取的重要立法举措，为欧洲新的数据安全治理方式奠定了基础。其中，欧盟《数据法》就数据安全明确提出，要在保持较高隐私、安全、安保和道德标准的同时，平衡数据的流动和使用，通过实施安全措施，增强对数据处理服务的信任，夯实欧洲数据经济基础。相较于聚焦公共数据的《数据治理法》，《数据法》更多地明确所有个人和非个人数据的共享规则，并对大型数字平台（守门人）获取用户数据进行严格限制。欧盟《人工智能法》通过多项措施保护个人隐私和数据安全，着重于在受控的环境中进行个人信息处理，确保任何个人信息的处理都在独立、隔离和受保护的环境中进行,并且只有授权人员可以访问这些数据。这些措施表明法案致力于可持续和负责任的数据处理,包括个人信息和非个人信息的交叉处理。此外,欧盟委员会于2024年2月21日成立人工智能办公室,负责监督被认为会带来系统性风险的、功能更强大的基础模型的合规情况,促进本土人工智能开发者的发展,以支持生成式人工智能模型的训练。

(二)欧盟数据安全立法的特点

欧盟在个人隐私和信息保护、数据境内流通、数据主权等方面形成了完整的立法体系,其特点主要包括重视个人信息权利、丰富数据跨境传输机制、主张宽泛的域外适用效力三个方面。

1. 重视个人信息权利

欧盟重视个人信息权利的理念在早期的数据安全立法中就已经显露,并且在随后的立法中不断强化,最终完整呈现于被称为"史上最严的个人信息保护法规"的GDPR中。一方面,GDPR对个人信息予以全面保护,赋予了数据主体更多的自主权和选择权;另一方面,GDPR建立了完备的监管机制,提出了全方位、高标准的隐私保护管理要求。欧盟形成的以权利为中心的数据安全立法体系与欧洲等西方国家根植于权利保护的文化和法律制度不无关联。

2. 丰富数据跨境传输机制

GDPR为个人信息跨境传输提供了比较丰富的路径,例如国家层面的充分性认定、机构层面的适当保护、特定豁免情形。相较之下,欧盟境内则致力于实现各类资源的自由流动,欧盟委员会于2015年提出"单一数字市场"战略,以打破欧盟境内数据自由流动的壁垒,使欧盟境内的主体能够平等地进行线上交易或者线上服务,为欧盟境内的数据主体提供同等程度的保护,激发欧盟数字经济的发展活力。[1]

---

[1] 参见栾群:《我国数据立法的GDPR启示——对欧洲数据治理模式的反思》,载《西北工业大学学报(社会科学版)》2020年第1期。

3. 主张宽泛的域外适用效力

GDPR 通过"经营场所标准"与"目标指向标准"设定了宽泛的域外适用效力。欧盟通过此种扩张域外适用效力的方式，将许多境外企业都纳入了 GDPR 的管辖范围，为他国互联网企业进入欧盟设置了较高的标准，为企业合规带来了巨大的挑战，不少企业对进入欧盟市场望而却步。但是，欧盟采取这样一种方式扩大法律的域外适用范围有着一定的现实原因，包括现有国际合作机制无法充分保护个人信息、回应欧盟"单一数字市场"的战略需求等。

二、美国的立法概况

（一）美国数据安全立法的发展

美国自 1974 年《隐私法》颁布以来，在国家数据安全与个人信息安全方面开展了前瞻性的政策和法律布局。

在国家数据安全方面，美国先后通过了《爱国者法》(USA PATRIOT ACT)、《2018 年外国投资风险审查现代化法》(Foreign Investment Risk Review Modernization Act of 2018)、《澄清域外合法使用数据法》(Clarifying Lawful Overseas Use of Data Act)、《2019 年国家安全与个人数据保护法》(National Security and Personal Data Protection Act of 2019)，以此从维护国家主权的高度保护数据安全。

在个人数据安全方面，美国在联邦层面没有统一的个人数据保护基本法，而是采用基于不同行业的分散式立法。美国联邦层面在金融、健康、儿童在线隐私等诸多领域设立专门的个人隐私和数据保护的法案，如《儿童网上隐私保护法》(the Children's Online Privacy Protection Act, COPPA)。在州层面，一些州也制定了不同类型的消费者隐私保护法案，如加利福尼亚州的《加州消费者隐私法》(California Consumer Privacy Act, CCPA)和弗吉尼亚州的《消费者数据保护法》(Consumer Data Protection Act, CDPA)。

随着网络安全、数据安全的重要性进一步提升，由于应对国际局势的需要和联邦层面立法的困难，2024年2月28日，美国总统拜登发布《关于防止关切国家获取美国人批量敏感个人数据和美国政府相关数据的行政命令》(Executive Order on Preventing Access to Americans'Bulk Sensitive Personal Data and United States Government-Related Data by Countries of Concern)，限制将美国人的地理位置、生物特征、健康和财务信息等内容向包括中国在内的"关切国家"进行批量传输，以保护美国国家安全。该行政命令通过授权司法部等有关部门发布后续具体的条例，意味着这是有史以来保护美国人的数据安全而采取的最重要的行政行动。

（二）美国数据安全立法的特点

美国数据安全立法的特点主要体现为在强调数据自由流通与促进数据经济发展的同时重视国家主权与安全，以保障国家安全为数据自由流动创设例外。

1. 强调数据自由流通与促进数据经济的发展

相较于欧盟对个人信息权利保护的推崇，美国更加倡导"自由市场＋行业强监管"为基础的立法模式，[1]坚持以市场为主导，强调数据的流动。如美国在国际协定中强调成员方不应针对数据流动施加任意或者歧视性限制，主张禁止采用数据本地化条款以保证企业不需要在当地设立或者购买数字基础设施。[2]这种立场不仅与美国一直重视信息流动的理念相关，更是源于美国强大的互联网经济实力和对数据的掌控能力，以此进一步提高美国数字企业的国际竞争力，帮助美国数字企业进入他国市场，实现巩固和增强数字霸权的政策目标。

2. 以保障国家安全为数据的自由流动创设例外

美国在数据流入与数据流出两个方面保障国家安全，以此作为数据自由流动的例外。在数据流出安全方面，美国谨慎防止国内敏感信息的流出。例如，

---

[1] 参见何渊：《数据法学》（第7版），北京大学出版社2020年版，第61页。
[2] 美国还通过签署《美国—墨西哥—加拿大协定》(USMCA)降低数据本土化的要求，并认可《亚太经合组织跨境隐私条例》(OCED)，以确保数据的跨境流动，同时提供一个可操作的机制保护数据隐私和跨境流动。

《2019国家安全和个人信息保护法》中对"特别关注科技企业"和"非特别关注企业"均提出了严格的数据出境限制要求,禁止这两者向"特别关注国家"直接或间接传输任何用户数据,以及可能用于破译该数据所需的信息。在数据流入安全方面,美国谨慎审查敏感行业的外资进入。例如,《外国投资风险审查现代化法》中,将对国家安全造成威胁的高风险敏感数据界定为"敏感个人数据",并明确将其列为外国投资安全审查时评估国家安全风险的要素之一。

三、其他国家的立法概况

（一）英国数据安全立法的发展

英国的立法多数是基于欧盟的各项法规制定的,经过数10年的渗透和融合,彼此之间实现了内在的联系。然而随着英国正式脱欧,其开始逐步探索适用于本国的法律法规,目前已经形成了一套较为完整的数据安全法律保障体系。

在个人信息安全立法方面,英国重视个人信息安全和人权的保护。早在1984年颁布的《数据保护法》(Data Protection Act)中就明确提出个人信息隐私保护的原则。在此之后,英国陆续于1998年、2018年修订《数据保护法》,在2018年修订后,《数据保护法》赋予公民更多的个人信息控制权,增加了个人信息保护机构信息专员办公室[1]的授权,设定了专门的司法数据处理机制,在立法上提升了个人信息的保障水平。

在政府数据安全立法方面,英国注重在确保数据安全的前提下推进政府数据开放,以赢得公共信任和简化监管环境。2000年、2012年颁布的《信息自由法》(Freedom of Information Act)、《自由保护法》(Protection of Freedom Act)作为该领域的基础性法律,明确了公共机构应履行公开特定信息的义务,公民具

---

[1] 信息专员办公室(Information Commissioner's Office, ICO)是英国独立的数据保护机构,旨在维护符合公共利益的信息权利,促进公共机构的开放和保护个人的数据隐私。

有获取、访问公共机构信息的权利。

在网络数据安全立法方面,英国将网络数据安全视为国家数据安全的重要防线。2016 年英国政府发布的《国家网络安全战略 2016-2021》(National Cyber Security Strategy, 2016-2021)将网络安全提升至国家安全的重点领域,形成了较为完备的网络安全战略框架,即以一种监督的定位视角,实现"防御 – 震慑 – 发展"并重的网络数据安全体系;2022 年 1 月 25 日英国政府发布《国家网络安全战略 2022-2030》(National Cyber Security Strategy, 2022-2030),阐释了政府将确保所有公共部门有效应对网络威胁,强化应对网络攻击的韧性,旨在打造一个民主、负责任的网络强国。

在数据保护改革方面,2022 年 7 月英国首次提出《数据保护和数字信息法案》,该法案被视为英国版的 GDPR,是英国脱欧之后首次推动的数据保护制度改革。[1]为了避免欧盟 GDPR 的"一刀切"和流程烦琐等问题,2022 年 9 月英国暂缓了《数据保护和数字信息法案》的立法程序。2023 年 3 月 8 日,英国政府在议会提出新的《数据保护和数字信息法案》,此次修订后的法案引入了一个简单清晰且对企业友好的框架,在沿用欧盟 GDPR 优势的基础上为企业提供更大的灵活性;确保新制度与欧盟数据容量保持一致;进一步减少合规性文书;不会为企业增加额外成本;明确何时可在未经同意的情况下处理个人信息;确保自动化决策有所保障,从而提高公众和企业对人工智能技术的信心。[2]

(二)俄罗斯

俄罗斯从相关因素角度考虑,颁布了若干法律以保障数据安全,目前已基本形成了以《俄罗斯联邦宪法》(Russian Federal Constitution)为根本依据,以《信息、信息技术和信息保护法》(Federal Law on Information, Information

---

[1] 参见张涛、崔文波、刘硕等:《英国国家数据安全治理:制度、机构及启示》,载《信息资源管理学报》2022 年第 6 期。

[2] 参见王宗:《英国发布〈数据保护和数字信息法案〉修正案》,载世界互联网大会官网,https://cn.wicinternet.org/2023-04/11/content_36490303.htm。

Technologies and Protection of Information）为立法基础，以《国家安全战略》（National Security Strategy）、《联邦信息安全纲要》（Information Security Doctrine of the Russian Federation）、《国家信息安全学说》（National Information Security Doctrine）等若干纲领性文件为政策指导和理论依托的数据安全治理体系。[1]在个人信息保护领域，《个人信息保护法》（Federal Law No.152-FZ of July 27, 2006, On Personal Data）发挥着重要作用。

其中，《信息、信息技术和信息保护法》作为专门规范信息安全问题的基本法确立了数据安全立法的基本规范。该法专门调整与信息收集、处理、保护相关的各种法律关系，具体包括检索、收集、传输、制作和传播信息时所产生的法律关系；应用信息技术时所产生的法律关系；为信息提供保护时所产生的法律关系。《个人信息保护法》则针对个人信息及其收集、处理等作出明确规定，建立在个人信息保护方面的基本规范，包括明确个人信息的范围、个人信息提供者的权利、个人信息处理者的义务。

（三）日本数据安全立法的发展

相较于欧美在数据安全领域的立法，日本的立法起步较晚。2003年日本通过了数据安全方面的基础性法律《个人信息保护法》（Act on the Protection of Personal Information），该法为一部综合性的法律，统管公私领域数据安全，对于非公领域的企业、团体，日本给予其自主制定行业规则的空间，且对于特殊行业如金融、医疗领域的数据安全采取了特别立法的方式。2023年4月1日，新修订的《个人信息保护法》施行，该法将对国家行政机关进行规制的《行政机关个人信息保护法》、对独立行政法人等组织进行规制的《独立行政法人等个人信息保护法》、对一般营业主体进行规制的《个人信息保护法》三部法律进行整合，统一管辖机构为个人信息保护委员会，原本地方公共团体适用的法律也将由

---

[1] 参见李红枫、王福强：《俄罗斯联邦信息安全立法研究》（上），载《信息网络安全》2007年第1期。转引自马海群、范莉萍：《俄罗斯联邦信息安全立法体系及对我国的启示》，载《俄罗斯中亚东欧研究》2011年第3期。

《个人信息保护条例》改为《个人信息保护法》。这很大程度上统一了现行日本法律体系内关于个人信息的定义、规范。

此外,在数据开放方面,2012年7月日本高度信息通信技术社会发展战略本部发布《电子政务开放数据战略》(Open Data Strategy for E-Government),指出公共数据属于国民共有财产,国家应加强构建政策体系以促进公共数据的利用,拉开了日本政府构建数据开放政策体系的序幕;2016年5月发布的《开放数据2.0官民协同促进数据流通》(Open Data 2.0 Collaborating between Government and People to Promote Data Circulation)拓宽了政府数据开放的开放主体、开放对象和适用地区等,标志着日本开放数据建设迈入新阶段,随后12月颁布的《推进官民数据利用基本法》(Basic Act on the Advancement of Public and Private Sector Data Utilization)则是日本首部专门针对数据利用的法律;2017年5月发布的《开放数据基本指南》(Basic Guidelines for Open Data)作为日本政府数据开放的总指导文件;2018年1月发布的《数字政府实施计划》(Digital Government Implementation Plan)标志着政府数据开放已成为日本向数字化社会转型的一大关键战略要素。[1]

(四)韩国数据安全立法的发展

韩国政府高度重视数字经济,在数字经济的推动下,韩国已具备成熟的数据保护法律体系,也成为数据监管最为严格的国家之一。韩国已经建立了包括《个人信息保护法》(Personal Information Protection Act)、《关于促进信息通信网络利用与信息保护法》(Information Communication Network Utilization Promotion and Information Protection Act)和《信用信息的利用及保护法》(Credit Information Utilization and Protection Act)为核心的数据安全立法体系。

其中,《个人信息保护法》意在强化数据主体权利,规范数据处理者在数据

---

[1] 参见邓韬:《数据流通利用 | 日本开放数据相关法律与政策发展情况》,载微信公众号"清华大学智能法治研究院"2023年4月11日, https://mp.weixin.qq.com/s/-98IiRSOJ-r8xzzwgB82xg。

处理全周期过程中的行为,经过多次修订后,该法获得了欧盟的充分认定,即与 GDPR 处于相同的数据保护水平。《关于促进信息通信网络利用与信息保护法》主要规范信用信息公司的数据处理行为;《信用信息的利用及保护法》主要规范信息通信服务提供者的数据处理行为。此外,《信息保护产业振兴法》(Basic Law for Promotion and Utilization of Data Industry)等其他法律也在数据安全方面发挥着重要作用。

(五)新加坡数据安全立法的发展

新加坡致力于发展数字经济,但是在经济数字化转型的过程中,日益严重的数据安全问题逐渐浮现。为此,新加坡出台了一系列法律和政策,加大对数据安全的保护。

在维护国家数据安全方面,新加坡分别于 2007 年和 2018 年通过了《计算机滥用法》(Computer Misuse Act)和《网络安全法》(Cyber Security Act),分别旨在打击日益严重的计算机犯罪,加重对其的处罚和建立关键信息基础设施所有者的监管框架、网络安全信息共享机制、网络安全事件的响应和预防机制、网络安全服务许可机制,为新加坡提供一个综合、统一的网络安全监管体系。

在维护个人数据安全方面,新加坡于 2012 年通过了《个人数据保护法》(Personal Data Protection Act)并于 2020 年予以修订,对个人数据收集、使用和披露行为等进行规定。同时,新加坡还在电信、房地产等多个特定领域配套出台了个人数据保护指南,旨在使该法更好地贯彻落实。

第三节 适用范围

明确法律的适用范围是实施法律条款的基本前提。[1]《数据安全法》第 2 条

---

〔1〕 参见张文显主编:《法理学》(第 5 版),高等教育出版社 2018 年版,第 93 页。

规定了其适用范围,并分别表明了《数据安全法》的域内适用效力与域外适用效力。

一、域内适用效力

《数据安全法》明确在中华人民共和国境内开展数据处理活动受其约束,确定了《数据安全法》的属地管辖原则。"属地管辖与一国的国家主权范围一致,是最为容易适用、最具正当理由因而适用最广泛的管辖原则。"[1]尽管数据处理活动的虚拟性特征祛除了一般人类活动的物理属性,打破了空间的界限,对传统管辖权规则提出了新的挑战,但法律的属地原则仍然是有关一国法律地域范围的最基础原则。[2]

属地原则强调无论是本国法律主体还是外国法律主体抑或是无国籍法律主体,都要受到本国法律的约束。《数据安全法》确立属地管辖原则,主要强调任何国家的数据处理者,只要其在中国境内实质进行了数据处理活动,都需要遵守《数据安全法》的相关规定。

二、域外适用效力

数据处理活动具有流动性大、牵涉领域广、隐蔽性强的特点。从全球范围来看,随着全球信息化进程的推进,世界各国和地区越发重视广泛的数据处理活动给本国带来的影响,并对数据及处理者实施"长臂管辖"。GDPR 第 3 条规定,即使数据处理者没有设立在欧盟境内,但只要他们处理与欧盟内的个人有关的数据,而且这些数据处理活动与提供货物或服务或监控个人行为有关,就都需要适用 GDPR 的规定。美国《澄清域外合法使用数据法》明确美国政府可

---

[1] 参见刘艳红:《论刑法的网络空间效力》,载《中国法学》2018 年第 3 期。
[2] 参见周汉华主编:《〈个人信息保护法〉条文精解与适用指引》,法律出版社 2022 年版,第 43 页。

依据该法规定要求企业提交存储于美国境外的数据,明确执法机构可以调取企业数据。这实际上是将全球运营的美国企业打造成自己在网络空间中的领土延伸,美国企业在境内外获取的数据,美国执法机构均可以通过国内法的法律程序进行调取,极大地便利了美国的执法行动,而外国政府调取美国企业数据则需要符合美国国内法要求的"适格外国政府"等限定条件。[1]

我国《数据安全法》明确提出在中华人民共和国境外开展数据处理活动,损害中华人民共和国国家安全、公共利益或者公民、组织合法权益的,依法追究法律责任,这意味着直接关联到中国或者会对中国产生影响的数据处理活动及其主体需履行我国《数据安全法》及相关法律法规所规定的法律义务,为中国管辖提供连结点以充分保护域内数据安全,维护中国的"数据主权"。[2]

第四节 法律渊源

一、正式法律渊源

(一)宪法

《宪法》是我国的根本大法,它规定了国家的根本制度和根本任务,是国家统一、民族团结、社会稳定的基础,是公民权利的根本法律保障,是实现中国社会主义法制统一的基础,是依法治国的基本依据,是治国安邦的总章程。[3]《宪法》规定了公民的基本权利和基本义务,第40条规定了公民的通信自由和通信秘密受法律的保护,第54条规定了公民有维护祖国的安全、荣誉和利益的义务。一方面,维护国家安全是《宪法》赋予每位公民的义务,数据安全作为非传统领

---

[1] 参见洪延青:《我国数据安全法的体系逻辑与实施优化》,载《法学杂志》2023年第2期。

[2] 参见沈国麟:《大数据时代的数据主权和国家数据战略》,载《南京社会科学》2014年第6期。

[3] 参见张文显主编:《法理学》(第4版),高等教育出版社、北京大学出版社2011年版;许崇德、胡锦光主编:《宪法》(第6版),中国人民大学出版社2018年版。

域国家安全的重要组成部分,全体公民亦有维护国家数据安全的义务;另一方面,《宪法》条文提纲挈领地为数据安全法提供规范性指引,奠定数据安全法这一具体层面的"子法",为公民享有的基本权利基础——"通信自由"——提供数据安全保障。可以说,数据安全需要在《宪法》框架下确立。

(二)法律

法律,是指由全国人民代表大会及其常委会根据宪法规定行使国家立法权而制定的规范性文件,全国人民代表大会制定和修改刑事、民事、国家机构和其他的基本法律。全国人民代表大会常务委员会制定和修改除应当由全国人民代表大会制定的法律以外的其他法律;在全国人民代表大会闭会期间,对全国人民代表大会制定的法律进行部分补充和修改,但是不得同该法律的基本原则相抵触。[1]目前,中国已经有多部法律对数据安全作出了规定,例如《国家安全法》明确了国家安全的内涵,提出国家安全的保障机制和措施,其第25条明确将网络与信息安全保障作为国家安全的具体要义之一。《网络安全法》旨在保障网络安全,维护网络空间主权和国家安全、社会公共利益,从法律层面明确国家网信部门负责统筹协调网络安全工作和相关监督管理工作,其第10条、第18条、第21条、第27条、第31条、第34条、第37条、第66条、第76条等都提及"数据",其中更是首次提到"重要数据"安全(第21条、第37条)。

此外,还有《保守国家秘密法》《档案法》《刑法修正案(九)》(第16条、第28条)、《反间谍法》《密码法》《消费者权益保护法》(第14条、第29条、第50条、第56条)、《电子商务法》(第5条、第23条、第25条、第32条)等一系列法律,共同打造了数据安全法律体系。

(三)行政法规

行政法规,是指国务院根据宪法和法律制定的法律文件的总称,行政法规

---

[1] 参见《立法法》第10条。

可以就下列事项作出规定：为执行法律的规定需要制定行政法规的事项；《宪法》第89条规定的国务院行政管理职权的事项。[1]行政法规的制定主体是国务院，一般以条例、办法、实施细则、规定等形式组成。发布行政法规需要国务院总理签署国务院令。行政法规的效力仅次于宪法和法律，高于部门规章和地方性法规。目前，中国已经有多部行政法规对数据安全作出了规定，例如，《关键信息基础设施安全保护条例》的主要目的在于保障关键信息基础设施安全，维护网络安全；《优化营商环境条例》明确指出，国家要加快建设全国一体化在线政务服务平台，政府及其有关部门应当按照国家有关规定，提供数据共享服务，及时将有关政务服务数据上传至一体化在线平台，加强共享数据使用全过程管理，确保共享数据安全。

此外，还有《政府信息公开条例》（2019年4月30日修订）、《国务院关于在线政务服务的若干规定》（2019年4月26日施行）、《保守国家秘密法实施条例》（2024年7月10日修订）、《征信业管理条例》（2013年3月15日施行）。

（四）部门规章

部门规章，是指国务院各部、委员会、中国人民银行、审计署和具有行政管理职能的直属机构以及法律规定的机构，根据法律和国务院的行政法规、决定、命令，在本部门的权限范围内，制定的执行法律或者国务院的行政法规、决定、命令的事项的法律文件。没有法律或者国务院的行政法规、决定、命令的依据，部门规章不得设定减损公民、法人和其他组织权利或者增加其义务的规范，不得增加本部门的权力或者减少本部门的法定职责。[2]《宪法》第90条第2款规定，"各部、各委员会根据法律和国务院的行政法规、决定、命令，在本部门的权限内，发布命令、指示和规章"，故部门规章的主要形式是命令、指示、规定等。目前，中国已经有多部部门规章对数据安全作出了规定，例如，《数据出境安全

---

[1] 参见《立法法》第72条。
[2] 参见《立法法》第91条。

评估办法》,旨在规范数据出境活动,保护个人信息权益,维护国家安全和社会公共利益,促进数据跨境安全、自由流动。《个人信息出境标准合同办法》旨在通过订立标准合同的方式开展个人信息出境活动,坚持自主缔约与备案管理相结合、保护权益与防范风险相结合,保障个人信息跨境安全、自由流动。《网络安全审查办法》旨在确保关键信息基础设施供应链安全,保障网络安全和数据安全,维护国家安全。

此外,还有《汽车数据安全管理若干规定(试行)》(2021年10月1日施行)、《涉密信息系统集成资质管理办法》(2021年3月1日施行)、《中国人民银行金融消费者权益保护实施办法》(2020年11月1日施行)等。

(五)地方性法规

地方性法规,是指地方人民代表大会及其常委会依照宪法规定的权限,在不同宪法、法律和行政法规相抵触的前提下,制定和颁布的在本行政区域范围内实施的规范性文件。[1]根据《立法法》的规定,地方性法规的立法主体包括两大类:一是省、自治区和直辖市人大及其常委会,二是设区的市人大及其常委会。目前,各地普遍已经出台或正在制定与数据安全相关的地方性法规,例如,《上海市数据条例》旨在保护自然人、法人和非法人组织与数据有关的权益,规范数据处理活动,促进数据依法有序自由流动,保障数据安全,加快数据要素市场培育,推动数字经济更好服务和融入新发展格局。《广州市数字经济促进条例》强调广州市要促进数字经济发展,推动数字技术同实体经济深度融合,条例第66条、第67条明确,数据处理者在数据处理过程中要建立数据安全管理制度、落实数据安全保护责任。

(六)地方政府规章

地方政府规章,是指省、自治区、直辖市和设区的市、自治州的人民政府,

---

[1] 参见张文显主编:《法理学》(第4版),高等教育出版社、北京大学出版社2011年版。

根据法律、行政法规和本省、自治区、直辖市的地方性法规,按照规定的程序制定的普遍适用于本行政区域的规定、办法、细则、规则等规范性文件的总称。[1]目前,各地普遍已经出台或正在制定与数据安全相关的地方政府规章,如《上海市公共数据开放暂行办法》《广东省公共数据管理办法》《广州市政务信息共享管理规定》《杭州市网络交易管理暂行办法》《浙江省公共数据开放与安全管理暂行办法》。

二、非正式法律渊源

(一)司法解释

司法解释,是指国家最高司法机关在适用法律过程中对具体应用法律问题所作的解释。[2]目前,中国与数据安全相关的司法解释较多,例如,《最高人民法院、最高人民检察院、公安部关于办理信息网络犯罪案件适用刑事诉讼程序若干问题的意见》认为与侵犯公民个人信息相关的犯罪案件一方面涉嫌信息网络犯罪,另一方面也是数据安全法重点保护范围,表明如果个人信息受到非法侵害,不仅可以通过《数据安全法》加以保护,也可能探寻刑法救济途径。《最高人民法院、最高人民检察院关于办理非法利用信息网络、帮助信息网络犯罪活动等刑事案件适用法律若干问题的解释》围绕拒不提供信息网络安全管理义务罪、非法利用信息网络罪、帮助信息网络活动罪等刑法规定的罪名进一步解释,如第4条明确拒不履行信息网络安全管理义务所造成的严重后果,为之后《数据安全法》保护公民个人信息安全提供了刑法层面的判断依据。

此外,还有《最高人民法院关于审理利用信息网络侵害人身权益民事纠纷案件适用法律若干问题的规定》(2020年12月29日修正)、《最高人民法院关于

---

[1] 参见姜明安主编:《行政法与行政诉讼法》(第6版),北京大学出版社、高等教育出版社2015年版。

[2] 参见姜明安主编:《行政法与行政诉讼法》(第6版),北京大学出版社、高等教育出版社2015年版。

审理使用人脸识别技术处理个人信息相关民事案件适用法律若干问题的规定》（2021年8月1日施行）、《最高人民法院、最高人民检察院关于办理侵犯公民个人信息刑事案件适用法律若干问题的解释》（2017年6月1日施行）等。

（二）规范性文件、标准

1. 规范性文件

规范性文件，是指除国务院的行政法规、决定、命令以及部门规章和地方政府规章外，由行政机关或者经法律、法规授权的具有管理公共事务职能的组织（以下统称行政机关）依照法定权限、程序制定并公开发布，涉及公民、法人和其他组织权利义务，具有普遍约束力，在一定期限内反复适用的公文。[1]广义上的规范性文件一般是指属于法律范畴的立法性文件，以及除此之外的由国家机关和其他团体、组织制定的具有普遍约束力的非立法性文件的总和。狭义上的规范性文件俗称"红头文件"，指法律范畴以外的由有权机关制定的其他具有普遍约束力、可以反复适用的非立法性文件，包括贯彻执行中央决策部署、指导推动各项工作的决议、决定、意见、通知等文件。目前，与数据安全相关的规范性文件较多，例如，《贯彻落实网络安全等级保护制度和关键信息基础设施安全保护制度的指导意见》《工业数据分类分级指南（试行）》《常见类型移动互联网应用程序必要个人信息范围规定》《工业和信息化部等十六部门关于促进数据安全产业发展的指导意见》《工业和信息化领域数据安全管理办法（试行）》。

2. 政策性文件

政策性文件，是指有行政权的国家机关，为实现特定公共目标而制定的、在一定时期内具有普遍指导意义且能反复适用的规范或准则，如通知、意见、会议纪要、决定、决议、战略、规划等，其核心内容能够对社会公众的利益产生直接或者间接影响。[2]目前，与数据安全相关的政策性文件较多，例如，《北京市

---

[1] 参见《国务院办公厅关于加强行政规范性文件制定和监督管理工作的通知》，载中国政府网，https://www.gov.cn/gongbao/content/2018/content_5296541.htm，2024年3月14日最后访问。

[2] 参见彭中礼：《中国法律语境中的国家政策概念》，载《法学研究》2023年第6期。

"十四五"时期智慧城市发展行动纲要》《北京国际大数据交易所设立工作实施方案》《中国（北京）自由贸易试验区投资自由便利专项提升方案》。

3. 标准文件

标准文件，是指农业、工业、服务业以及社会事业等领域需要统一的技术要求。标准包括国家标准（以下简称国标）、行业标准、地方标准和团体标准、企业标准。[1]国标的年限一般为5年，过了年限后，国标就要被修订或重新制定。此外，随着社会的发展，国家需要制定新的标准以满足人们生产、生活的需要。因此，标准是一种动态信息。国标分为强制性国标（GB）和推荐性国标（GB/T）：强制性国标，是指保障人体健康、人身、财产安全的标准和法律及行政法规规定强制执行的国家标准；推荐性国标，是指在生产、检验、使用等方面，通过经济手段或市场调节而自愿采用的国家标准。但推荐性国标一经接受并采用，或各方商定同意纳入经济合同中，就成为各方必须共同遵守的技术依据，具有法律上的约束性。目前，与数据安全相关的国家标准较多，例如，《信息安全技术 金融信息服务安全规范》（GB/T 36618-2018）、《智能交通 数据安全服务》（GB/T 37373-2019）、《信息安全技术 数据安全能力成熟度模型》（GB/T 37988-2019）、《信息安全技术 大数据安全管理指南》（GB/T 37973-2019）、《信息安全技术 个人信息去标识化指南》（GB/T 37964-2019）、《信息技术 大数据 政务数据开放共享》（GB/T 38664.1-2020）、《信息安全技术 个人信息安全规范》（GB/T 35273-2020）、《政务服务平台基础数据规范》（GB/T 39046-2020）、《信息安全技术 个人信息安全影响评估指南》（GB/T 39335-2020）、《信息安全技术 健康医疗数据安全指南》（GB/T 39725-2020）等。

---

[1] 参见《标准化法》第2条。

第二章

基本原则

本章介绍了我国《数据安全法》体现的基本原则，具体包括数据主权原则、数据安全与发展并重原则。数据主权原则是数据安全法的首要原则，对于有效应对数据领域的国家安全风险与挑战，切实维护国家主权、安全和发展利益具有重要意义。数据安全与发展并重原则是数字经济中数据处理活动的基本要求，其中数据安全是数字经济发展的前提，数字经济更好更快发展是有效有力维护数据安全的保障，数据安全法治建设要处理好安全和发展的关系，做到协调一致、齐头并进，以安全保发展、以发展促安全。

第一节 数据主权原则

在数据时代,数据主权是国家主权的组成部分,数据安全就是国家安全,[1]数据主权原则是《数据安全法》的首要原则。当今,各国在国家建设中对数据资源的依赖程度不断提升,数据资源逐渐成为国家间竞争和博弈的关键力量。因此,维护数据主权作为开展数据活动的首要原则,对于有效应对数据这一非传统领域的国家安全风险与挑战,切实维护国家主权、安全和发展利益具有重要意义。

一、数据主权原则的概念

数据主权原则指一国独立自主地对本国数据享有最高权力。[2]数据主权对内表现为一国对其管辖范围内的数据生成、保存、处理、安全监管拥有最高权力;对外表现为一国有权决定以何种程序、何种方式参加到国际数据活动中,并有权采取必要措施保护数据权益免受其他国家的侵害。[3]

二、数据主权原则的内涵

《数据安全法》第2条体现了数据主权原则的内涵,具体而言,第1款概括了数据主权对内的表现形式,第2款概括了数据主权对外的表现形式。

---

[1] 参见武长海主编:《数据法学》,法律出版社2022年版,第244页。
[2] 参见沈国麟:《大数据时代的数据主权和国家数据战略》,载《南京社会科学》2014年第6期。
[3] 参见齐爱民、盘佳:《数据权、数据主权的确立与大数据保护的基本原则》,载《苏州大学学报(哲学社会科学版)》2015年第1期。

(一)数据主权对内的表现形式

数据主权对内表现为一国对其管辖范围内的数据生成、保存、处理、安全监管拥有最高权力。数据管辖权是数据主权对内的重要表现形式,也是国家主权的重要表现形式。《数据安全法》第2条第1款体现了属地管辖的原则,也即只要在中国境内开展数据处理活动,无论数据处理者是中国境内还是境外的组织与个人,中国都可以对此数据处理活动进行监管。

同时,《数据安全法》中诸如重要数据保护、数据国家安全审查制度、数据出口管制要求、境外执法机构数据调取的"封阻法令"等均是从对本国数据进行控制和支配的角度、从维护国家主权的高度,明确数据安全保障要求,体现了数据主权的原则。[1]

(二)数据主权对外的表现形式

数据主权对外表现为一国有权决定以何种程序、何种方式参加到国际数据活动中,并有权采取必要措施保护数据权益免受其他国家的侵害。《数据安全法》第2条第2款体现了保护性管辖的原则,也即如果境外的组织或个人虽然没有在中国境内开展数据处理活动,但是其所进行的数据处理内容损害中国的国家、公共、个人、组织的数据安全利益,我国有权依据《数据安全法》追究其法律责任。

《关于〈中华人民共和国数据安全法(草案)〉的说明》也明确指出"草案赋予本法必要的域外适用效力"。与《网络安全法》第75条[2]相比,《数据安全法》第2条并不要求满足"造成严重后果"的要件,扩大了域外效力的适用范围。但是,与欧盟GDPR的域外效力仍有所区别,其并非以属人管辖为基础的

---

[1] 参见洪延青:《我国数据安全法的体系逻辑与实施优化》,载《法学杂志》2023年第2期。
[2] 《网络安全法》第75条规定:境外的机构、组织、个人从事攻击、侵入、干扰、破坏等危害中华人民共和国的关键信息基础设施的活动,造成严重后果的,依法追究法律责任;国务院公安部门和有关部门并可以决定对该机构、组织、个人采取冻结财产或者其他必要的制裁措施。

域外效力,而是以保护性管辖为基础的域外效力。[1]

第二节　数据安全与发展并重原则

当今时代,数据安全已成为事关国家安全和经济社会发展的重要问题,如若数据安全难以保证,则会对个人、企业、公共、国家的数据安全权益产生影响。数据安全原则是数字经济中数据处理活动的基石,所有的数据活动都应在安全的前提下有序进行。我国《数据安全法》第4条和第7条分别体现出数据安全和发展两大价值取向,第13条则明确了两者之间并重的平衡关系。数据安全与发展并重原则是数字经济中数据处理活动的基本要求。

一、数据安全

数据安全指的是通过观念、制度、技术层面上的各项手段,在静态领域保证数据权属、内容、质量的安全,在动态领域保证数据流转过程合规有效,[2]确保数据处于有效保护和合法利用的状态以及具备保障持续安全状态的能力,以此保障个人、企业、公共、国家的数据安全权益。我国《数据安全法》第4条从观念层面、制度层面、技术层面分别提出"坚持总体国家安全观""建立健全数据安全治理体系""提高数据安全保障能力"三个要求以保障数据安全,保障个人、企业、公共、国家的数据安全利益,其构成了数据安全原则的内涵。

---

[1] 参见郑鈜、汪灏、刘明、梁博文、曾途等:《数据安全立法的机理、表达与规范——"数据安全法治暨〈数据安全法〉立法研讨会"发言摘录》,载《西华大学学报(哲学社会科学版)》2020年第5期。
[2] 参见张敏、杨红霞、郭思辰:《论数据法的调整对象和基本原则》,载《西北工业大学学报(社会科学版)》2022年第3期。

(一）坚持总体国家安全观

坚持总体国家安全观，即在总体国家安全观的指引下开展数据处理活动，对数据处理活动进行监督与管理。这是在观念层面上保障数据安全的要求。

2015年公布实施的《国家安全法》通过法律的形式确立了总体国家安全观的指导地位；2016年《网络安全法》通过，成为与《国家安全法》紧密配套的一项重要立法；与此相适应，2021年出台的《数据安全法》同样遵循总体国家安全观的指引。[1]至此总体国家安全观已经统筹作用于国家安全的目标价值、规则体系，并以此指导相关制度的构建，将总体国家安全观全面融入数据安全的各个领域和全过程，也体现了总体国家安全观的"系统思维"方法论。[2]

（二）建立健全数据安全治理体系

建立健全数据安全治理体系，即国家在数字经济活动中对数据的生成、流通等环节提供制度性保障，确保能够在安全秩序下开展数据交易等活动，以此保障数据安全。[3]制度性保障具体包括数据分类分级保护制度；集中统一、高效权威的数据安全风险评估、报告、信息共享、监测预警机制；数据安全应急处置机制；数据安全审查制度等。这是在制度层面上保障数据安全的要求。

数据安全治理体系的重要内容是完备的数据安全合规体系，以此在事前、事中、事后全过程中保障数据的流通符合法律法规的相关要求。目前，在顶层设计方面，我国已经基本形成了以《网络安全法》《数据安全法》《个人信息保护法》为基本立法的数据安全治理体系。

---

[1] 参见杨蓉：《从信息安全、数据安全到算法安全——总体国家安全观视角下的网络法律治理》，载《法学评论》2021年第1期。

[2] 参见王雪诚、马海群：《总体国家安全观下我国数据安全制度构建探究》，载《现代情报》2021年第9期。

[3] 参见洪延青：《我国数据安全法的体系逻辑与实施优化》，载《法学杂志》2023年第2期。

(三)提高数据安全保障能力

提高数据安全保障能力,即提升数据收集、加工、使用、删除等环节的安全保障技术能力,确保技术手段符合法律规定的要求。这是在技术层面上保障数据安全的要求,技术安全是数据安全的基线。[1]

就数据安全保障能力的整体技术要求而言,国际标准化组织(International Organization for Standardization,ISO)将信息安全定义为"保护信息的保密性、完整性和可用性,以实现用户对可用信息的需求",在信息安全等级保护工作中根据信息系统的机密性(confidentiality)、完整性(integrity)、可用性(availability)划分信息系统的安全等级,三个性质简称CIA。[2]在信息科学领域,数据作为信息存储、传输和处理的载体,往往与信息等同使用,数据安全也就等同于信息安全。[3]因此信息系统的安全等级三个性质CIA也成为数据安全的整体技术要求,这一技术安全概念被各国普遍认可,我国《网络安全法》第76条[4]同样采取此概念以界定网络安全。

就数据安全保障能力的具体技术要求而言,在中国包括《中共中央、国务院关于构建数据基础制度更好发挥数据要素作用的意见》中"公共数据原始数据不出域、数据可用不可见""公共数据、企业数据、个人信息分类分级确权授权制度"的要求;《数据安全法》中"数据分类分级保护"的要求;《个人信息保护法》中"采取相应的加密、去标识化等安全技术措施"的要求等。

(四)保障数据安全权益

保障数据安全权益,即通过制度与技术层面的保障,保护与数据安全相关

---

[1] 参见许可:《自由与安全:数据跨境流动的中国方案》,载《环球法律评论》2021年第1期。
[2] 上海市计算机软件评测重点实验室:《等级保护测评中的CIA》,载上海市计算机软件评测重点实验室微信公众平台2023年4月12日,https://mp.weixin.qq.com/s/5TQnDEHYIphcAgGM9wod3A。
[3] 参见洪延青:《我国数据安全法的体系逻辑与实施优化》,载《法学杂志》2023年第2期。
[4] 《网络安全法》第76条第1款第2项规定,网络安全,是指通过采取必要措施,防范对网络的攻击、侵入、干扰、破坏和非法使用以及意外事故,使网络处于稳定可靠运行的状态,以及保障网络数据的完整性、保密性、可用性的能力。

的权益，包括个人信息安全权益、企业数据安全权益、公共数据安全权益、国家数据安全权益4个方面，这是数据安全原则的目标。

个人信息安全权益的重要内容是个人隐私与个人信息安全，特别是应当对敏感个人信息予以更为严格的保护；企业数据安全权益主要指企业对自身持有、加工、经营的数据享有安全权益；公共数据安全权益包括与公共安全密切相关的交通公共数据、电力系统公共数据、核电厂公共数据等相关的安全权益；[1]国家数据安全权益包括与国防建设数据、军事数据、外交数据等相关的安全权益，同时应谨防数据跨国流通中的文化渗透。[2]

二、数据安全与发展并重

我国《数据安全法》第7条指明了坚持数据安全与发展并重原则的具体要求，即在数据安全的基础之上鼓励数据依法合理有效利用、保障数据依法有序自由流动、促进以数据为关键要素的数字经济发展，以此充分发挥数据发展对数据安全的促进作用、数据安全对数据发展的保障作用。数据安全与发展并重原则指的是在数据活动中既要保障数据安全，又要注重数据发展，构筑数据安全底线，放开数据发展上限。[3]在数据安全的底线之上充分发挥数据的基础资源作用和创新引擎作用，加快形成以创新为主要引领和支撑的数字经济，更好地服务中国经济社会发展。要以安全保发展、以发展促安全，即以数据开发利用和产业发展促进数据安全，以数据安全保障数据开发利用和产业发展。

（一）鼓励数据依法合理有效利用

鼓励数据依法合理有效利用指的是在合法合规与保障数据安全的基础

---

[1] 参见黄道丽、胡文华：《中国数据安全立法形势、困境与对策——兼评〈数据安全法（草案）〉》，载《北京航空航天大学学报（社会科学版）》2020年第6期。

[2] 参见齐爱民、盘佳：《数据权、数据主权的确立与大数据保护的基本原则》，载《苏州大学学报（哲学社会科学版）》2015年第1期。

[3] 参见周汉华：《网络法治的强度、灰度与维度》，载《法制与社会发展》2019年第6期。

上，通过各项具体制度以促进数据从静态领域转至动态领域。因为原始数据在静态领域仅具备潜在的价值创造能力，还不能直接参与价值创造，唯有通过各项具体制度以促进数据转至动态领域，才能充分发挥数据作为生产要素的作用。[1]

《数据安全法》从不同角度具体规定了相关制度以促进数据依法合理有效利用，如第 14 条第 1 款规定了国家实施大数据战略，推进数据基础设施建设，鼓励和支持数据在各行业、各领域的创新应用；第 16 条规定了鼓励数据开发利用和数据安全等领域的技术推广和商业创新，培育、发展数据开发利用和数据安全产品、产业体系；第 19 条规定了培育数据交易市场；第 37 条规定了提升运用数据服务经济社会发展的能力等。

（二）保障数据依法有序自由流动

保障数据依法有序自由流动指的是保障数据在合法的基础上自由地在不同区域之间流动，具体包括国际层面的流动与国内层面的流动。

在国际层面，数据自由流动是经济全球化的不竭动力。2005~2015 年 11 年间全球 GDP 因跨境数据增长了 10%，中国作为经济全球化与自由贸易的参与者、受益者和倡导者，应当将数据自由流动作为基本立场和战略目标。[2]

在国内层面，数据自由流动是数字经济的创新引擎。自 2014 年起，北京、上海、温州、深圳、广州、杭州等多地建立或筹建由本地政府牵头的大数据交易所（中心等），以此促进数据依法有序自由流动。

（三）促进以数据为关键要素的数字经济发展

促进以数据为关键要素的数字经济发展即充分发挥数据作为一种新型生产要素的作用，促进数字经济的发展。

---

[1] 参见蔡跃洲、刘悦欣：《数据流动交易模式分类与规模估算初探》，载《China Economist》2022 年第 6 期。

[2] 参见许可：《自由与安全：数据跨境流动的中国方案》，载《环球法律评论》2021 年第 1 期。

2020年3月30日《中共中央、国务院关于构建更加完善的要素市场化配置体制机制的意见》正式公布,数据作为一种新型生产要素被写入文件;2022年12月2日《中共中央、国务院关于构建数据基础制度更好发挥数据要素作用的意见》发布,明确指出要促进数据流通使用,赋能实体经济;2023年2月27日中共中央、国务院印发《数字中国建设整体布局规划》,其中强调促进数字经济和实体经济的深度融合,以数字化驱动生产生活和治理方式变革。这表明,在数字经济时代,数据在微观与宏观经济中作为新型生产要素的作用得到广泛认可。[1]

要充分促进以数据为关键要素的数字经济发展,需将经济社会发展与法治运行有机结合,以创新思维引领持续发展。基于中国改革开放45年的成功经验,不断的区域性试点试错是改革成功的具体路径方式,产业园区(开发区、自贸区等)是中国在全球化竞争中主动展开的一场攻守兼备的试验。如浙江探索设立中国(温州)数安港,旨在划定一片产业园区进行区域性试点,在数据市场建设上探路先行,根据中国基本国情进行自主创新,制定具有中国特色的数据要素流通交易模式及规则,为改革的先行先试提供了优良的营商创新环境。

---

[1] 参见蔡跃洲、刘悦欣:《数据流动交易模式分类与规模估算初探》,载《China Economist》2022年第6期。

第三章

数据安全监管与合规主体

本章主要对数据安全监管与合规的主体进行论述。数据安全监管主体、合规主体以及其他相关主体共同承担着维护数据安全和促进数字经济发展的重要责任,是推动《数据安全法》实施的主要力量。《数据安全法》建立了数据安全监管工作机制,明确了数据安全监管主体的监管职责,建立健全数据安全治理体系,切实提高数据安全监管的规范化水平。作为《数据安全法》主要规范对象的数据处理者是数据安全合规的主体,应根据自身定位,树立正确的数据安全合规理念,切实履行数据安全保护义务。其他相关主体也应根据《数据安全法》的要求和精神,积极配合数据安全监管合规活动,形成规范数据处理活动、保障数据安全、促进数据开发利用的合力。

第一节　数据安全监管主体

党的十八大以来，中国统筹谋划、协同推进网络安全和信息化发展各项工作，实施网络强国战略、国家大数据战略，数字中国建设稳步推动，数字经济蓬勃发展。[1]随着信息技术和人类生产生活的交汇融合，各类数据迅猛增长、海量聚集，对经济发展、社会治理、人民生活都产生了重大而深刻的影响。数据安全已成为事关国家安全与经济社会发展的重大问题。[2]没有数据安全就没有国家安全，为发挥数据作为基础性战略资源的作用，有效应对数据这一非传统领域的国家安全风险与挑战，国家坚持保障数据安全与促进数据开发利用并重的原则，制定《数据安全法》，以数据开发利用和产业发展促进数据安全，以数据安全保障数据开发利用和产业发展，推动各类数据利用活动依法合理进行，并通过开展数据安全知识宣传普及、推动数据治理的国际合作、提升公共服务智能化水平、支持数据开发利用和数据安全技术研究，通过规范数据处理活动，实现数据利用过程中的数据安全。在此基础上，《数据安全法》划定了各行业各领域主管部门的监管职责，建立了中央国家安全领导机构牵头总领、国家网信部门统筹协调、公安机关与国家安全机关承担数据安全监管职责、行业主管部门负责本行业的数据安全监管职责、各地区与各部门负责自身数据安全的协调监管体制。

一、中央国家安全领导机构

根据《国家安全法》，中央国家安全领导机构负责国家安全工作的决策和议

---

[1] 参见国家发改委：《国务院关于数字经济发展情况的报告》，载中国人大网2022年11月14日，http://www.npc.gov.cn/npc/c30834/202211/dd847f6232c94c73a8b59526d61b4728.shtml。

[2] 参见《关于〈中华人民共和国数据安全法（草案）〉的说明》，载中国人大网2021年6月11日，http://www.npc.gov.cn/npc/c30834/202106/2ecfc806d9f1419ebb03921ae72f217a.shtml。

事协调,研究制定、指导实施国家安全战略和有关重大方针政策,统筹协调国家安全重大事项和重要工作,推动国家安全法治建设。根据《数据安全法》,中央国家安全领导机构具有对数据安全工作进行决策和议事协调,研究制定、指导实施国家数据安全战略和有关重大方针政策,统筹协调重大事情和重要工作,建立国家数据安全工作协调机制4个方面的职责定位。

中央国家安全领导机构主要指中央国家安全委员会以及其设立的办事机构中央国家安全委员会办公室。2013年11月,十八届三中全会公报提出:设立国家安全委员会,完善国家安全体制和国家安全战略,确保国家安全。[1]2014年1月24日,十八届中共中央政治局召开会议决定,中央国家安全委员会作为中共中央关于国家安全工作的决策和议事协调机构,向中央政治局、中央政治局常务委员会负责,统筹协调涉及国家安全的重大事项和重要工作。[2]2023年5月30日,习近平主持召开二十届中央国家安全委员会第一次会议,会议特别提出国家安全工作要"提升网络数据人工智能安全治理水平"。[3]

二、网信部门

根据《数据安全法》等法律的规定,国家网信部门负责统筹协调网络数据安全和相关监管工作。根据2023年《国务院关于机构设置的通知》,中央网络安全和信息化委员会办公室与国家互联网信息办公室是一个机构两块牌子,其主要职责包括:落实互联网信息传播方针政策和推动互联网信息传播法制建设,指导、协调、督促有关部门加强互联网信息内容管理;负责网络新闻业务及其他相关业务的审批和日常监管,指导有关部门做好网络游戏、网络视听、网络

---

[1] 参见《中国共产党第十八届中央委员会第三次全体会议公报》,载中国政府网,http://cpc.people.com.cn/n/2013/1112/c64094-23519137.html。

[2] 参见《中共中央政治局研究决定中央国家安全委员会设置》,载中国政府网,https://www.gov.cn/ldhd/2014-01/24/content_2575011.htm。

[3] 《习近平主持召开二十届中央国家安全委员会第一次会议》,载中国政府网2023年5月30日,https://www.gov.cn/yaowen/liebiao/202305/content_6883803.htm。

出版等网络文化领域业务布局规划。协调有关部门做好网络文化阵地建设的规划和实施工作；负责重点新闻网站的规划建设，组织协调网上宣传工作。依法查处违法违规网站，指导有关部门督促电信运营企业、接入服务企业、域名注册管理和服务机构等做好域名注册、互联网 IP 地址分配、网站登记备案和接入等互联网基础管理工作。在职责范围内指导各地互联网有关部门开展工作。[1]

从中国网信部门的职责设置来看，其着眼于国家安全与创新发展，需要统筹协调涉及经济、政治、文化、社会及军事等各个领域的网络安全和信息化重大问题，需要统筹协调网络数据安全和相关监管工作。国家网信部门主要负责"网络"数据安全相关监管工作的统筹协调，包括深度合成服务、互联网用户账号信息、算法推荐服务、网络信息内容生态、应用程序信息内容的治理和监督。地方网信部门则负责监督管理本行政区域内上述工作的开展。县级以上网信部门依职权管辖本行政区域内的行政处罚案件。

此外，在部分事项上，国家和地方网信部门也有较为明确的分工，如数据出境合规方面，数据处理者向境外提供数据应当通过所在地省级网信部门向国家网信部门进行申报，省级网信部门完成完备性查验后，国家网信部门组织国务院有关部门、省级网信部门、专门机构等进行安全评估。

三、数据管理部门

2023 年 3 月，中共中央、国务院印发的《党和国家机构改革方案》组建了国家数据局，由其负责协调推进数据基础制度建设，统筹数据资源整合共享和开发利用，统筹推进数字中国、数字经济、数字社会规划和建设等，由国家发展和改革委员会管理。中央网络安全和信息化委员会办公室和国家发展和改革委员会承担的部分职责划入国家数据局，包括：中央网络安全和信息化委员会

---

[1] 参见《国家互联网信息办公室的主要职责》，载国务院新闻办公室网站 2012 年 1 月 20 日，http://www.scio.gov.cn/zhzc/9/6/Document/1086658/1086658.htm。

办公室承担的研究拟订数字中国建设方案、协调推动公共服务和社会治理信息化、协调促进智慧城市建设、协调国家重要信息资源开发利用与共享、推动信息资源跨行业跨部门互联互通等职责；国家发展和改革委员会承担的统筹推进数字经济发展、组织实施国家大数据战略、推进数据要素基础制度建设、推进数字基础设施布局建设等职责。从职责划分来看，是"在保持数据安全、行业数据监管、信息化发展、数字政府建设等现行工作格局总体稳定前提下，把数据资源整合共享和开发利用方面的有关职责相对集中"。[1]国家数据局成立以来，先后发布了《数字经济促进共同富裕实施方案》《"数据要素×"三年行动计划（2024-2026年）》《关于开展全国数据资源调查的通知》等文件，聚焦数据的宏观发展，推进数据要素开发。国家数据局依然是在国家发改委的管理下推动数据资源开发利用，国家网信部门在数据安全监管方面的统筹协调位置依然没有变动。

四、公安机关、国家安全机关

公安机关指中华人民共和国公安部及其下属各级公安机关，具体职责包括预防、制止和侦查违法犯罪活动；防范、打击恐怖活动；维护社会治安秩序，监督管理公共信息网络的安全监察工作、依职责进行反间谍安全防范工作等。

国家安全机关是指中华人民共和国国家安全部，是反间谍工作的主管机关，是重要的国家情报工作机构，具体职责包括依法搜集涉及国家安全的情报信息、监督检查反间谍安全防范工作、指导有关单位开展反间谍宣传教育活动等。

从公安机关、国家安全机关的职责定位来看，公安机关和国家安全机关掌握大量的情报信息、监控录像、通信记录等内容，承担着打击网络犯罪、维护国

---

[1] 肖捷：《关于国务院机构改革方案的说明》，载中国政府网，https://www.gov.cn/guowuyuan/2023-03/08/content_5745356.htm。

家信息安全的工作任务,是保障数据安全的重要部门。《数据安全法》明确公安机关、国家安全机关等依照本法和有关法律、行政法规的规定,在各自职责范围内承担数据安全的监管职责。

在立法目标上,《数据安全法》与《国家安全法》、《网络安全法》等法律法规显然存在相同之处,即同属于"安全法"的立法定位。虽然统筹于总体国家安全观的框架内,同时《数据安全法》与《国家安全法》、《网络安全法》等其他"安全法"在内容上有关联甚至交叉,[1]但是可以分开规范并各自构成独立体系。[2]因此,《数据安全法》强调公安机关、国家安全机关是在"各自职责范围"内承担数据安全监管职责,维护数据安全,如公安机关、国家安全机关因依法维护国家安全或者侦查犯罪可以要求有关组织和个人配合调取数据。

五、工信部门

工业部门涉及生产制造、供应链管理等领域,其数据安全关系到企业的商业机密和客户信息等敏感数据的保护,对工业运营的稳定性和可靠性具有重大影响。同时,工信部门负责电信网络的运营和数据传输,数据安全对于保护用户通信隐私和防止网络攻击意义重大。工信部门承担本行业、本领域数据安全监管职责。在国家数据安全工作协调机制统筹协调下,工业和信息化部负责督促指导各省、自治区、直辖市及计划单列市、新疆生产建设兵团工业和信息化主管部门的工作。

各省、自治区、直辖市通信管理局和无线电管理机构开展数据安全监管,对工业和信息化领域的数据处理活动和安全保护进行监督管理。各省、自治区、直辖市通信管理局和无线电管理机构分别负责对本地区工业、电信、无线电数据处理者的数据处理活动和安全保护进行监督管理。

---

[1] 参见赵精武:《构建全新的数据安全法律保障体系》,载《经济参考报》2022年6月22日。
[2] 参见翟志勇:《数据安全法的体系定位》,载《苏州大学学报(哲学社会科学版)》2021年第1期。

六、保密部门

国家保密行政管理部门主管全国的保密工作。县级以上地方各级保密行政管理部门主管本行政区域的保密工作。国家保密行政管理部门在制定保密政策和措施时，会考虑数据安全的要求，确保国家秘密不被泄露，对于推动国家整体的数据安全体系建立和完善具有重要作用。

中央国家机关、省级机关及其授权的机关、单位可以确定绝密级、机密级和秘密级国家秘密；设区的市级机关及其授权的机关、单位可以确定机密级和秘密级国家秘密；特殊情况下无法按照上述规定授权定密的，国家保密行政管理部门或者省、自治区、直辖市保密行政管理部门可以授予机关、单位定密权限。具体的定密权限、授权范围由国家保密行政管理部门规定。

国家保密行政管理部门和省、自治区、直辖市保密行政管理部门会同有关主管部门建立安全保密防控机制，采取安全保密防控措施，防范数据汇聚、关联引发的泄密风险。

七、其他行业主管部门

《数据安全法》明确中国数据安全监管职责的垂直监管职责划分，要求工业、电信、交通、金融、自然资源、卫生健康、教育、科技等部门切实履行承担本行业、本领域数据安全监管职责。

《数据安全法》对与数据关联度较大、数据安全风险突出的行业主管部门进行了不完全列举，以强调其所承担的数据安全监管职责。交通部门管理交通运输系统，包括航空、铁路、公路等。数据安全对于交通运输的安全和运营的高效性至关重要。自然资源部门管理国家的矿产、能源等自然资源，相关数据包括资源储量、开发项目，涉及能源资源、矿产资源、国土资源等重大安全事项。卫生健康部门管理医疗卫生数据，包括患者病历、基因数据、医院运营、疾病防控等数据,关涉个人隐私保护、公共卫生、国家生物安全。教育部门则掌握中国学生与教师情况、高等教育情况、科学研发等数据,与国家下一代发展以及科学技术创新具有显著关联。科技部门负责科学研究、技术创新等领域,涉及大量的研究数据和知识产权数据,与中国科技自主创新和知识产权保护工作关系紧密。

《数据安全法》所列举的各个行业掌握着大量数据,数据安全风险较大,如果发生数据安全事件,则可能造成危害国家安全、公共利益或者个人、组织合法权益的严重后果,要求行业主管部门切实履行承担本行业、本领域数据安全监管职责确有必要。

八、地方政府相关部门

《数据安全法》明确地方政府相关部门需要对工作中产生和收集的数据及数据安全负责。从责任主体上看,包括各地区和各部门的相关主体。从适用对象上看,包括各责任主体在工作中所产生和收集的数据。从责任内容上看,包括对自身数据保护的责任和对行业数据安全监管的责任。对自身数据保护的责任是指责任主体对工作中所产生和收集数据的安全保护责任,对行业数据安全监管的责任则是指各地区、各部门对隶属于本地区、本部门管辖的数据处理活动承担数据安全的监管责任,体现了中国数据安全监管责任的条、块划分。同时,《数据安全法》赋予地方政府相关部门"因地制宜"制定重要数据目录的相关权限,在确保法律的原则性、权威性的同时,增强其灵活性及针对性。

第二节 数据安全合规主体

《数据安全法》在明确数据安全监管机制的基础上,其所规范的主要对象就是"数据处理者"。《数据安全法》的出台,为国家保护组织、个人的数据权益,促进数据的开发利用以及建立统一有序的数据流通秩序提供了法律依据，同时对不同类型的数据处理者加强数据安全管理建设提出了明确的要求。

一、一般数据处理者

数据处理者是在数据处理过程中承担主要责任的实体。它可以是个人、组织、企业或政府部门，负责对数据进行收集、存储、分析、传输等操作。数据处理者需要确保在处理数据的过程中遵循相关的法律法规，履行数据安全保护义务。

第一，建立数据安全管理制度。开展数据处理活动应建立健全全流程数据安全管理制度，数据处理者有责任确保数据的安全性。这包括采取适当的技术和管理措施，组织开展数据安全教育培训，控制数据泄露、篡改、丢失等风险。利用信息网络开展数据处理活动的，应当在网络安全等级保护制度的基础上履行上述义务。

第二，开展数据处理活动应当加强风险监测，发现数据安全缺陷、漏洞等风险时，应当立即采取补救措施；发生数据安全事件时，应当立即采取处置措施，按照规定及时告知用户并向有关主管部门报告。

第三，采取合法、正当方式获取数据。任何组织和个人应当采取合法、正当的方式获取数据，以不正当方式获取数据并产生不利后果的，应受到处罚。这提醒企业要将数据合规贯穿到企业日常经营、交易过程始终。如保护数据主体的隐私权和合法权益，需要尊重数据主体的权益，如自主权、知情权、选择权等。在处理数据主体的数据时，数据处理者应当征得数据主体的同意，并确保数据处理过程中的透明性和可控性。

第四，配合公安、国安调取数据。公安机关、国家安全机关因依法维护国家安全或者侦查犯罪的需要调取数据的，有关组织和个人具有配合调取数据的义务。企业在面对公安、公安调取数据的请求时，应积极配合，提供相关证据。

二、重要数据处理者、核心数据处理者

因重要数据关系国家安全,故对重要数据的安全保护要求远远超出一般数据。首要的区别是,数据安全法明确将对重要数据处理的安全保护义务区别于对一般数据处理的保护义务。对重要数据的特殊安全保护义务的有关规定在数据安全法草案一审稿、二审稿以及最终通过的条文中都高度一致,说明强化重要数据处理者的数据安全特殊保障义务是必然要求。

第一,数据安全法明确其应当建立数据安全负责人制度,有关管理机构应当进行专门化管理实践,对重要数据的处理者提出了更严格的要求。数据处理者必须指定一名数据安全负责人,该负责人必须具有数据保护领域的专业素养,充当联系数据处理者和数据监管机构之间的纽带。这一制度完善了数据处理者的内部管理体系,加强了其内部的数据保护力度,具有非常重要的实践意义与良性效果。

第二,建立重要数据风险评估制度,要求重要数据的处理者定期对其数据处理活动开展风险评估,并向有关主管部门报送风险评估报告。重要数据风险评估制度主要从评估对象、评估阶段、报送对象以及常态化评估等几个方面入手,针对重要数据的处理活动予以风险评估,明确数据处理活动的开展情况,寻找潜在风险并及时采取应对措施。

第三,符合数据出境管理的要求。《数据安全法》第31条对重要数据的出境安全管理作了二分法的规范:关键信息基础设施的运营者在中国境内运营中收集和产生的重要数据的出境安全管理,适用《网络安全法》的规定;其他数据处理者在中国境内收集和产生的重要数据的出境安全管理办法,由国家网信部门会同国务院有关部门制定。此外,《数据安全法》第25条沿袭《出口管制法》的立法思路,对属于管制物项的数据纳入出口管制对象,要求出口管制。重要数据处理者需要综合考量包括《数据安全法》《网络安全法》《出口管制法》在内的多项法律法规有关数据跨境流动的规定。

关系国家安全、国民经济命脉、重要民生、重大公共利益等数据属于国家核心数据，核心数据处理者应针对核心数据施行更加严格的管理制度，严格遵守国家核心数据管理要求，数据的处理应做到依法合规，维护国家主权和数据安全。

第三节　其他相关主体

在数据处理活动中，除监管主体和合规主体外，诸如数据交易机构和数据处理相关服务提供者在数据安全监管和合规中也扮演着重要的角色。它们的有效参与和合作对于确保数据安全、推动数据有效流通利用具有重要意义。

一、数据交易中介服务机构

根据《民法典》第961条的规定，中介合同是中介人向委托人报告订立合同的机会或者提供订立合同的媒介服务，委托人支付报酬的合同，从事数据交易中介服务的机构属于交易中的"中介人"。从事数据交易中介服务的机构作为数据买方和卖方之间的"中介人"，为数据交易中的买卖双方提供交易机会。另外，根据《信息安全技术　数据交易服务安全要求》（GB/T 37932-2019）的规定，从事数据交易中介服务的机构应属于"数据交易服务平台"，典型如数据交易中心等提供数据交易平台的企业，为数据交易双方提供各项信息化服务。

《数据安全法》要求数据交易中介服务机构承担三个方面义务。一是要求数据提供方说明数据来源。从主体来看，此义务性规定指向数据提供方，即数据交易中的卖方要求其说明数据来源。该条规定主要的目的在于确保数据来源的合法性，防止违法数据的输入，保障交易流程的安全和稳定。二是要求审核交易双方的身份。对交易主体身份的审核是为了保证交易主体的适格，审核交易主体是否符合相关交易规则或法律规定,确保数据安全以及交易的有效性。三是要求对交易记录进行审核留存。该规定一方面要求对交易主体之间的交易记录进行审核,查看是否存在过往违规交易记录,明确交易过程中的风险;另一方面也是为了确保数据交易能顺利进行,保障数据交易安全。

随着数据要素的价值凸显,数据交易中介服务机构也在快速发展。从贵阳大数据交易所于2015年挂牌运营以来,数据交易平台建设热潮掀起,越来越多的地方政府开始启动或规划本地数据交易平台建设。[1]截至2023年10月,全国已成立60家数据交易机构(含注销)。[2]但目前数据交易市场成交量远不及数据市场的预期,始终处于业务模式探索和改进的阶段,许多模式和业务最终未能真正落地,且数据交易平台在运行中暴露出发展水平良莠不齐、数据要素流通困难、行业应用需求挖掘难、市场生态发育不良、相关技术支撑不足等诸多问题。[3]未来无论是数据交易平台的建设还是数据交易市场的运行规则体系完善,都还需要各界持续关注。[4]

二、数据委托处理者和受托者

数据处理活动尤其是对大量数据处理需要很强的组织能力和技术能力,在数据处理相关的生产经营活动中进行精细分工。在数据处理者因技术能力、人力资源、基础设施等方面的局限性,或考虑到单独进行数据处理经营成本效益等因素时,会将自己所控制的数据交给第三方主体进行处理,也就产生了数据

---

[1] 参见中国信息通信研究院《大数据白皮书》,载中国信通院,http://www.caict.ac.cn/kxyj/qwfb/bps/202112/t20211220_394300.htm,2022年10月10日最后访问。

[2] 参见数据交易网:《探析数据交易机制,科技公司该如何进场?》,载 https://mp.weixin.qq.com/s/shDTdZOw76C0ovQSYFkm5Q,2024年2月20日最后访问。

[3] 陈舟、郑强、吴智崧:《我国数据交易平台建设的现实困境与破解之道》,载《改革》2022年第2期。

[4] 参见周辉、张心宇、孙牧原:《数据要素市场的法治化:原理与实践》,中国社会科学出版社2022年版,第55页。

处理的委托者和受托者。[1]

对数据处理的委托者而言,需要遵守的合规要求包括委托处理的数据不超过原始数据主体授权同意范围、签订委托处理合同、审查受托方数据处理的安全水平、发现受托方违约违法行为时及时采取阻断措施等,确保数据处理活动符合法律规定。

对数据处理的受托者而言,应当履行确认数据处理委托活动已获得原始数据主体的授权同意、签订个人信息处理委托合同、严格按照委托合同中的约定进行数据处理活动、未经数据信息处理者同意不得转委托他人处理、保障数据处理安全、协助数据处理的托者履行法定义务等。此外,《数据安全法》对政务数据的委托提出了特别要求,规定国家机关委托他人建设、维护电子政务系统,存储、加工政务数据,应当经过严格的批准程序,并应当监督受托方履行相应的数据安全保护义务。受托方应当依照法律、法规的规定和合同约定履行数据安全保护义务,不得擅自留存、使用、泄露或者向他人提供政务数据。

---

[1] 参见周辉等主编:《平台经济发展与个人信息保护:实践反思与制度前瞻》,中国社会科学出版社 2023 年版,第 32 页。

第二编 分 论

第四章

数据安全与发展

本章介绍了数据安全与发展的相关制度要求及实践，包括数据开发利用和产业发展、数据合规技术与产品、数据安全检测评估与认证、数据交易等。数据开发利用和产业发展以数字经济发展为目标，以智能化公共服务为重要场景之一，坚持安全与发展并行，持续完善治理制度。数据合规技术和产品是数据开发利用和产业发展的基础，对于贯彻发展和安全并行的基本理念，坚持数据开发利用和产业发展的应用导向具有重要意义。数据安全检测评估与认证是中国数据安全服务的一种，是规范企业数据处理活动的重要机制，是数据安全和数据利用的平衡器。目前中国已经初步建立起数据安全相关的产品认证、服务认证、管理认证的体系框架，建立了重要行业的数据安全检测评估规则体系，为数据交易提供了较为完善的前提和基础。数据交易是以数据及其产品作为对象进行交换的行为，是数据流通的一种方式，是进行数据要素市场化配置、释放数据要素价值的重要手段，对于实现数字经济健康有序发展具有重要意义。

第一节　数据开发利用和产业发展

当前，数字技术引领了新一轮技术革命，数据成为重要的新型生产要素，数字化转型成为发展的新动力，以数据和数字技术为基础的数字经济逐渐成为经济体系内的核心部分。针对数字经济，中国多年来持续谋划顶层设计，根据发展阶段特征不断优化中国的数字经济发展相关内容。

一、数字经济发展规划

（一）数字经济发展规划的背景

对数字经济内涵的理解是把握数字经济发展规划的前提，根据国家统计局发布的《数字经济及其核心产业统计分类（2021）》，数字经济是以数据、信息网络、通信技术作为基础要素，以提升资源配置效率和优化经济结构为目标的经济活动，[1]也即数字经济并不是单一、具体的经济形态，而是由数据、信息技术结合所产生的一种综合性的经济形态。根据《数字经济及其核心产业统计分类（2021）》，数字经济产业范围包括数字产品制造业、数字产品服务业、数字技术应用业、数字要素驱动业、数字化效率提升业 5 个大类，其中前 4 类作为数字经济发展基础的产业属于数字经济核心产业。中国信息通信研究院发布的《全球数字经济白皮书（2022 年）》中将数字经济定义为是以数字技术为核心驱动力量，以数字化知识和信息为生产要素，以信息网络为发展载体，通过数字技术与实体经济融合的方式重构经济发展和治理模式的新型经济形态，[2]并将数字

---

〔1〕 参见《数字经济及其核心产业统计分类（2021）》对数字经济的概念界定：数字经济是指以数据资源作为关键生产要素、以现代信息网络作为重要载体、以信息通信技术的有效使用作为效率提升和经济结构优化的重要推动力的一系列经济活动。

〔2〕 参见中国信通院：《全球数字经济白皮书（2022 年）》，载中国信息通信研究院，http://www.caict.ac.cn/kxyj/qwfb/bps/202212/P020221207397428021671.pdf。

经济分为 4 个部分：信息通信产业、数据技术应用传统产业、数字技术和治理结合、数据价值化。[1]

从上述数字经济内涵和具体组成可以发现，数字经济整体呈现出"数字技术+"的融合发展趋势，根据"数字技术+"与各领域的融合程度，中国数字经济发展大致规划可分为数字经济孵化阶段、数字经济萌芽阶段、数字经济增长阶段。

1. 数字经济孵化阶段

早在 1988 年，国务院就发布了《信息技术发展政策要点》，认识到了"信息技术是当代世界商品经济中最活跃的生产力"，[2]随后的政策文件继续落脚于信息技术培育及应用上。2012 年，国务院发布了《国务院关于大力推进信息化发展和切实保障信息安全的若干意见》，一方面提出要推动信息化水平建设，加快重点行业数字化、智能化的进程，促进电子商务、服务业、电子政务、社会管理和城市管理、农村生产等领域的信息化发展，以数字带动发展的数字化转型思想已经显现；另一方面也强调对信息安全的重视，从信息基础设施、涉密信息系统、工业控制系统、信息资源和个人信息保护等方面提出了信息安全要求。这延续了 1988 年《信息技术发展政策要点》的精神，同时从更全面、更细致的视野规划了信息化发展路径。

2. 数字经济萌芽阶段

2014 年，"大数据"被首次写入中央政府工作报告中。2015 年，《国务院关于促进云计算创新发展培育信息产业新业态的意见》提出"充分发挥云计算对数据资源的集聚作用，实现数据资源的融合共享，推动大数据挖掘、分析、应用和服务"。至此，数字经济的基础要素已经齐全，数字经济运作的基本逻辑雏形

---

[1] 参见中国信通院：《全球数字经济白皮书（2022 年）》，载中国信息通信研究院，http://www.caict.ac.cn/kxyj/qwfb/bps/202212/P020221207397428021671.pdf。

[2] 《信息技术发展政策要点》中规定：信息技术是当代世界商品经济中最活跃的生产力。应用信息技术提高工业和服务业的效益和竞争力，促进管理和决策的科学化，从而促进社会主义商品经济的发展，推动国民经济各部门逐步转移到新的技术基础上来，为社会进步和人民生活服务，是我国在新的历史时期的重大任务。信息技术和信息产业的发展应比国民经济其他部门有更高的增长率和超前期。

已经诞生。2016年,《"十三五"国家信息化规划》提出要促进核心自主技术突破、信息基础设施水平提升、信息经济全面发展、推进网络法治建设,深化数字经济发展关键要素发展的顶层设计。到2017年,"数字经济"这一概念正式在《政府工作报告》中被提出,经过多年的要素积累后终于正式落定。从2015年《政府工作报告》中的"互联网",到2016年《政府工作报告》中的"中国制造互联网",再到2017年《政府工作报告》正式写入"数字经济",数字经济的发展脉络越来越清晰,[1]"数字经济"已经初具形态。

3. 数字经济增长阶段

2018年,《政府工作报告》提出要壮大数字经济发展,同年发布的《国家发展改革委、教育部、科技部等关于发展数字经济稳定并扩大就业的指导意见》提出,数字经济领域就业增加、就业新形态出现,但是一方面数字人才供给不足,另一方面新用工形态的制度缺乏,需要强化人才培养、完善相关法律法规。2019年,《国家数字经济创新发展试验区实施方案》选定了一批试验区,支持在自身发展特色基础上开展对数字经济要素流通、要素配置、生产关系等方面的探索。此后,"数据"于2020年正式被《中共中央、国务院关于构建更加完善的要素市场化配置体制机制的意见》列为新型生产要素,数据要素市场培育被提上日程,《数据安全法》也明确了促进以数据为关键要素的数字经济发展,并要求省级以上政府将数字经济纳入规划,数字经济的落实力度进一步加强。2022年,《"十四五"数字经济发展规划》提出了数据要素市场、产业数字化转型、数字产业化、数字化公共服务、数字经济治理体系5个方面的发展目标,围绕数字基础设施、数据要素、产业数字化转型、数字产业化、公共服务数字化、数字经济治理体系、安全体系、国际合作等方面提出了"十四五"时期的重点任务和重点工程。

至此,在前期信息技术发展和应用的基础上,数字经济发展的体系框架已经基本形成,有望在数据资源要素的新一轮发展中继续做大做强数字经济,迈向数字经济高质量发展的新阶段。

---

〔1〕 参见《数字经济期待更强更大》,载经济日报网,http://www.gov.cn/xinwen/2017-07-31/content_5214891.htm,2023年2月11日最后访问。

（二）数字经济发展规划的实施要点

1. 坚持发展与安全并行

综观上述政策，可以发现无论是针对数字经济基础要素还是数字经济本身，中国在基本价值导向上都坚持发展和安全并行。1988年《信息技术发展政策要点》强调信息技术的开放和安全。2012年，《国务院关于大力推进信息化发展和切实保障信息安全的若干意见》更为细致地规定了信息发展的方向和信息安全的五大面向。2022年，《"十四五"数字经济发展规划》更为体系化地表达了数字经济的发展目标和主要任务，同时依然强调了治理体系和安全体系的并行发展。

2. 坚持应用导向

针对数字经济的基础要素，历年规划都强调了应用面向。早期的应用导向侧重技术和产业优先发展领域，例如1988年《信息技术发展政策要点》确立了"选择若干优先发展领域，集中力量，快速推进。宁可少些，但要好些"的发展思路。随后数字经济基础要素的应用范围逐渐扩展，从技术、产业逐渐向社会化应用演变。数字经济正式提出后，这种应用导向已经进化到了全面应用的层次，追求全方位的产业数字化、数字产业化发展。

3. 持续完善治理制度

历年政策规划都强调了完善发展规范、治理制度。前期政策规划强调标准工具的利用，即统一的接口标准、技术标准、产品标准等标准体系是治理制度的核心。这种对标准体系的强调一直沿袭到当前，《"十四五"数字经济发展规划》依旧强调技术标准、数据资源标准体系建设、产业标准、服务标准等标准体系的建设。同时，《数据安全法》等法律的出台使治理体系更具统一性，对于国家治理、行业组织自律等内容的统筹规定使得整体治理制度更为完善。

二、智能化公共服务

（一）智能化公共服务的背景

"智能"是感知能力、记忆和思维能力、学习适应能力和决策能力的总体体现,具有这些能力的系统是智能系统或智能化系统。[1]随着数字技术、信息技术和智能技术的发展,智能化逐渐成为各行各业的发展趋势,智能制造、智能交通、智能医疗等发展概念被陆续提出。智能化服务也是智能化应用的一个具体领域,指利用智能技术收集、处理信息,为创新服务内容、场景和模式提供决策依据,从而向客户提供更高质量、更好体验、更具个性化的服务。[2]

公共服务是指由政府部门、企事业单位和相关中介机构履行法定职责,根据公民、法人或者其他组织的要求,为其提供帮助或者办理有关事务的行为。[3]根据国家发展改革委发布的《"十四五"公共服务规划》,中国的公共服务包括基本公共服务、非基本公共服务两大类。基本公共服务是关涉人民生存和发展基本需要的服务,政府承担主要保障和供给责任。非基本公共服务是关涉人民更高层面需求的服务,政府通过支持公益性社会机构或市场主体提供服务、实现可及性。结合智能化和公共服务的定义,智能化公共服务就可以理解为,利用数字技术、信息技术和智能技术,创新基本公共服务和非基本公共服务内容、场景和模式,提升公共服务质量和效率。

(二)智能化公共服务的内容

完善公共体系是保障和改善民生水平、满足人民日益增长的美好生活需求、促进社会公平正义、提升人民在社会发展中的获得感的重要机制。"十二五"和"十三五"时期,中国先后制定并实施了两部国家级基本公共服务规划,基本建成基本公共服务体系,但是还存在不平衡、不统一、不适应的地方,需要进一步完善公共服务体系建设。[4]

智能化公共服务是深化发展公共体系的重要手段,也是中国数据安全和发

---

[1] 参见刘卫国:《现代化、信息化、数字化、智能化及其相互关系》,载《中国铁路》2011年第1期。
[2] 参见姜晓丹、刘连臣、吴澄等:《新一代信息技术环境下现代服务业的数字化和智能化演进》,载《计算机集成制造系统》2021年第11期。
[3] 参见《推行公共服务便捷化,切实转变政府职能》,载中国政府网,https://www.gov.cn/zhengce/2016-01/14/content_5032926.htm,2024年2月24日最后访问。
[4] 参见中共中央办公厅、国务院办公厅《关于建立健全基本公共服务标准体系的指导意见》。

展的重点应用领域。《中华人民共和国国民经济和社会发展第十四个五年规划和2035年远景目标纲要》(以下简称《"十四五"纲要》)在"加快数字社会建设步伐"和"提高数字政府建设水平"两个章节中都针对公共服务提出了智能化发展要求。首先,强调了以大数据促进公共服务的普及程度。[1]一方面扩展重点领域的普及范围,对于教育、医疗、养老、就业等重点领域,推进数字化服务的普惠应用;另一方面强调地域的普及,对接基层、边远和欠发达地区,以线上和线下结合的方式扩大公共服务资源的覆盖范围。其次,突出了数字化、智能化在城市发展和农村建设中的重要地位。[2]提出运用大数据技术完善城市管理服务体系,建设智慧社区和智慧便民服务圈,推动乡村管理服务数字化。最后,公共服务智能化建设离不开数据的支持,扩大公共信息数据的流动并对接公共服务体系也是未来智能化公共服务建设的重点。[3]

根据《"十四五"纲要》,智能化公共服务的发展有两个主要目的,一是普惠性目的,利用互联网的跨地域性促进公共服务的普及;二是效率目的,通过推动公共服务智能化发展从而提升现有公共服务体系的效率。这两大目标在随后制定的《数据安全法》中也有所体现。在《数据安全法》第15条中,国家强调了支持利用数据提升公共服务智能化水平,这体现了效率目的;同时也指出,公共服务的智能化发展需要充分考虑到特殊群体的需求避免对其生活造成阻碍,这体现了公共服务智能化发展的普惠性的目标。

(三)智能化公共服务的实施要点

欲达成公共服务智能化发展的两个目的,政府是主要的责任主体。2022年

---

[1] 参见《中华人民共和国国民经济和社会发展第十四个五年规划和2035年远景目标纲要》第五篇"加快数字化发展 建设数字中国",第十六章"加快数字社会建设步伐",第一节"提供智慧便捷的公共服务"。

[2] 参见《中华人民共和国国民经济和社会发展第十四个五年规划和2035年远景目标纲要》第五篇"加快数字化发展 建设数字中国",第十六章"加快数字社会建设步伐",第二节"建设智慧城市和数字乡村"、第三节"构筑美好数字生活新图景"内容。

[3] 参见《中华人民共和国国民经济和社会发展第十四个五年规划和2035年远景目标纲要》第五篇"加快数字化发展 建设数字中国",第十七章"提高数字政府建设水平"内容。

6月23日发布的《国务院关于加强数字政府建设的指导意见》中提出数字政府建设的主要目标之一就是实现公共服务高效化，在具体做法上强调以持续优化全国一体化的政务服务平台的功能实现公共服务的智能化水平，推动公共服务集成化办理、提供优质的涉企服务。从目标上来看，《国务院关于加强数字政府建设的指导意见》沿袭了"十四五"规划的两大主要发展目标，同时也强调了国家在帮助企业发展、推动经济发展中的服务作用。2022年9月发布的《国务院关于印发全国一体化政务大数据体系建设指南的通知》，展示了各地政府在实现公共服务智能化的普惠性目的、效率目的上所采取的措施和取得的成就，同时指出了目前公共服务智能化发展的"瓶颈"在于政务数据上，存在政务数据管理机制不够完善、政务数据共享对接不充分、数据应用水平不高、数据标准规范不健全以及政务数据安全保障能力有待提升等方面的问题。实践中的难题反映出对完善顶层设计的迫切需求，《数据安全法》《个人信息保护法》等相关法律法规的出台解决了一些数据安全问题，但是还需继续完善政务数据共享和安全相关的顶层设计、落实机制、配套制度等，使公共服务智能化发展在保障安全的基础上实现对普及性和效率的两大追求目标。

　　社会力量也可以为解决公共服务智能化发展中的一些技术问题、运营问题提供支持。一方面，社会力量的参与可以丰富公共服务智能化建设中的要素供给，丰富人民的选择，提升生活幸福感。例如，无人仓、无人车、无人机等智能设备的发展和应用使快递业效率大大提升，有力地支撑了电子商务的发展，提高了便民服务效率。[1]另一方面，政府可以通过政府采购、合作治理等手段吸纳社会力量参与基础公共服务体系智能化的建设，充分发挥社会力量在技术、运营等方面的优势，加快推进公共服务智能化的建设进程。例如，华为的城市智能体解决方案，通过补充数据、技术、运营、机制四大体系发展要素，在提升公

---

〔1〕 参见《数字经济：迈进高质量发展之路》，载新华网，http://www.xinhuanet.com/techpro/20220808/8bcb3f7bea954025809ed0490d1e9a8b/c.html。

共服务智能化效率、完善城市服务管理体系方面提供了支持。[1]

第二节 数据合规技术与产品

《数据安全法》第 16 条是关于数据安全技术与产品的一般性规定,体现了国家对于数据开发利用技术和数据安全技术两大技术发展各个阶段的支持、鼓励态度以及对形成数据产品、大数据产业体系的期待和追求。

一、数据合规技术发展趋势

数据合规技术是数据合规的一种手段,即以数据相关法律法规、行业准则、国际条约、公司章程等作为标准,促进数据收集、存储、使用、加工、传输、提供、公开等活动符合标准的技术措施。使用技术实现数据合规的思想在政策文件中早已体现。

2015 年《国务院关于积极推进"互联网+"行动的指导意见》中就提出要完善数据共享、利用等技术措施,以控制互联网融合中的安全风险。同年,国务院印发的《促进大数据发展行动纲要》中提出要加强大数据安全技术研究,以落实信息安全等级保护、风险评估等制度要求。2016 年印发的《国务院办公厅关于印发"互联网+政务服务"技术体系建设指南的通知》中,在"关键保障技术"一节中明确列举了数据安全的重点技术要求,指出要运用加密设备、技术服务保障数据传输安全,加强数据库管理系统的安全配置以抵御恶意攻击,尤其对于用户名、口令等关键信息更要加强安全保护。基于数据安全技术在保障数据安全中的重要作用,2016 年《国务院关于印发"十三五"国家战略性新兴产

---

[1] 参见《共筑城市智能体,深耕城市数字化》,载华为云官网 2023 年 1 月 11 日,https://www.huaweicloud.com/solution/smartcity.html。

业发展规划的通知》提出，要加强数据安全、隐私保护等关键技术攻关，加快形成稳定、可靠的大数据技术体系。2016年《国务院关于印发"十三五"国家信息化规划的通知》再次强调数据安全保护，指出要加强数据采集、传输、存储、使用和开放等环节的安全保护，推进数据加解密、脱密、备份与恢复、审计、销毁、完整性验证等数据安全技术研发及应用。2017年《国务院关于深化"互联网＋先进制造业"发展工业互联网的指导意见》强调建立技术和管理相结合的安全体系，强化攻击防护、漏洞挖掘、入侵发现、态势感知、安全审计、可信芯片等技术产品的研发，以符合工业互联网发展的数据安全标准。2021年《数据安全法》的颁布使数据合规技术在法律层面予以明确，成为履行数据安全保护法律义务的重要手段，数据合规技术的战略地位进一步提升。

数据合规技术以数据合规为目的，数据合规的范围、要求作为"风向标"引导了数据合规技术的发展、适用方向，当前个人信息保护合规是数据合规的主要关注焦点。2022年国务院印发了《"十四五"数字经济发展规划》，指出"在确保数据安全、保障用户隐私的前提下，调动行业协会、科研院所、企业等多方参与数据价值开发"。《中共中央、国务院关于构建更加完善的要素市场化配置体制机制的意见》提出，要制定数据隐私保护制度和安全审查制度，加强对政务数据、企业商业秘密和个人信息的保护。《中共中央、国务院关于构建数据基础制度更好发挥数据要素作用的意见》明确了"原始数据不出域、数据可用不可见"的数据利用要求。这些政策都强调了个人信息保护、隐私保护在数据合规中的重要地位。

法律和市场对个人信息和隐私保护的需求驱动了隐私数据合规技术的快速发展，新兴数据合规技术的蓬勃发展，为数据安全合规业务展开提供了重要技术支持。如图4-1和图4-2隐私所示，在数据加密、身份认证、访问控制等传统数据安全保护技术的基础上，安全多方计算、差别隐私、机器学习、同态加密、零知识验证等以隐私保护驱动的新兴数据安全技术发展势头迅猛，是变革型的前沿技术。2023年1月，《工业和信息化部等十六部门关于促进数据安全产业发展的指导意见》提出，要支持后量子密码算法、密态计算等技术在数据安全产业中的发展应用,加强隐私计算、数据流转分析等关键技术攻关。

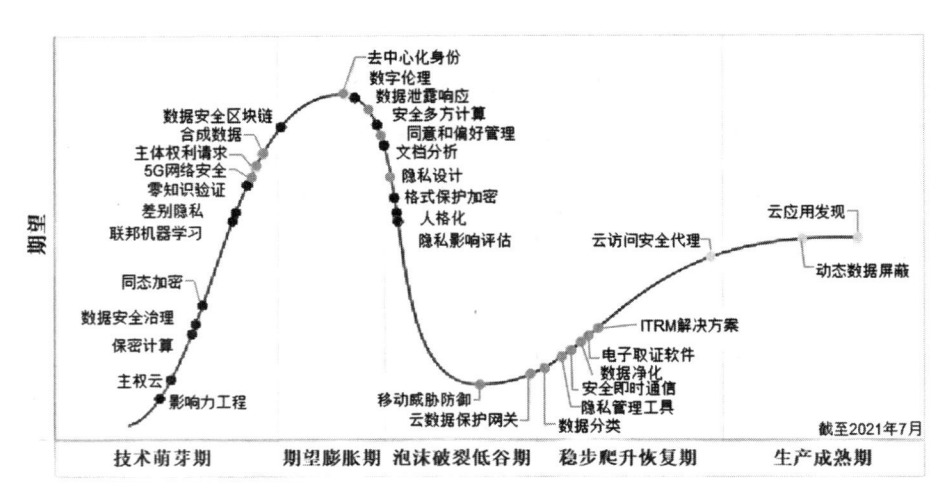

图 4-1　2021 年 Gartner 隐私技术成熟度曲线

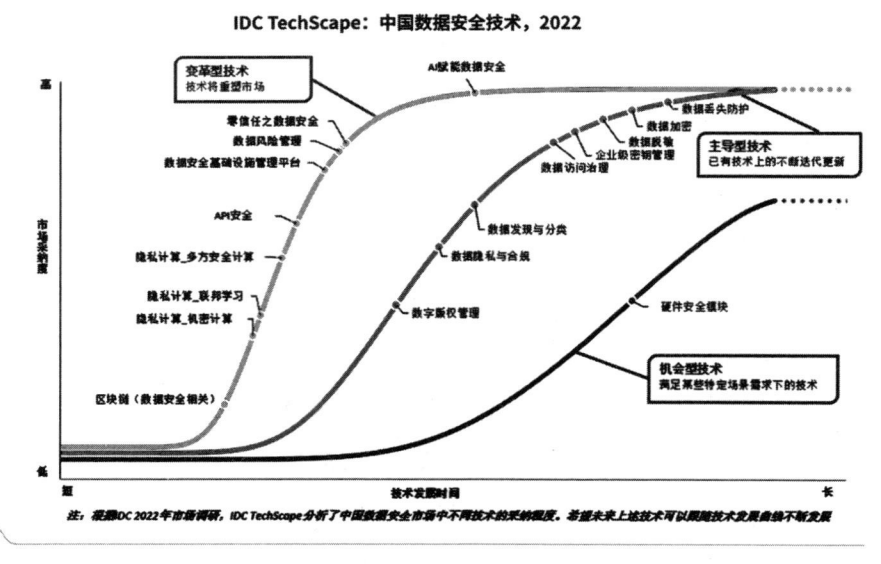

图 4-2　2022 年 IDC 中国数据安全发展路线

二、重点数据合规技术

从上文政策关注焦点和技术成熟度曲线可知，目前备受关注的数据合规技术有联邦学习、差分隐私、多方安全计算、同态加密等，下面将对这些重点技术予以详细介绍。

（一）联邦学习

联邦学习（Federated Learning，FL）技术由 Google 于 2016 年首次提出。该技术的适用场景是数据共享和使用环节，欲解决的问题是在保障数据隐私的情况下打破"数据孤岛"，提升不同数据处理者之间的数据流动。联邦学习技术的解决思路是让不同数据处理者在不交换数据的情况下开展数据共享、协作，如图 4-3 所示，各个数据处理者的原始数据不离开本地，通过在本地训练模型后上传模型参数至中央服务器进行汇总计算，之后中央服务器再将迭代后的全局模型发回各个数据处理者，从而在保证数据隐私安全的情况下实现数据共享和利用。[1]

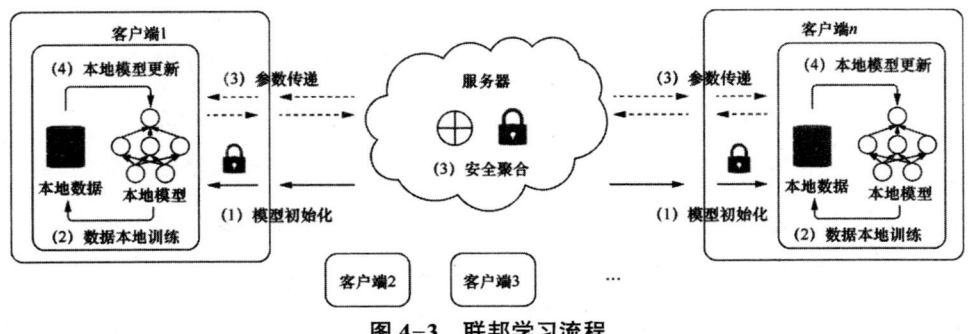

图 4-3 联邦学习流程

注：参见王健宗、孔令炜、黄章成等：《联邦学习隐私保护研究进展》，载《大数据》2021 年第 3 期。

---

[1] 参见杨庚、王周生：《联邦学习中的隐私保护研究进展》，载《南京邮电大学学报（自然科学版）》2020 年第 5 期。

根据用户维度和数据特征维度的不同,联邦学习可以细分为横向联邦学习、纵向联邦学习、迁移联邦学习等。横向联邦学习是指各数据处理者之间的数据特征维度重叠高但是用户重叠少,针对数据特征相同但是用户不同的数据进行模型训练。纵向联邦学习是指数据特征维度重叠低但是用户重叠高,针对相同用户但数据特征不同的数据集进行模型训练。迁移联邦学习则是指数据特征和用户维度均重叠少的情况下,利用迁移学习解决数据少的问题。

虽然联邦学习在一定程度上提升了数据隐私安全保护的程度,但是数据安全风险性依然较高。例如,当存在恶意参与方时,通过污染样本数据、恶意构造错误样本、发送错误的模型参数等手段可能会造成数据安全问题,通过模型提取攻击、模型逆向攻击等手段可以从共享模型参数中推导出其他参与方的敏感信息从而造成隐私泄露。[1]同时也可以发现,出于保护数据隐私安全,联邦学习牺牲了一定程度的计算精度,存在计算错误和决策错误风险。

针对联邦学习的隐私风险,实践中往往结合其他隐私保护技术提高数据隐私安全程度,以同态加密为例的密码学方法和以差分隐私为例的扰动方法是主要的解决方案。[2]下文将对这两种隐私保护技术予以详细介绍。

(二)差分隐私

差分隐私保护技术(differential privacy)适用的场景是数据分析、数据提供、数据公开、数据查询等环节,所欲解决的问题是保障所提供、公开的数据中的个人隐私数据不会被推导出来。它的解决思路是通过使用一个随机噪声对数据结果进行随机化处理,通过对噪声量大小的把握在数据精度和隐私保护水平间进行定量化,使整体数据结果不会发生明显变化,但是个体数据更难被推导出来从而提升了保护程度。[3]可见,差分隐私技术和联邦学习技术的思路具有一致

---

[1] 参见周俊、方国英、吴楠:《联邦学习安全与隐私保护研究综述》,载《西华大学学报(自然科学版)》2020年第4期。

[2] 参见康海燕、冀源蕊:《基于本地化差分隐私的联邦学习方法研究》,载《通信学报》2022年第10期。

[3] 参见李效光、李晖、李凤华等:《差分隐私综述》,载《信息安全学报》2018年第5期。

性，即以牺牲一定程度的数据精度获取更高的隐私保护程度。

差分隐私主要有两种模式，如图 4-4 所示，一种是集中化或者中心化差分隐私，另一种是本地化差异隐私。中心化差分隐私，是指单个用户的数据传输给一个可信第三方数据处理者，由该可信第三方数据处理者进行数据处理、数据分析、数据提供和数据公开；本地化差分隐私则由用户控制原始数据而只收集被添加噪声后的数据，因此大大降低了数据被第三方数据处理者泄露的风险。[1]本地化差分技术应用较广，当前谷歌、微软和苹果等企业都借助本地化差分隐私技术完成特定的用户数据的收集、统计。[2]

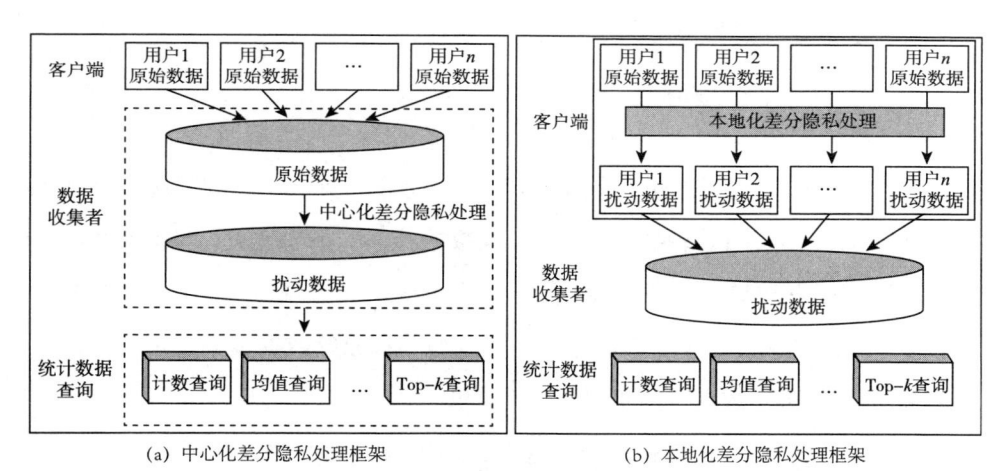

图 4-4　中心化与本地化差分隐私的处理框架

注：参见叶青青、孟小峰、朱敏杰、霍峥：《本地化差分隐私研究综述》，载《软件学报》2018 年第 7 期。

（三）多方安全计算

多方安全计算早在 1982 年就于理论上首次提出，但是由于算法、算力的限制，直到 21 世纪随着密码学、网络、硬件等条件改善才开始实际应用。[3]

---

〔1〕　参见高志强、王宇涛：《差分隐私技术研究进展》，载《通信学报》2017 年第 S1 期。
〔2〕　参见王雷霞、孟小峰：《ESA：一种新型的隐私保护框架》，载《计算机研究与发展》2022 年第 1 期。
〔3〕　参见苏冠通、徐茂桐：《安全多方计算技术与应用综述》，载《信息通信技术与政策》2019 年第 5 期。

多方安全计算研究的问题是如何在各参与方数据保密的条件下实现数据的正确计算,即协同数据计算中各参与方之间的数据安全问题。多方安全计算的解决思路是采取协议控制计算过程,在数据本地化的前提下进行计算,计算完成后返回各自的计算结果。[1]协议由各参与方达成共识的步骤构成,输入方输入秘密信息,计算方负责联合计算,结果方则得到计算结果,每个参与方可能担任一个或多个角色,因此每个多方安全计算具有不同的性质和性能。[2]因此,对于多方安全计算的研究重点多围绕协议展开,一方面是出于节省资源的目的研究安全、高效的一般性的安全多方协议;另一方面是为了提高具体情况适用效率而对一般性多方计算协议的裁剪研究。[3]

(四)同态加密

同态加密的适用场景也是数据共享、协同计算,所欲解决的问题也是在保障数据安全、个人信息隐私的情况下实现数据共享、协同计算。同态加密的解决方案思路是对原始数据进行加密"包装"形成密文数据,基于密文数据进行运算形成密文结果,对密文结果进行解密后得到和原始数据运算结果一致的数据结果,从而实现"数据可用不可见"的效果。[4]

根据同态加密算法是否支持任意形式的计算,同态加密技术可以分为三类。只支持加法或乘法运算的同态加密称为部分同态或者半同态加密(partial homomorphic encryption, PHE),能实现有限次数加法和乘法运算的称为类同态加密(somewhat homomorphic encryption, SHE),能实现任意次数加法、乘法同态运算的称为全同态加密(fully homomorphic encryption, FHE),全同态加密是

---

[1] 参见蒋凯元:《多方安全计算研究综述》,载《信息安全研究》2021年第12期。
[2] 参见苏冠通、徐茂桐:《安全多方计算技术与应用综述》,载《信息通信技术与政策》2019年第5期。
[3] 参见王婷:《安全多方计算理论研究综述》,载《信息安全与技术》2014年第5期。
[4] 参见邵航、高思琪、钟离等:《同态加密在隐私计算中的应用综述》,载《信息通信技术与政策》2022年第8期。

同态加密技术的新兴发展方向。[1]但是,全同态加密计算资源开销大、计算效率不高,半同态加密较难实现复杂算法等缺陷限制了同态加密的实际应用,还有待进一步研究。

三、数据合规技术产品

随着数据安全、网络安全、数字经济等方面的政策部署和落地,我国激发了数据合规产品和服务市场的需求,数据合规市场稳定发展并形成了一批产品种类丰富的数据安全服务厂商(见表4-1)。根据 IDC 统计,2021 年中国数据合规产品与服务的总市场规模(包含隐私计算与区块链技术中的数据合规部分)达到 12.43 亿美元,约合 80.2 亿人民币。[2]此外,国外数据合规市场也蓬勃发展,出现了较多产品(见表4-2),Gartner 认为 2023 年年底全球超过 80% 的公司面临至少一项数据隐私合规要求,到 2024 年全球数据隐私合规技术支出将超过 150 亿美元。[3]可见,数据合规产品和服务市场仍旧处于快速发展期。

表 4-1　国内数据合规服务商及产品体系

公司全称	公司的中文简称	产品体系
奇安信科技集团股份有限公司	奇安信-U	工业互联网安全;态势感知;零信任;数据安全;开发安全;终端安全;边界安全;云安全;电子取证;信创
深信服科技股份有限公司	深信服	网络安全;端点安全;响应与态势感知;零信任安全;云安全;数据安全;应用与开发安全
启明星辰信息技术集团股份有限公司	启明星辰	网络安全防护;网络安全检测;应用安全;数据安全;安全管理;云安全;工控安全;移动及终端安全
华为技术有限公司	华为	数据安全中心;数据库审计;云堡垒机;数据加密;云证书管理;数据管理;态势感知

---

[1] 参见李宗育、桂小林、顾迎捷等:《同态加密技术及其在云计算隐私保护中的应用》,载《软件学报》2018 年第 7 期。

[2] 参见《技术引领未来,IDC TechScape 中国数据安全发展路线图首发》,载 IDC 官网 2023 年 3 月 1 日,https://www.idc.com/getdoc.jsp?containerId=prCHC49629722。

[3] 参见《数字伦理登上 Gartner 2021 隐私技术成熟度曲线期望膨胀期顶点》,载 Gartner,https://www.gartner.com/cn/newsroom/press-releases/20211012privacy-hype-cycle。

续表

公司全称	公司的中文简称	产品体系
北京天融信科技有限公司	天融信	基础安全；工业互联网安全；物联网安全；车联网安全；数据安全；应用安全；云计算与云安全；安全服务与运营
腾讯科技（深圳）有限公司	腾讯	数据安全中心；数据安全审计；敏感数据处理；堡垒机
阿里云计算有限公司	阿里云	数据安全中心；密钥管理；证书服务；数据库审计
新华三集团有限公司	新华三	数据资产管理；静态数据脱敏；动态数据脱敏；数据库审计；数据库加密与访问控制；数据库安全；数据防泄露；数据运维管理
绿盟科技集团股份有限公司	绿盟科技	基础设施安全；数据安全；云计算安全；工业互联网安全；物联网安全；信息技术应用创新
杭州安恒信息技术股份有限公司	安恒信息	云安全；大数据安全；物联网安全；智慧城市安全；工业控制系统安全；工业互联网安全
浙江省大数据联合计算中心	数算中心	中立国联合计算平台

注：参见《2022 年 CCIA50 强、成长之星 & 潜力之星榜单》，中国网络安全产业联盟官网 2023 年 3 月 1 日，http://china-cia.org.cn/home/WorkDetail?id=62b441c30200348dac7b98e7。

表 4-2 国外数据合规产品

企业／产品名称	数据合规产品	数据合规产品简介
One Trust	隐私管理软件、AI 驱动的数据发现和分类、数据智能化软件、第三方风险互访、集成风险管理软件、道德与合规软件、同意与偏好管理软件、环境、社会及治理管理软件	解决包括隐私安全、数据治理、治理风险与合规、第三方风险、道德合规及 ESG 计划在内的问题，满足企业在隐私合规、数据管理等各方面的要求
IBM CLOUD SECURITY	IBM 云数据盾；IBM 密钥保护等	提供跨越数据存储、云计算服务等跨平台的数据保护服务，提供数据权限管理服务等
Amazon	数据加密及密钥管理；威胁检测和持续监控；身份识别和管理关键数据存储管理	提供全面系统的云数据安全保护体系，包括数据分析自动化识别、数据安全标准构建、数据安全生态建设以及数据合规评估等

续表

企业/产品名称	数据合规产品	数据合规产品简介
CODE42	数据内部风险检测与响应	快速准确发现系统数据安全风险,并及时采取相应措施予以解决
COMMVAULT	数据风险监测;数据合规管理;敏感数据识别及管理;数据备份与恢复;数据存储优化	通过数据管理和保护、数据安全、数据合规与治理、数据流转保护、数据分析等手段,利用统一的数据平台解决关键业务数据挑战,保障企业数据安全
ORCA SECURITY	漏洞管理;恶意软件检测;敏感数据检测;身份和访问管理等	通过对敏感数据的检测,验证最重要的数据的安全性
REDWARE –CLOUD NATIVE PROTECTOR	数据中心保护;云恶意软件防护服务;应用程序保护等	专注于云数据安全,提供云数据安全咨询、数据安全软件开发等服务
DATAFLEETS	私有和分布式数据分析平台;数据生命周期管理;数据集成分析、个人信息去标识化管理等	为处理敏感数据团队提供全面的分析,实现灵活的用户身份识别和访问管理,保护企业重要数据安全
DELL EMC DATA PROTECTI ON	数据备份;电源设备保护;数据管理器等	提供从归档到物理防护、虚拟防护和云防护的持续可用性,提供全方位的数据保护
PRIVITAR	数据去标识和数据匿名;数据生命周期保护;数据安全合并共享等	建立数据隐私平台–用于保护和治理的全面数据隐私管理解决方案;建立零信任平台,安全地共享数据并实施第三方协作
OKTA	多重身份验证;用户管理数据生命后期管理;API访问管理等	利用快速的用户身份识别设定相应权限,对敏感信息的访问及处理设定更加严格的标准,采取充分的数据安全风险控制和审计手段,保障企业数据安全
symantec	数据防丢失;云安全访问;数据加密;数据合规评估等	对私有云和物理数据中心的数据进行持续监控,包括基础设施监控、权限监控及快速识别和评估违反规定的行为和可疑活动
DATADOME	智能机器人保护;无代码SDK集成	提供人工智能数据保护服务,定期筛查人工智能数据系统漏洞及风险,及时报警并处理
GRETEL	数据合成;数据去标识和数据匿名化;数据目录等	创建具有差异隐私保证的合成数据扩充数据源、提高机器学习准确性,降低学习偏差

注:参见中国信通院:《数据安全技术与产业发展研究报告(2021年)》,载中国信息通信研究院,http://www.caict.ac.cn/kxyj/qwfb/ztbg/202112/t20211221_394364.htm。

> **案例阅读**
>
> 浙江省大数据联合计算中心推出中立国大数据联合计算平台,就具体计算过程而言,数据通过加盐&不可逆加密(MD5、SHA256)等加密方式从一方输出到中立国领事馆(私有区),领事馆(私有区)归属数据提供方所有,由数据提供方控制使用,不存在权属转移。完成计算后会立即被自动删除,经审核通过的匿名化结果数据从指定路径输出,用于约定场景用途,从而提供一个隐私计算的可信可监管环境。基于中立国平台架构,中国(温州)数安港以举行数据安全合规论证会形式通过了多方联合画像统计、多方联合建模投放、联合归因、数据定制分析服务、统计报告用于金融、向量特征增强、智能用户找回等8个场景的数据安全合规论证,为应用场景合规、数据要素市场化交易提供保障。

第三节 数据安全检测评估与认证

《数据安全法》第18条从法律层面明确了国家支持数据安全服务发展,确认了数据安全检测认证、评估等数据安全服务活动在数据安全制度中的地位,数据安全检测评估、认证属于数据服务活动的一种具体类型,其与风险防范、处置等数据安全服务活动一起构成了中国数据安全服务体系。数据安全检测评估、认证同属于数据安全服务体系,具有一定的共性,但是在具体制度运行上也各有特色。

一、制度背景

(一)制度历史

2016年颁布的《网络安全法》第37条、第38条规定了关键信息基础设施运营者的安全检测评估义务。《数据安全法》明确国家建立集中统一、高效权威的数据安全风险评估制度，促进数据安全检测评估服务开展，并规定了重要数据的处理者定期开展风险评估和报送风险评估报告的义务，成为数据安全检测评估制度发展的指引。在之后的发展中，部分行业率先制定了本领域数据安全评估规范，对《数据安全法》中的一般性规定进行了具体化。2021年电信和互联网领域发布实施了《电信网和互联网数据安全风险评估实施方法》和《电信网和互联网数据安全评估规范》的行业标准，为电信网和互联网服务提供商自行开展评估、第三方机构针对电信网和互联网服务提供商开展数据安全评估活动提供了规范指引。2022年4月，浙江省市场监督管理局批准发布了省级地方标准《公共数据安全体系评估规范》，规范和指导各地各部门开展公共数据安全评估工作。[1] 2022年12月，工业和信息化部发布了《工业和信息化领域数据安全管理办法（试行）》，第31条提出针对"行业数据"制定数据安全评估管理制度、行业数据安全评估规范。

整体来看，下位法在细化《数据安全法》的数据安全检测评估制度时，呈现行业细化的实践发展趋势，这也是以数据分级分类为基础的数据安全制度的内在要求。可以预见未来各行业将会有更多针对性、可操作性的数据安全评估规范、指南出台。

数据安全认证制度依托于认证制度，其发展历史呈现从单一认证到产品、服务、体系认证全方位发展的趋势。2019年3月13日，国家市场监督管理总局、中央网信办发布了《关于开展App安全认证工作的公告》和附件《移动互联网应用程序（App）安全认证实施规则》，构建了数据领域的产品认证体系。2022年6月，国家市场监督管理总局、国家互联网信息办公室发布了《数据安全管理认证实施规则》，构建了数据安全领域的体系认证规则。2022年7月，国家市场监督管理总局印发了《"十四五"认证认可检验检测发展规划》，其中提到有序推进网络安全认证，"建立健全网络安全认证体系，推进网络关键设备

---

〔1〕 参见DB33/T 2488-2022《公共数据安全体系评估规范》省级地方标准。2022年4月26日发布，2022年5月26日实施。

及网络安全专用产品认证、信息安全管理体系及服务认证、个人信息保护认证、移动应用程序（Application progrom，App）认证、数据安全管理认证、商业密码产品认证等制度"。一方面反映出数据安全认证和个人信息保护认证、App安全认证等认证制度是并行发展的网络安全认证规则；另一方面也预示着中国数据安全认证制度将随着认证认可检验检测体系的深化发展、数据安全制度和认证认可体系的融合加深而迈向更高层次、更全面的发展道路。

（二）制度价值

数据安全检测评估是国家数据安全体系的基础性制度和关键环节。一方面，建立国家层面的集中统一、高效权威的数据安全检测评估制度凸显了数据安全检测评估的战略地位，是数据安全体系中的基础性制度；另一方面，可以看出数据安全评估在整体数据安全运作体系中居于首要地位，数据安全检测评估可以通过科学、合理的方法对涉数据安全的风险进行分析，加深对相关风险的认识，为后续数据安全风险分析、研判、预警工作奠定了基础。

数据安全认证是提升企业数据安全能力，规范企业数据处理活动的重要机制。2022年12月2日发布的《中共中央、国务院关于构建数据基础制度更好发挥数据要素作用的意见》强调了建立数据安全管理认证制度，并明确了认证具有提升企业数据安全管理水平的作用。原因在于，数据安全认证通过明确的、规范的标准对企业的数据安全处理活动进行评价，一方面确定的标准能够给予企业以明确的发展指引，另一方面认证的等级能够使企业更清楚地了解到自身数据安全管理体系的层次，有助于企业针对性地提升自身数据安全能力。

数据安全检测评估、认证是数据安全和数据流动的平衡器。数据安全固然重要，但是更能发挥数据价值的数据流动也十分重要。国家文件中多次提到探索数据要素流通规则以推动数字经济发展。[1]可见，中国在重视数据安全的基

---

[1] 参见《中共中央、国务院关于构建更加完善的要素市场化配置体制机制的意见》《中华人民共和国国民经济和社会发展第十四个五年规划和2035年远景目标纲要》《中共中央、国务院关于加快建设全国统一大市场的意见》《关于构建数据基础制度更好发挥数据要素作用的意见》等政策文件。

础上,也希望促进数据的流动和利用。数据安全检测评估、认证依据一定的数据安全标准,可以在事前对数据处理活动可能发生的风险进行评判,准备好风险应对措施和风险控制工具,在把控数据安全大门的基础上允许符合要求的数据进行后续的流动和使用,从而实现数据安全和数据流动的平衡。

二、制度内容

（一）数据安全检测评估

《数据安全法》没有就数据安全检测评估的定义进行释明,但是现有评估制度可以帮助我们理解其含义。目前我国在多个领域建立了评估机制,并出台了《资产评估法》,将"资产评估"定义为"评估机构及其评估专业人员根据委托对不动产、动产、无形资产、企业价值、资产损失或者其他经济权益进行评定、估算,并出具评估报告的专业服务行为"。信息安全领域,国家标准《信息安全技术 信息系统安全管理评估要求》(GB/T 28453-2012)对"安全评估"进行了定义,指"依照国家有关法规与标准,对信息系统的安全保障程度进行评估的活动,包括安全技术评估和安全管理评估"。国家标准《信息安全技术 信息安全风险评估方法》(GB/T 20984-2022)中将"信息安全风险评估"定义为"风险识别、风险分析和风险评价的整个过程"。

归纳上述各类评估活动定义中的共性要素,依据标准和评估内容是两个关键因素,因此评估活动可以理解为特定主体依据一定的标准对特定内容进行评定的活动。结合评估活动的内涵,在《数据安全法》体系内解释数据安全检测评估,数据安全检测评估的标准是《数据安全法》及其下位法,数据安全检测评估的特定内容可以根据《数据安全法》的适用范围以及对"数据""数据处理""数据安全"等定义而得以界定,即数据收集、存储、使用、加工、传输、提供、公开等数据处理行为的合规性。因此,数据安全检测评估可以理解为一种依据《数据安全法》相关法律法规、标准要求,针对数据收集、存储、使用、加工、传输、提供、公开对活动的安全风险进行评定的活动。

(二)数据安全认证

《数据安全法》同样没有就数据安全认证的定义进行释明,但根据《数据安全管理认证实施规则》的规定,数据安全管理认证的依据是《认证认可条例》,因此数据安全管理认证是中国认证体系的一部分,现有关于认证的知识可以帮助我们理解数据安全认证的含义。根据《认证认可条例》第2条的规定,认证指"由认证机构证明产品、服务、管理体系符合相关技术规范、相关技术规范的强制性要求或者标准的合格评定活动"。

根据上述对认证的解释,认证活动具有两个核心特征:第一,认证是由认证机构开展的活动;第二,认证是证明认证对象符合相应标准的合格评定活动。在理解"认证"含义的基础上,在《数据安全法》体系内解释数据安全认证,数据安全认证的标准是《数据安全法》及其下位法,作为认证对象的"数据安全"在《数据安全法》中指数据处于有效保护、合法利用的状态和具备保障持续安全状态的能力,因此"数据安全认证"就可以理解为由认证机构证明数据状态和数据安全能力符合相应法律法规、技术规范或标准的合格评定活动。

三、制度的实施要点

(一)相关主体

1.国家是制度实施的引领者和组织管理者

根据《数据安全法》第18条的规定,国家促进数据安全检测评估、认证的服务的发展,支持相关机构依法开展服务活动,支持有关组织、机构展开协作。根据《工业和信息化领域数据安全管理办法(试行)》第31条的规定,工业和信息化部在制定数据安全评估管理制度、开展评估机构管理工作、制定评估规范、指导相关机构开展检测认证工作等方面发挥着组织、引领作用,地方行业监管部门则在开展本地区数据安全评估工作上担任组织者的角色。[1]

2. 需要开展认证、评估的组织机构是具体评估、认证活动的程序启动者、实施者和监督者

从主体活动性质来看,法律法规明确规定负有数据安全评估义务的主体必须按照相应的规定展开数据安全评估活动,否则就需违反义务承担相应责任。在这种强制力保障下,负有数据安全评估义务的主体行动具有必要性、必须性、定期性。除此之外的主体,国家鼓励自愿开展数据安全检测评估、认证,因此这类主体具有更高程度的程序选择权,直接决定程序的开启或关闭。从相关的法律法规来看,《资产评估法》中规定了委托人自主选择评估机构的权利和保证所提供资料真实性、完整性和合法性的义务,并且还赋予了委托人异议权、投诉权等监督权利。《认证认可条例》规定了委托人自愿委托的权利。因此,结合主体活动性质和相关法律规定,委托评估、认证的组织机构表现出程序启动者、实施者和监督者的多元角色。

3. 具有相应资质的机构是具体评估、认证活动的协助者

评估、认证机构制订相应评估、认可细则,组织开展评估、认证活动,出具评估结果、认证意见,因此是具体活动的主要协助者。《数据安全管理认证实施规则》对认证机构并没有明确。依据《认证认可条例》,从事认证活动的机构应当是经国务院认证认可监督管理部门批准、取得认证机构资质的机构,如果未经批准则不得从事认证认可活动,否则将予以相应惩罚。[2]在相关网站上进行

---

[1]《工业和信息化领域数据安全管理办法(试行)》第31条规定:工业和信息化部制定行业数据安全评估管理制度,开展评估机构管理工作。制定行业数据安全评估规范,指导评估机构开展数据安全风险评估、出境安全评估等工作。地方行业监管部门分别负责组织开展本地区数据安全评估工作。工业和信息化领域重要数据和核心数据处理者应当自行或委托第三方评估机构,每年对其数据处理活动至少开展一次风险评估,及时整改风险问题,并向本地区行业监管部门报送风险评估报告。

[2]《认证认可条例》第9条规定:取得认证机构资质,应当经国务院认证认可监督管理部门批准,并在批准范围内从事认证活动。未经批准,任何单位和个人不得从事认证活动。第56条规定:"未经批准擅自从事认证活动的,予以取缔,处10万元以上50万元以下的罚款,有违法所得的,没收违法所得。"

查询，目前的数据安全管理认证的认证机构仅有中国网络安全审查技术与认证中心一家，[1]该机构同样是App安全认证的认证机构。[2]因此，在现阶段，该机构很大程度上负担了协助实施数据安全检测评估、认证制度的职责。

（二）合规要求

1. 数据安全检测评估合规要求

根据强制性程度的差异，现有数据安全检测评估制度可以区分为法定数据安全检测评估和非法定数据安全检测评估。法定数据安全检测评估制度针对的是一些特殊主体。《数据安全法》第30条第1款规定："重要数据的处理者应当按照规定对其数据处理活动定期开展风险评估，并向有关主管部门报送风险评估报告。"此条明确了重要数据处理者负有定期开展数据风险评估和报送义务。《工业和信息化领域数据安全管理办法（试行）》第24条规定，工业和信息化领域跨主体提供、转移、委托处理核心数据的数据处理者负有数据安全评估义务。[3]对于上述各类主体，法律将数据安全检测评估明确为其必须履行的一项法定义务，具体包括定期展开评估活动、将相关评估报告报送有关部门、采取必要措施或整改等义务。

上述以外的其他主体，由于法律尚未进行强制性规定，可以按照自身需求自愿开展评估活动，属于非法定数据安全检测评估制度。根据评估主体的不同，非法定评估又可以分为：(1)由数据处理者自己开展评估的自评估；(2)数据

---

[1] 参见"国家市场监督管理总局全国认证认可信息公共服务平台"，http://cx.cnca.cn/CertECloud/institutionBody/authenticetionDetil?id=117&instCode=CNCA-R-2007-138，2023年1月11日最后访问。

[2] 《国家市场监管总局、中央网信办关于开展App安全认证工作的公告》中规定："从事App安全认证的认证机构为中国网络安全审查技术与认证中心，检测机构由认证机构根据认证业务需要和技术能力确定。"

[3] 《工业和信息化领域数据安全管理办法（试行）》第24条规定：跨主体提供、转移、委托处理核心数据的，工业和信息化领域数据处理者应当评估安全风险，采取必要的安全保护措施，并由本地区行业监管部门审查后报工业和信息化部。工业和信息化部按照有关规定进行审查。

处理者委托评估机构进行评估的第三方评估。[1]在评估内容方面,自评估和第三方评估其实没有太大差别,两者都是依据国家有关法规与标准进行评估。两者的差异体现在专业性和公开性上,第三方评估由于评估人员的职业性、评估程序的专业性、评估结果公开受监督性等特征,相较于自我评估模式更具专业性和公开性。[2]因此,相较于自评估,第三方评估是数据安全检测非法定评估制度的重点发展方向。

2. 数据安全认证合规要求

《数据安全法》第 18 条没有明确数据安全认证的制度要求,只是表明了对数据安全认证的鼓励态度。从下位法对数据安全认定的规定来看,目前数据安全认证更多体现为自愿性认证。2022 年发布的《工业和信息化领域数据安全管理办法(试行)》第 30 条和《数据安全法》第 18 条的规定一致,也是鼓励开展数据安全认证工作。[3]这种鼓励性的数据安全认证活动本质上指向了第三方认证,既不属于企业的自我规制,也不属于政府规制。[4]

不过需要注意的是,部分法律文件中其实将数据安全认证作为一种强制性要求。2016 年颁布的《网络安全法》第 23 条规定,网络关键设备和网络安全专用产品应当按照相关国家标准的强制性要求,由具备资格的机构安全认证合格

---

[1] 国家标准《信息安全技术 信息系统安全管理评估要求》(GB/T 28453-2012)中将评估模式分为"检查评估""自评估"和"第三方评估"。其中"检查评估"和本书所说的法定评估的含义相同,指"由被评估信息系统所有者的上级主管部门、业务主管部门或国家相关监管部门发起的,依据国家有关法规与标准,对信息系统安全管理进行的评估活动;适用于上级主管机关、业务主管部门或国家相关监管部门,对其下属或监管范围内组织机构信息系统安全管理进行的检查性的评估活动"。"自评估"指"信息系统所有者自身发起,组成组织机构内部的评估机构,依据国家有关法规与标准,对信息系统安全管理进行的评估活动;适用于组织机构对自身所拥有、运营或使用的信息系统安全管理进行的评估活动"。"第三方评估"指"由信息系统所有者委托商业评估机构或其他评估机构,依据国家有关法规与标准,对信息系统安全管理进行的评估活动;适用于组织机构委托商业评估机构或其他评估机构,对自身所拥有、运营或使用的信息系统安全管理进行的评估活动"。

[2] 参见程燕林、张娓:《第三方评估在中国:特征、类型与发展策略》,载《中国科技论坛》2022 年第 9 期。

[3] 《工业和信息化领域数据安全管理办法(试行)》第 30 条规定:"工业和信息化部指导、鼓励具备相应资质的机构,依据相关标准开展行业数据安全检测、认证工作。"

[4] 参见刘权:《数据安全认证:个人信息保护的第三方规制》,载《法学评论》2022 年第 1 期。

或者安全检测符合要求后,方可销售或者提供。2020年原中国银保监会发布的《监管数据安全管理办法(试行)》第25条中要求为银保监会提供数据服务的受托机构必须具备相关信息安全管理资质认证。对比看来,数据安全认证和数据安全检测评估的制度要求其实在本质上具有一定相似性,都是在鼓励自愿评估、认证的同时,对于一些特殊情况进行了强制性规定。

(三)制度合规的具体内容

1.数据安全检测评估制度实施的具体内容

法定数据安全检测评估制度的实施要依据具体法律法规的规定展开,现阶段的实践中,数据安全第三方评估主要有以下评估机制。

(1)数据管理能力成熟度评估(DCMM评估)。基于国家标准《数据管理能力成熟度评估模型》(GB/T 36073-2018)(Data management capability maturity assessment model)的DCMM评估是当前数据评估的主要实践机制之一。《数据管理能力成熟度评估模型》标准的适用范围为组织和机构开展的数据管理能力成熟度评估活动,适用范围较为广泛。该评估模型将数据管理能力细分为8个能力域,从8个方面对企业的数据安全管理能力展开评估,并将评估结果分为初始级、受管理级、稳健级、量化管理级、优化级5个等级。[1]

(2)数据安全能力成熟度评估(DSMM评估)是另一个主要的第三方数据安全评估机制。其依据的标准是国家标准《信息安全技术 数据安全能力成熟度模型》(GB/T 37988-2019)(Information security technology-Data security capability maturity model)和《数据安全能力建设实施指南V1.0》。DSMM的适用范围为组织开展的数据安全能力评估、建设活动,适用范围同样较为广泛。该评估机制将数据安全能力分为组织建设、制度流程、技术工具以及人员能力4个能力维度,围绕数据的采集、传输、存储、处理、交换、销毁全生命周期对企业

---

[1] 参见"全国DCMM符合性评估公共服务平台",http://www.dcmm.org.cn/DCMMbzjs/index.jhtml,2023年1月12日最后访问。

的数据安全能力进行评估，评估结果也分为 5 个等级。[1]

（3）数据安全治理能力评估（DSG 评估）是另一个主要的第三方数据安全评估机制。其依据的是中国互联网协会发布的《数据安全治理能力评估方法》(T/ISC 11-2021)（Evaluation method of data security governance capability）。该评估机制将数据安全治理能力分为 3 个维度，从基础级、优秀级、先进级 3 个等级进行评价。[2]

从表 4-3 可知，三个第三方评估机制在评估内容、评估过程等方面具有一定的相似性。但是，受评估依据不同的影响，三个第三方评估机制之间在评估内容上各有侧重，因此还是呈现出一定的差异性。这种差异性可以更好地满足不同的数据安全检测评估需求。数据处理者可以根据自己的需求，选择契合需求的第三方评估。

表 4-3　DCMM、DSMM、DSG 评估机制对比

评估机制	评估依据	评估内容	评估过程	评估等级
DCMM	《数据管理能力成熟度评估模型》(GB/T 36073-2018)	数据战略、数据治理、数据架构、数据应用、数据安全、数据质量、数据标准和数据生存周期	前期沟通、准备 + 执行、评估 + 报告评审	5 个等级：初始级、受管理级、稳健级、量化管理级、优化级
DSMM	《信息安全技术 数据安全能力成熟度模型》(GB/T 37988-2019)	组织建设、制度流程、技术工具以及人员能力	前期沟通、准备 + 执行、评估 + 报告评审	5 个等级：非正式执行、计划跟踪、妥善定义、量化控制、持续改进
DSG	《数据安全治理能力评估方法》T/ISC-0011-2021	数据安全战略、数据生命周期安全、基础安全	前期沟通、准备 + 执行、评估 + 报告评审	3 个等级：基础系、优秀级、先进级

---

[1] 参见《DSMM 标准介绍》，载全国 DCMM 符合性评估公共服务平台 2023 年 1 月 12 日，https://www.dsmm.org.cn/dsmm/introduce/。

[2] 参见《中国信通院发布数据安全治理能力评估工作方案》，载中国信通院官网 2023 年 1 月 12 日，https://mp.weixin.qq.com/s/5FeI9-cUnlQwlpjiSo0vuQ。

2.数据安全认证制度实施的具体内容

《数据安全法》从宏观战略层面强调了数据安全认证制度,但是对于制度落实的具体内容并没有进行规定。总体来说,相比于数据安全检测评估制度规定了较多法定评估义务,现阶段数据安全认证制度整体表现为自愿性。目前除了《国家信息安全产品认证》采取强制性认证以外,其他的数据安全相关认证活动均为自愿性认证。就自愿性认证活动开展,根据《认证认可条例》第18条的规定,如果开展数据处理活动的主体想要进行数据安全相关认证,可以自愿委托依法设立的认证机构进行产品、服务、管理体系认证。实践中已有的数据安全相关认证如表4-4所示,虽然中国数据安全认证制度发展时间尚短,但是数据安全产品、服务、管理体系认证均有涉及,已经初步搭建起数据安全认证的框架。数据安全处理者可以根据自己的需求,进行相关的认证。

表4-4 数据安全相关认证

认证类型	认证名称	认证性质	认证依据	认证模式
产品认证	移动互联网应用程序(App)安全认证	自愿	GB/T 35273-2020《信息安全技术个人信息安全规范》	技术验证+现场核查+获证后监督
	网络关键设备和网络安全专用产品安全认证	自愿	设备或产品类别相应的信息安全规范和标准要求	型式试验+工厂检查+获证后监督
	国家信息安全产品认证	强制性	8大类13种产品相应的信息安全规范和标准要求	型式试验+初始工厂检查+获证后监督
体系认证	数据安全管理认证	自愿	GB/T 41479《信息安全技术 网络数据处理安全要求》	技术验证+现场审核+获证后监督
	信息安全管理体系认证	自愿	GB/T 22080-2016《信息技术安全技术 信息安全管理体系 要求》(本标准等同采用ISO/IEC国际标准:ISO/IEC 27001:2013)	初次认证+监督+管理体系再认证+特殊审核

续表

认证类型	认证名称	认证性质	认证依据	认证模式
体系认证	云服务信息安全管理体系认证	自愿	GB/T 22080-2016《信息技术 安全技术 信息安全管理体系 要求》（本标准等同采用 ISO/IEC 国际标准：ISO/IEC 27001：2013）	初次认证＋监督＋管理体系再认证＋特殊审核
	数据中心服务能力成熟度认证	自愿	GB/T 33136-2016《信息技术服务 数据中心服务能力成熟度模型》	初次认证＋监督
服务认证	信息安全服务资质认证	自愿	CCRC-ISV-C01《信息安全服务规范》	初始现场审核＋监督审核

对具体认证制度的分析有助于更深入地理解现有数据安全认证制度的实践状况。《数据安全管理认证实施规则》是目前有关数据安全认证的重要规定，对于适用范围、认证依据、认证模式、认证实施程序、获证后监督、认证证书和认证标志、认证责任等内容进行了规定，具体认证流程如图4-5所示。根据《数据安全管理认证实施规则》，更进一步的细化规则由认证机构制定并对外公布实施。可见，认证、评估机构在制度落实的细节上拥有一定的规则制定权，同时作为具体评估、认证活动开展者，在数据认证评估制度中占据重要地位。因此，保证认证机构的专业、公平、公开至关重要。根据《数据安全管理认证实施规则》，认证机构应当对现场审核结论、认证结论负责，技术验证机构应当对技术验证结论负责。同时，《数据安全管理认证实施规则》还规定了获证后监督的机制，要求认证机构承担获证后的监督义务，对监督结果进行评价并采取相应措施，并对该结论负有相应的责任。对于认证机构责任的规定符合"有权必有责，权责相一致"的法律精神。但是，对于认证机构违反责任之后果，《数据安全管理认证实施细则》没有规定，《数据安全法》也没有提供相应的指引。不过，考虑到数据安全认证作为一种认证活动，可以适用《认证认可条例》的规制，该法"第六章 法律责任"对认证机构的民事责任、行政责任、刑事责任等进行了明确，可以用来确认认证机构的责任承担方式。但是，有必要进一步明确相应的行政监督机构，专门负责数据安全认证的事前抽查与事后执法工作，将认证机

构的虚假认证责任真正落到实处。[1]

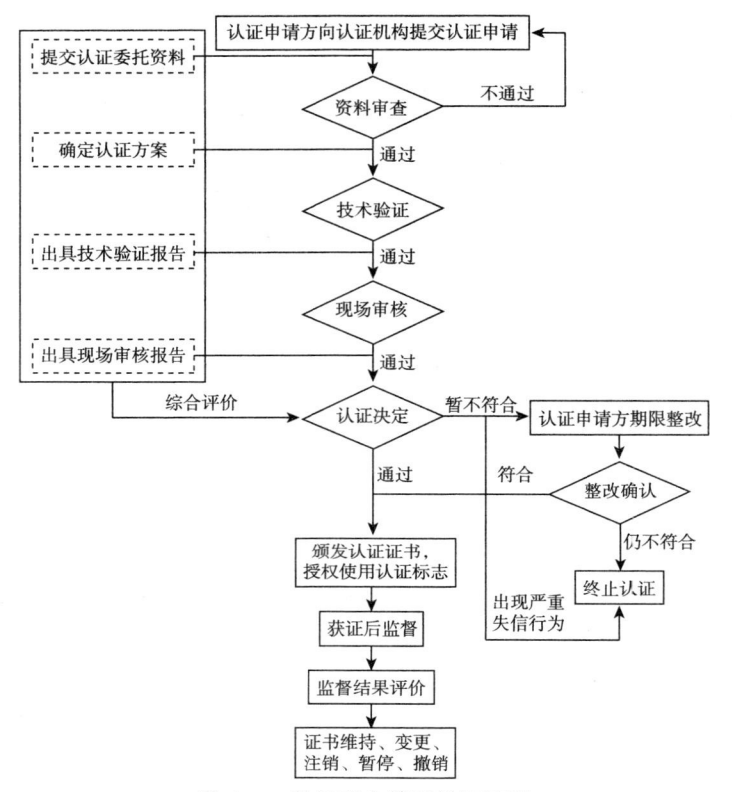

图 4-5 数据安全管理认证流程

案例阅读

2023 年 1 月，北京市互联网信息办公室公布了全国首个获批的数据出境安全评估案例，该项目由首都医科大学附属北京友谊医院与荷兰阿姆斯特丹大学医学中心合作开展，该项目的审批通过，标志着国家数据出境安全评估制度在北京市率先落地，为强化医疗健康数据出

---

[1] 参见吴迪：《数据安全认证制度的完善路径》，载《工业信息安全》2022 年第 10 期。

境安全管理，促进国际医疗研究合作提供了实践指引。[1]

2018年7月，北京友谊医院普外中心开始筹备与荷兰阿姆斯特丹医学中心共同牵头发起高质量全球结直肠领域研究的第四个研究项目："腹腔镜右半结肠癌切除术后腹腔内吻合对比腹腔外吻合前瞻性、多中心、随机对照临床研究（COLOR IV）"，项目组在中国北京与荷兰阿姆斯特丹开展了多轮次的研究方案讨论会。COLOR IV研究预计将有全球30~50家合作单位参与，将持续至2030年。此次合作将极大地推动中国在该疾病领域的研究进程，在高质量科研成果产出、临床数据库建设和队列建设、为临床诊疗和指南提供重要依据等方面具有重要的科学价值和意义。项目筹备阶段，北京友谊医院就启动了该项目的数据出境审批申报工作。医院科技处对该临床研究项目的前期执行情况、科学意义和产出价值、人类遗传资源等方面的情况进行了深入评估，尤其对数据出境与项目实施和产出之间的关系进行了分析，确认数据出境的必要性和科学意义。信息中心对网络安全、数据安全进行了重新评估，确保医院网络安全制度完善、落实有力，安全防范技术能力符合等级保护等标准规范。为规范医院数据出境活动，保护患者个人信息权益，医院还出台了《数据出境安全管理办法》，建立了重要数据出境的审核、评估和监督机制，数据出境安全管理坚持事前审核、安全评估和持续监督相结合，防范数据出境安全风险，保障数据依法有序自由流动。[2]

---

[1] 参见《全国首个获批数据出境安全评估案例落地北京》，载网信北京2023年1月26日，https://mp.weixin.qq.com/s/mCS7dZIuqs7LCevDUnd58g。

[2] 参见《全国首个获批数据出境安全评估案例落地北京友谊医院》，载首都医科大学附属北京友谊医院2023年2月1日，https://mp.weixin.qq.com/s/1EDixJeJvNTIkzSnYYeFOw。

第四节 数据交易

《数据安全法》中明确了国家建立健全数据交易管理制度,规定了数据交易中介服务机构的具体义务和相应的法律责任。但是《数据安全法》侧重于数据交易中的数据安全方面,较少涉及数据交易市场规则制度。《中共中央、国务院关于构建数据基础制度更好发挥数据要素作用的意见》明确了数据产权、流通交易、收益分配、安全治理等内容,完善了数据交易的市场规则体系,和《数据安全法》互补,标志着数据交易进入新的发展阶段。

一、制度背景

(一)制度的历史

1. 数据交易制度起步和探索阶段

数据要素在社会治理、文化传媒、生态文明等领域不断提升着其价值,[1] 2014年被称为大数据发展的元年,"大数据"首次被写入政府工作报告。[2] 依托于大数据发展基础的数据交易于2015年开始兴起。2015年,《促进大数据发展行动纲要》和《国务院关于推进国内贸易流通现代化建设法治化营商环境的意见》两部文件中首次提出了数据交易,规定了培育数据交易市场和建构数据交易规范两方面内容。培育大数据交易市场主要包括开展数据交易市场试点、衍生产品交易,鼓励数据交换和交易。就建构数据交易规范而言,则包括建立健全数据资源交易机制和定价机制,推进大数据产业标准体系建设,加

---

[1] 参见周辉等:《数据要素市场的法治化:原理与实践》,中国社会科学出版社2022年版。
[2] 参见《〈数据产品交易标准化白皮书(2022年)〉正式发布》,载贵阳大数据交易所2022年11月21日,https://www.gzdex.com.cn/open/news/detail?id=364。

快建立大数据市场交易标准体系。

数据交易平台的发展也是以2015年贵阳大数据交易所挂牌成立为标志，贵阳大数据交易所作为第一个数据交易所开启了中国的数据交易实践。[1]随后各地成立了多家数据交易所、数据交易平台。2015年前成立并投入运营的有长江大数据交易所、武汉东湖大数据交易平台、西咸新区大数据交易所和河北大数据交易中心、华东江苏大数据交易平台、重庆大数据交易市场等。2016年成立的有哈尔滨数据交易中心、上海大数据交易中心、浙江大数据交易中心、华中大数据交易平台等。

2016年，各地在实践中细化、发展了数据交易制度。中央层面发布了《"十三五"国家信息化规划》和《国务院办公厅关于促进和规范健康医疗大数据应用发展的指导意见》等文件，强调建立数据交易中心，推动数据的共享和应用。同年以《贵州省大数据发展应用促进条例》为代表的地方性法规纷纷出台。《贵州省大数据发展应用促进条例》从民商事法的视角对数据交易进行了规定，要求数据交易遵守民商事交易的基本原则，应当依法订立合同并明确了部分合同内容，同时提出了推行数据交易合同示范文本。[2]《浙江省促进大数据发展实施计划》侧重于数据交易服务机制建设，提出鼓励社会力量创建数据资源服务公司，支持建立数据交易中心，研究建立数据资产商品化、数据描述、登记确权、价值评估等服务机制，探索数据资产抵押融资、数据资产证券化等发展机制。《广东省人民政府办公厅关于印发广东省促进大数据发展行动计划（2016-2020年）的通知》明确要建立省级的大数据交易平台，并规划了引进数据企业、建设数据产业园。2017年《网络安全法》施行，第三章"网络运行安全"和第四章"网络信息安全"对收集、使用个人信息的行为进行了规定，为涉个人信息数据

---

〔1〕 参见《2022年数据交易平台发展白皮书》，载贵州省大数据发展管理局，http://dsj.guizhou.gov.cn/xwzx/gnyw/202209/t20220906_76394528.html。

〔2〕《贵州省大数据发展应用促进条例》第18条规定：培育数据交易市场，规范交易行为。数据资源交易应当遵循自愿、公平和诚实信用原则，遵守法律法规，尊重社会公德，不得损害国家利益、社会公共利益和他人合法权益。数据交易应当依法订立合同，明确数据质量、交易价格、提交方式、数据用途等内容。推行数据交易合同示范文本。

共享流通提供了规范化依据。2017年12月,习近平总书记在中共中央政治局第二次集体学习时发表讲话,明确"要制定数据资源确权、开放、流通、交易相关制度,完善数据产权保护制度"。[1]

虽然制度上支持鼓励,实践中一些数据交易平台也开展了运营,但是此阶段由于刚开始对数据和数据交易的属性、模式进行探索,在数据权属、数据定价等规则上存在一些认知争议,导致市场共识不足、市场信任匮乏:第一,数据权属争议。实践中数据交易的范围主要包括个人数据、企业数据和政府数据三类。其中,个人数据作为政府履行公共职能、企业制定发展战略和营销策略的基础和依据,具有较高的利用价值。[2]基于个人隐私数据收集和利用的个性化服务、精准营销等服务是数据商业应用的主要领域,但是数据商业价值挖掘的目的和个人隐私保护之间不可避免地存在一些矛盾。数据商业性使用和个人隐私保护之间的复杂关系使得数据交易范围、数据交易安全都呈现一定的不确定性。当数据权属缺乏明确规定时,这种数据使用和个人隐私之间的关系不确定性更容易导致不同的产权主张,出现主权角度、物权角度、人格权角度的数据权属研究路径。[3]不同路径反映出对数据权属认知的不同侧面,而这些不同认知所主张的数据权属在具体权利构成上存在较大差异,难免影响数据交易实践的稳定性。第二,除了数据权属问题以外,价格是影响交易的重要因素,但是数据的复杂属性使数据定价困难重重。数据具有多元、复杂的属性,作为技术产物的数据具有虚拟性、低成本复制性和主体多元性,技术属性影响了数据交易的经济属性,使数据具有非竞争性、非排他性和异质性的经济属性。[4]数据的复杂属性使其价值具有不确定性、价值密度低和多样性,导致大数据定价中存在

---

[1] 参见新华社:《习近平主持中共中央政治局第二次集体学习并讲话》,载中国政府网,http://www.gov.cn/xinwen/2017-12/09/content_5245520.htm。
[2] 参见张敏:《交易安全视域下我国大数据交易的法律监管》,载《情报杂志》2017年第2期。
[3] 参见付伟、于长钺:《数据权属国内外研究述评与发展动态分析》,载《现代情报》2017年第7期。
[4] 参见《数据要素白皮书》,载工信智库,https://thinktank.miit.gov.cn/achievements,2023年1月15日最后访问。

双向不确定性问题,传统的定价模式和定价策略难以应对数据定价的问题。[1]第三,虽然《网络安全法》对个人信息的收集和使用、网络安全、数据安全等内容进行了一定明确,但是数据交易规则和监管机制几乎是空白的,数据交易的安全性无法得到保障。风险因素导致了市场对数据交易的信心不足,数据交易实践陷入停滞。基于上述因素的局限,实践中的数据交易市场并没有达到预想的活跃程度。从交易额度来看,多数数据交易平台表现平平,即便是当时最具影响力的贵阳大数据交易所,2016年的交易额突破7000万元、单笔交易突破1000万元,但是与其当年计划的2亿元交易额还有很大的差距。[2]

2. 数据交易制度新发展阶段

转折发生于2020年,《中共中央、国务院关于构建更加完善的要素市场化配置体制机制的意见》出台,数据正式被列为生产要素,战略地位得到极大提升。2021年《数据安全法》正式通过,从保障数据安全的角度明确国家要建立数据交易管理制度,并规定了数据交易中介服务机构的义务、法律责任,一定程度上解决了数据交易监管机制不足的问题,提升了数据交易的安全性、规范性,同时对于激发数据交易市场的信心和需求也起到了重要作用。随后于2022年发布的《国务院关于印发"十四五"数字经济发展规划的通知》重点列明了数据要素市场培育试点工程。《中共中央、国务院关于加快建设全国统一大市场的意见》提出加快培育统一的数据市场。《中共中央、国务院关于构建数据基础制度更好发挥数据要素作用的意见》对于数据产权、流通交易、收益分配、安全治理进行了全面规定。法律层面的规则确定、政策层面的拔高和完善标志着数据交易制度进入了新发展阶段。

随着国家多项政策的出台,新一批数据交易机构纷纷成立。自从"大数据"在2014年第一次被写入政府工作文件,截至2024年2月全国累计已经成立或正在筹建的数据交易机构有53家。从数据交易机构的地域分布来看,主要集

---

[1] 参见刘朝阳:《大数据定价问题分析》,载《图书情报知识》2016年第1期。
[2] 参见何培育、王潇睿:《我国大数据交易平台的现实困境及对策研究》,载《现代情报》2017年第8期。

中在京津冀、长三角、粤港澳和部分中部经济较为发达的地区。其中,广东省最多,共有6家数据交易机构,江苏省排名第二(共5家),浙江、北京、山东、湖北和河南分别为3~4家。[1]

地方也陆续出台数据相关法律法规,积极开展数据要素市场培育探索,在数据权属、数据定价上进行了一定的规则创新。自2023年1月1日起施行的《四川省数据条例》第38条明确了主体对依法加工形成的数据产品和服务可以获取收益,数据处理活动中形成的法定或者约定的财产权益、合法权益受法律保护。自2023年1月1日起施行的《北京市数字经济促进条例》提出要推动形成数据资产目录,推进建立数据资产登记和评估机制,鼓励市场主体探索定价机制,支持开展数据入股、数据信贷、数据信托和数据资产证券化等数字经济业态创新。自2023年3月1日起施行的《厦门经济特区数据条例》第三章专门规定了"数据要素市场",明确了数据商和数据交易服务机构两类数据交易主体,规定了不得交易的数据范围,提出探索符合数据要素特性、多样化、主体自主决定、市场调节的数据定价模式并明确了定价指导和监管部门。2023年3月1日起施行的《深圳市数据交易管理暂行办法》对数据交易进行了全面的规定,在交易主体上,明确数据交易主体包括数据卖方、数据买方和数据商,规定数据卖方应当作为数据商或通过数据商保荐才可开展数据交易;在交易标的上,明确数据交易标的包括数据产品、数据服务、数据工具等;在数据权属问题上,规定在保证数据安全、公共利益及数据来源合法的前提下,市场主体依据具体情形依法享有数据资源持有权、数据加工使用权和数据产品经营权等权利;在数据交易定价问题上,提出依据数据质量、数据样本一致性、数据计算贡献、数据业务应用等重要指标构建价值评估体系;在数据交易监管上,提出组建跨部门的协同监管小组并明确了监管职责。一同发布的还有《深圳市数据商和数据流通交易第三方服务机构管理暂行办法》,从业务运行、安全管理、监督管理三个方面对数据

---

[1] 参见窦悦等:《全国一体化数据交易场所体系的总体布局及推进路径研究》,载《电子政务》2024年第2期。

商和数据流通交易第三方服务机构开展业务活动提出了规范要求。自2023年3月1日起施行的《苏州市数据条例》提出鼓励行业龙头企业与产业链上下游企业通过直接购买、利益分成等多种形式开展数据交易活动,明确市人民政府及其有关部门应当组织制定数据交易价格评估导则和交易价格评估指标。

(二)制度价值

数据交易是改进生产方式的助推器。数据交易作为数据共享流通的一种方式,是实现数据要素市场化配置、释放数据要素价值的重要手段。数据可以替代、融合其他传统生产要素,通过与算法和算力的结合,重构了社会生产和再生产过程,实现了对传统生产要素资源配置效率的提升。[1]数据流通共享可以使数据流向价值最大化的领域,实现对数据价值的挖掘和释放,通过在不同生产部门间进行社会化配置而成为一种通用要素,最终实现数字经济。[2]在鼓励数据交易的同时也要考虑到相应的安全风险,保障数据流通的稳定性、可持续性。《数据安全法》所规定的数据交易制度同时反映了对于促进数据流动和保障数据安全两方面的重视,追求在严守数据安全底线的基础上,鼓励有组织、有纪律、有保障的数据交易,从而促进数据要素价值的稳定释放,为实现高质量数字经济奠定坚实基础。

数据交易是优化生活方式的活水源。以数据驱动的生活方式更注重个性化、精细化,数据资源的实时收集与分析能够精准地刻画当下的具体状态,能够全面把握主体或客体的特征,从而及时、准确地进行精准决策,这大大提升了人们衣食住行的体验。例如,物联网与区块链结合,可以监控从农田、牧场到餐桌的整个流通过程,让消费者放心消费。[3]支付宝利用"芝麻信用"对用户进行

---

[1] 参见谢富胜、吴越、王生升:《平台经济全球化的政治经济学分析》,载《中国社会科学》2019年第12期。

[2] 参见张蕴萍、翟妙如:《数据要素的价值释放及反垄断治理》,载《河南师范大学学报(哲学社会科学版)》2022年第6期。

[3] 参见邬贺铨:《创造更好的数字化生活》,载人民网,http://opinion.people.com.cn/n1/2019/0621/c1003-31171682.html。

信用管理，用户可以享受到差异化的信用服务。物联网技术的发展使电器进入智能时代和互联互通时代，生活更具便捷性。数据交易可以提供更多的数据产品，促进数据的流动和使用，可以令更多主体、更多地区享受到数字时代生活的便捷。

二、制度内容

（一）制度定义

1. 数据交易定义

《数据安全法》提及了"数据交易管理制度""数据交易行为""数据交易市场""数据交易中介服务机构"等数据交易相关概念，但是对这些概念以及"数据交易"本身的含义、范围并没有进行说明。部分下位法规中就数据交易相关概念进行了释明，有助于理解数据交易的内涵。国家标准《信息安全技术　数据交易服务安全要求》(GB/T 37932-2019)将"数据交易"定义为：数据供方和需方之间以数据商品——原始数据或加工处理后的数据衍生产品——作为交易对象，使用货币或货币等价物进行交换的行为。国家标准《信息技术　数据交易服务平台　交易数据描述》(GB/T 36343-2018)将"交易数据"定义为：数据供需双方在数据交易服务平台上交易的合法、合规的数据，并将这种可交易的数据种类划分为"源数据"（未经特定需求加工的数据）和"服务数据"（在源数据基础上经过特定需求加工的数据）两类。贵州省大数据发展管理局2022年12月23日发布的《贵州省数据流通交易管理办法（试行）》中将数据流通交易的标的定义为"包括数据产品和服务、算力资源、算法工具等"。

对比上述定义，根据数据交易对象的不同，实际上形成了狭义和广义两种数据交易定义。数据交易狭义定义所指向的数据交易对象仅包括数据产品，也即原始数据和加工后数据。数据交易的广义定义所指向的数据交易对象不仅包括数据产品，还包含算力资源、算法工具等。不过，在《数据安全法》体系内理解数据交易，采纳狭义概念更为合适。《数据安全法》中的"数据"概念是确定的,指"任何以电子或者其他方式对信息的记录",数据交易的范围也相应地由"数据"概念所锚定。算力是处理数据的运算能力,算法是对人类思维的抽象,数据、算力、算法其实是相互关联的并行概念。[1]《数据安全法》的数据概念无法包含算力、算法,因而适合采用狭义概念。因此,数据交易即以数据产品作为交易对象,买卖双方以货币或货币等价物进行交换的行为。

2. 数据交易中介服务机构定义

《数据安全法》对数据交易中介服务机构进行了较多规定,突出了其重要性,但是没有对数据交易中介服务机构的内涵和范围进行明确。《信息安全技术 数据交易服务安全要求》(GB/T 37932-2019)将"数据交易服务"定义为帮助数据供方和需方完成数据交易的活动,"数据交易服务机构""数据交易服务平台"指为数据交易提供服务的组织机构、信息化平台。国家标准《电子商务数据交易 第1部分:准则》(GB/T 40094.1-2021)将"数据交易平台"定义成为交易方提供数据交易撮合及相关服务的信息网络系统。上述定义对数据交易中介服务机构的定义较为一致,数据交易中介服务机构就是提供数据交易服务的机构。

需要注意的是,在实践中,数据交易中介服务机构的性质更为多元。《贵州省数据流通交易管理办法(试行)》区分了"数据交易所"和"数据中介",前者指经省监管部门批准设立的从事数据交易的场所,后者指依法设立、接受委托、在数据交易所注册后开展数据交易第三方数据服务的法人或其他组织。《深圳市数据交易管理暂行办法》同样区分了"数据交易场所"和"第三方服务机构",前者是经市政府批准成立的组织开展数据交易活动的交易场所,后者指辅助数据交易活动开展,提供第三方服务的法人或非法人组织。《上海市数据条例》提出支持数据交易服务机构的有序发展,此处的数据交易服务机构是指提供评估、交易撮合、交易代理等数据交易专业服务的机构。可见,数据交易中介

---

[1] 参见崔铁军、李莎莎:《人工系统中数据-因素-算力-算法作用及相互关系研究》,载《智能系统学报》2022年第4期。

服务机构在现阶段实践中呈现两种性质，一种是带有政府背景色彩的交易所，另一种则是社会性质的第三方服务机构。《数据安全法》在规定数据交易中介服务机构的义务时并没有区分主体性质，上述不同性质的数据交易服务机构都可能被要求履行《数据安全法》所规定的义务。

此外，还需要注意的是，《数据安全法》只规定了"从事数据交易中介服务的机构"的义务和责任，对于"非机构"主体例如个人参与数据交易服务并未规定。实践中某些地方允许公民个人经批准开展数据交易中介服务，例如《贵州省数据流通交易管理办法（试行）》第17条第4款规定了"数据商"这一提供数据交易服务的主体，指"为数据交易双方提供数据产品开发、发布、承销和数据资产合规化、标准化、增值化服务的公民、法人和其他组织"，根据此条，数据商可以由公民个人担任。在《数据安全法》对这类个人主体的数据安全保障义务和责任没有具体规定的条件下，如何把握个人主体在提供数据交易服务时的数据安全义务范围和限度，落实《数据安全法》的立法精神还有待进一步规定。

（二）制度的要求

《数据安全法》涉及数据交易的三条规定中，第19条规定于"数据安全与发展"一章中，强调在健全数据交易管理制度和规范数据交易行为的基础上培育数据交易市场。这一条贯彻了《数据安全法》的立法目的，奠定了数据交易安全和流通并行的底色。在明确数据交易制度发展的大方向后，针对数据交易中介服务机构这一主体，《数据安全法》规定了直接的义务和明确的法律责任，显现出法律对数据交易中介服务机构这一主体当下和未来发展的重视。

1.数据交易中介服务机构的数据来源审查义务

数据是数据交易的客体，交易客体来源合法与否将直接影响到后续交易的稳定性，因此需要将数据来源审核作为数据交易的首要规制环节。数据交易中介服务机构是目前适合进行数据来源审核的主体。一方面，数据交易中介服务机构通过制定平台规则、机构运营规则等可以有效地规范化数据交易行为和过程,降低数据交易风险;另一方面,数据交易中介服务机构具有规模化发展的优势,令其负担"守门人"的角色履行数据交易来源审查义务,能够保障大多数入场交易的数据来源的合法性,以更低成本构建整体可信任的数据交易生态。

数据交易中介服务机构履行这一义务的方式是要求"数据提供方说明数据来源",但是根据《数据安全法》的立法目的,数据交易中介服务机构显然不能单纯听取数据提供方的说明,还需要进行一定的数据合法性、安全性审查判断,从而过滤那些明显影响数据安全的数据交易对象。因为如果数据交易中介服务机构不对数据供方所陈述的内容进行实质性评价的话,那么听取说明环节对于数据交易并没有实质上的意义,最终形成了数据交易的安全"零门槛",这显然不符合《数据安全法》的立法目的。

2. 数据交易中介服务机构的身份审核义务

身份审核是一种常见的控制市场准入的手段,现有法律体系中的登记、行政审批就是典型例子。就身份审核义务的具体内容,《数据安全法》没有进行规定。结合《数据安全法》的立法目的,身份审核应当围绕主体资质背后所反映的交易安全风险进行核查。例如,国家标准《信息安全技术 数据交易服务安全要求》(GB/T 37932-2019)要求数据供方和需方都必须是在数据交易机构进行注册、一年内没有重大数据违法违规记录、出具数据安全承诺书、具备数据安全交付/实施能力的合法组织机构。这些规定一方面对数据交易双方的资质提出了合法性要求从而限制了违规经营主体的进入,降低了可能发生违规交易的概率从而提升了数据交易市场的整体安全性;另一方面从商业经营安全的角度,"合法组织机构"将交易对象限定为更具有技术、人力、金钱优势的组织机构,也在一定程度上提升了数据交付、实施过程的安全性。

3. 数据交易中介服务机构的资料保存义务

《数据安全法》要求数据交易中介服务机构对审核、交易记录进行留存。但是对所留存的审核和交易记录的范围、留存方式、留存时间并没有进行规定。从《数据安全法》的立法目的进行理解,《数据安全法》规范数据收集、存储、使用、加工、传输、提供、公开等数据活动并保障各阶段的数据安全,是对数据生命周期的全面把控,体现了整体安全观的思想精神。遵循这种整体安全观精神,数据交易中介服务机构也应当对数据交易所有环节的重要节点资料进行留存,从而在发生交易安全风险时能够及时追溯、核对风险节点并采取相应措施。

三、制度的实施要点

(一)制度实施相关主体

1. 国家是数据交易管理体系的主导者。根据《数据安全法》第19条的规定,国家建立健全数据交易管理制度,从而规范交易行为、培育交易市场。目前数据交易的全国统一制度尚未制定,主要是各地政府探索、落实建立数据交易制度。不过,国家数据局已经组建,其将负责协调推进数据基础制度建设,统筹数据资源的流通利用。未来在国家统筹领导下,数据交易制度将更为完善。

2. 数据交易中介服务机构是关键实施者。根据前文制度要求可知,《数据安全法》尤其重视数据交易中介服务机构这一主体,规定了其在数据交易活动中的义务类型,一定程度上为数据交易中介服务机构的行动提供了指引,其是数据交易活动的关键实施者。

3. "有关主管部门"是监管者。《数据安全法》第47条是对数据交易制度落实的责任规定,通过对数据交易中介服务机构设定不同程度的法律责任,督促数据交易中介服务机构落实各项数据交易义务,以一种间接的方式保障了数据交易的安全性。将对数据交易中介服务机构的处罚权力交予了"有关主管部门",因此"有关主管部门"是数据交易监管者,是数据交易制度落实的核心保障者。

(二)数据交易制度实施的具体内容

《数据安全法》从保障数据安全的角度对数据交易制度进行了明确,规定了数据交易中介服务机构的义务类型和责任。但是,《数据安全法》并没有明确各类义务履行的具体方式、义务限度等制度实施的关键问题,还需要结合数据安全制度予以细化。

1. 数据交易中介服务机构数据来源审核义务的落实

明确审查的范围和程度是数据来源审核义务落实的关键,数据分级分类制度是义务落实的基础。数据交易中介服务机构履行数据来源审核义务时需要进行一定的数据合法性、安全性审查判断,这样可以限制非法来源、高风险数据流入数据交易市场,实际上建立了数据交易标的准入机制,从而保障了数据要素在数据交易市场中合法、安全流通。审核的宽松与否显然影响了流入市场的数据交易对象的多少,制度落实的重点就落脚于限度上,也即数据交易中介服务机构对数据来源审查的范围和程度。对范围和限度的理解要在《数据安全法》体系内进行解释,《数据安全法》中和数据范围、限度相关的制度是第 21 条规定的数据分级分类制度,即根据数据的重要程度、危害影响程度对数据进行分类分级保护。实践中,数据交易所交易的数据类型逐步扩大,医疗数据、交通数据、工业用电数据等均是可交易对象。不同的交易数据类型,其重要程度和危害影响程度存在差异。因此,数据来源审核义务的落实也应当以数据分类分级制度为基础,这既是数据分级分类制度的细化,也是数据交易安全制度的落实。

就审查义务的范围,地方立法进行了一定程度的细化和丰富,实质上形成了"审查 + 必要措施"的义务内涵。《深圳市数据交易管理暂行办法》第 9 条第 1 款第 4 项不仅遵循《数据安全法》规定的数据交易场所负有管理、审核数据交易标的的义务,还规定其负有管理数据交易标的上市、暂停上市、恢复上市和终止上市的职责;第 8 项规定数据交易所不仅要指导数据可信流通、留痕溯源、风险识别、合规检测等安全保障体系的落实,还需要区分个人信息、个人隐私、商业秘密、保密商务信息和国家规定的重要数据采取保护措施,并且及时发现、处理和报送违法违规的线索。上述规定,一方面明确了数据交易场所履行数据审查义务时须进行数据合法性、风险性、合规性等实质性审查;另一方面,数据交易场所的数据来源审核义务不仅仅止步于审查,数据交易场所还需要在审查后根据数据交易标的类型采取必要保护措施、处理违规数据交易标的、报送违法违规线索。这实际上将数据来源审核义务予以丰富,形成了"审查＋必要措施"的义务内涵,在落实审核义务的同时也更大限度地实现了义务的价值。

数据交易已经成为当前数字经济发展和数据要素价值释放的重要手段之一,贯穿了数字企业全生命周期的经营与管理。值得关注的是,破产作为企业生命的最后一步,一直以来在数据要素的相关讨论中较少被作为一个重要场景。在企业破产时,数据资产的交易处理涉及多个方面,包括数据资产的确认、估值、权属归属以及交易方式等,在法律上的确权和市场中的估值存在一定的障碍,导致数据资产的会计入表仍然是一个挑战。在企业破产条件下,数据资产的处置面临法律的限制,导致破产企业资产的严重流失,损害债权人等相关利益方的利益。而缺乏统数据交易平台和监管规则的数据交易,进一步放大了破产程序中数据财产处置的难度。企业破产时的数据资产交易处理需要综合考虑数据资产的确认、估值、权属归属以及交易方式等多个方面。通过明确数据资产的权属、建立清单、采用合适的交易方式,并参考国际经验,可以有效地处理数据资产,保障债权人的利益。这意味着在破产法中,数据资产的处理需要考虑其权属关系和经济价值。

企业应明确数据资产的权属分配,例如数据资源持有权、数据加工使用权和数据产品经营权等,并根据我国《个人信息保护法》第22条的规定,充分履行告知义务,确保用户知情并同意数据的转移和使用。企业应加强对数据资产的全过程管理,明确各方的权利义务,推动数据资产权利分置,完善数据资产权利体系,丰富权利类型。[1]通过分类分级管理,鼓励按用途增加公共数据资产供给,平等保护各类数据资产权利主体的合法权益。数据平台交易的规则应当构

---

〔1〕 参见曲哲涵:《加强数据资产全过程管理》,载中国政府网,https://www.gov.cn/zhengce/202404/content_6948006.htm。

建标准化的数据交易框架,以数据的使用权为核心,落实数据平台的监管和控制权滥用责任,承担安全保障义务,合理设置平台对数字产品的质量责任和安全生产义务,平台的数据安全管理制度、个人信息权利保护义务和平台的监管配合义务。[1]

2. 数据交易中介机构身份审核义务的落实

身份审核需要解决一个前提问题,即什么是"身份"?身份是一种资格或状态,既包括建立在平等基础上的自然资格(性别、年龄),也包括主权者的政策法律所赋予的有利或不利的差别性的法律状态(公务员和非公务员的差别),后者确定不同身份的价值,因此确认身份和身份关系就成为重要的法律事项。[2]自然资格更多是人身属性的体现,数据交易较少涉及人身问题,而更多指向主体的法律资格和法律关系。数据交易更多体现为民商事法律活动。[3]因此,数据交易中所需审核的主体身份主要是民商事主体法律身份。民商法中,主体法律身份认定和区分主要以《民法典》为依据。如表4-5所示,《民法典》中的主体身份不仅有范围之分还有层级之分,然而《数据安全法》并没有明确身份审核的范围和层次。实践中,数据主体身份审核的范围和层次存在差异。以"数据商"这一主体为例,《贵州省数据流通交易管理办法(试行)》将其限定为公民、法人和其他组织,几乎涵盖了下表中的主体身份和层级,身份审查范围十分广泛。《深圳市数据交易管理暂行办法》则将"数据商"限定为"企业法人"身份,因此在进行身份审核时就只需要审核"数据商"是否具有企业法人身份。显然,两部地方性法律对同一个数据交易服务主体设置了不同的身份审核范围和层级,身份审核义务在实施中的范围和限度存在差异。

---

[1] 参见李曙光:《破产法二十讲》,法律出版社2024年版,第750~754页。
[2] 参见周湖勇、关今华:《身份关系的流变及保护的基本价值》,载《福建师范大学学报(哲学社会科学版)》2012年第6期。
[3] 参见梅夏英:《数据的法律属性及其民法定位》,载《中国社会科学》2016年第9期;王茜:《商法意义上的数据交易基本原则》,载《政法论丛》2022年第3期。

表 4-5 《民法典》中的法律身份

自然人	完全民事行为能力人	
	限制民事行为能力人	
	无民事行为能力人	
法人	营利法人	有限责任公司
		股份有限公司
		其他企业法人
	非营利法人	事业单位
		社会团体
		基金会
		社会服务机构
	特别法人	机关法人
		农村集体经济组织法人
		城镇农村的合作经济组织法人
		基层群众性自治组织法人
非法人组织	个人独资企业	
	合伙企业	
	不具有法人资格的专业服务机构	

《数据安全法》本身没有明确身份审核义务的履行方式,实践中登记是数据交易中介机构履行身份审核义务的适当方式。《贵州省数据流通交易管理办法(试行)》第11条规定了贵州省数据流通交易服务中心应建立交易主体登记制度。《深圳市数据交易管理暂行办法》第9条第1款第6项规定了数据交易所要登记数据交易主体和第三方服务机构并对其行为进行管理。可见,《数据安全法》中所规定的身份审核义务在实践中以登记的形式得以落实。同时,身份审核的作用范围也不仅止步于审核环节,而是延伸到了后续的行为管理环节,作为管理各类数据交易主体行为、服务的基础。

和数据来源审核义务相同,身份审核义务落实程度也应以数据分级分类制度为基础。当前,数据交易市场中的主体身份类型繁多,数据提供方、数据需求方、数据商、数据经纪人、数据评估方、数据交付方、数据信托方等新型数据交易主体不断涌现。但是不管主体名称怎样多样、繁复,各类主体终究是围绕着数据交易标的在行动。数据交易标的本身的重要程度、风险程度很大程度上决定了主体行为的影响力,数据分级分类制度有助于把握主体身份背后的风险程度。当然,不同交易主体具有自身的特殊性,是数据交易市场业务、服务种类多样性的表现。因此,数据交易中介机构身份审核义务的限度可以在数据分级分类的基础上,结合数据交易业务、服务类型予以确定。

3. 数据交易监管制度的落实

《数据安全法》中明确规定了数据交易中介服务机构的义务,义务的落实手段是通过行政监管和处罚的手段实现的,因此数据交易监管制度是督促数据交易规则合法合规运行的关键机制。监管机制一般包括监管模式、监管程序、监管机构、监管手段等内容。就监管模式而言,《数据安全法》主要采取了政府主导、行业组织辅助的他律监管模式。《数据安全法》第47条对政府监管部门所能采取的监管处罚手段进行了明确规定。

但是监管机构和监管程序则较为模糊,《数据安全法》并没有就数据交易监管的"有关主管部门"和监管启动、运行、处置等过程进行明确。按照《数据安全法》第6条的规定,各地区、各部门负责本地区、本部门的数据安全职责,具体来说国家网信部门负责统筹协调,公安机关、国家安全机关、工业主管部门、电信主管部门、交通主管部门、金融主管部门等具体行业、领域主管部门承担具体的数据安全监管职责。[1]这些机构都在"有关主管部门"的范围内。但是数据交易中介服务机构经手的数据可能涉及各行各业,进而关联到多个行业、领

---

[1]《数据安全法》第6条规定:各地区、各部门对本地区、本部门工作中收集和产生的数据及数据安全负责。工业、电信、交通、金融、自然资源、卫生健康、教育、科技等主管部门承担本行业、本领域数据安全监管职责。公安机关、国家安全机关等依照本法和有关法律、行政法规的规定,在各自职责范围内承担数据安全监管职责。国家网信部门依照本法和有关法律、行政法规的规定,负责统筹协调网络数据安全和相关监管工作。

域的主管部门，这就使一个数据交易中介服务机构身上出现多个部门的监管重叠。针对重叠监管的问题，《深圳市数据交易管理暂行办法》建立了数据交易综合监督管理部门，成员包括网信、教育、科技、工业、公安、司法、财政等20个部门。这在一定程度上解决了不同监管部门间的信息差问题，不过协同监管的效果还有待考察。

此外，《数据安全法》明确规定上述部门的主要职责是数据安全监管，数据交易除了涉及数据安全的部分，还涉及市场交易的部分，而交易部分的具体监管部门则缺乏规定。因此，虽然《数据安全法》明确规定了数据交易的监管模式和监管手段，但是执法者和执法程序的模糊影响了具体责任落实的成效。考虑到建设数据统一市场的大目标，应当尽快统筹建设布局，健全数据交易平台监管体系，统一行政管理部门，配套建立交易中心自律机构。[1]

上述是《数据安全法》中涉及数据交易规则实施的内容。需要指出的是，除了上述制度外，还有一些和数据交易相关的问题，如数据权属、数据定价、数据交易市场建设等。这些问题并没有在《数据安全法》中被提及，却是政策和实践所关注的焦点。《中共中央、国务院关于构建数据基础制度更好发挥数据要素作用的意见》在产权规则的探索思路上采取了"分类分级"的思想，提出要根据数据来源和数据生成特征界定各方享有的权利，建立权利分置的产权运行机制。贵州是第一个发布数据交易规则体系的省份，贵阳大数据交易所发布了《数据要素流通交易规则（试行）》《数据产品成本评估指引1.0》《数据交易合规性审查指南》《贵州省数据流通平台运营管理办法》等文件规范数据交易市场。[2]

政策和实践的热度吸引了法律领域的关注。但是，构建数据交易规则、开

---

[1] 参见王京生：《以数据要素市场为引领建设高质量的全国统一大市场》，载《中国行政管理》2022年第9期。

[2] 参见《贵州全国首发数据交易规则体系》，载贵州省政府官网，https://www.guizhou.gov.cn/home/gzyw/202205/t20220529_74403217.html?isMobile=false。

展数据确权及定价服务探索等问题是数据要素市场化流通的相关问题。[1]此时数据更多是在市场背景下被讨论，这些和数据交易相关联的问题也更多地带有经济和市场特征。经济视角下，数据要素被视为一种可交易、可市场流通的"资源"，其运作逻辑应遵循市场经济发展规律，发挥市场在资源配置中的决定性作用。因此，对于这些经济属性很强的问题，法律其实不适合指导交易市场规则、定价模式。一方面，面对市场问题，竞争是比法律更为有效的工具。以权属问题为例，财产权本身就具有弹性和灵活性，市场竞争压力下所有者可以自主选择加强保护，或者是放弃部分权利而保留其他权利，甚至是放弃所有权利，这种权属多样性的尝试将为消费者提供更多选择。[2]另一方面，市场管理机制的优化也有助于解决问题。数据交易市场规则还在探索中，当前由于各地数据交易所主导建立的数据交易规则具有差异性、区域性，从实际效果来说，数据交易管理依旧处于混乱状态，数据交易基础共识、市场信任尚未形成。

针对当前数据交易规则区域性、差异性的问题，《中共中央、国务院关于构建数据基础制度更好发挥数据要素作用的意见》专门就数据交易所进行了规定，区分了国家级数据交易场所、区域性数据交易场所和行业性数据交易平台三类数据交易所，强调各类数据交易所共同发展的同时突出了国家级数据交易所的合规监管和基础服务功能，国家级数据交易所可能会在未来数据交易市场规则的探索和统一中发挥重要作用。因此，法律面对这些市场问题可以处于相对保守的地位，让竞争机制和市场管理机制先发挥作用。不过，法律和市场问题并非毫无关系，市场和竞争需要"看得见的手"维护数据交易市场的基本秩序、纠正不良市场行为、遏制不正当数据交易价格、调整数据交易市场失灵，这些是法律面对数据交易中市场问题的发力点。

---

[1] 参见《〈"十四五"数字经济发展规划〉解读｜加快推进数据要素市场化建设 充分发挥数据要素作用》，载国家发改委官网，https://www.ndrc.gov.cn/xxgk/jd/jd/202201/t20220121_1312584.html。

[2] 参见[美]罗伯特·P. 莫杰思：《知识产权正当性解释》，金海军、史兆欢、寇海侠译，商务印书馆2019年版。

> **案例阅读**

　　2022年，贵阳大数据交易所成功推动顺丰科技有限公司（以下简称顺丰科技）与圣辉征信有限公司（以下简称圣辉征信）达成合作，成为全国首个通过数据交易所，以数据经纪、数据合规服务为基础路径，以物流大数据为驱动要素，赋能征信业务，最终实现服务金融场景的数据流通合作案例。合作中，顺丰科技发挥自身优势，以数智手段嵌入业务价值链条，沉淀输出定制化产品与服务，助力产业转型升级，运用物流企业大数据和供应链技术，为企业打造丰富、精准的供应链画像产品体系。使可信数据核验产品赋能征信服务，合规应用银行信贷场景。此次业务合作，充分发挥了数据经纪在数据中介服务、数据流通交易等方面的专业优势以有效活跃数据交易市场。贵阳大数据交易所通过数据中介机构——数交数据经纪（深圳）有限公司，使顺丰科技入驻贵阳大数据交易所，成为贵阳大数据交易所全国首批数据商，并创新探索市场路径，通过广东广和律师事务所提供数据合规服务保障、发挥顺丰科技的"物流＋科技"优势，与圣辉征信达成合作，提供可信数据核验产品赋能银行信贷场景；最终形成供需双方为"内环"、数据中介服务为"中环"、场景和需求为"外环"的生态场景模式。[1]

---

〔1〕 参见《全国首例！贵阳大数据交易所创新探索数据交易"破题"之道》，载贵阳大数据交易所2022年12月7日，https://mp.weixin.qq.com/s/0qtoDAKj3Lf6QCd5XoBQfg。

第五章

数据安全管理

本章介绍了数据安全管理的相关内容，包括数据分类分级保护、数据安全风险监测预警、数据安全审查等，力图使读者了解《数据安全法》中有关数据安全管理的法律要求。作为数据治理和安全保护的重要基础，数据分级分类需要在技术的支持下将具体标准明确固定下来，目前中国相关制度规范已经初具格局，但仍存在可操作性较弱等难点。数据安全风险监测预警制度的确立和贯彻对于经济增长、社会运行和国家治理都有着重要意义，通过对数据安全风险信息的监测、获取、分析评估、研判以及数据安全事件发生后的处置等，能够实现数据安全的事前、事中、事后全流程保障，事关国家数据安全保障能力的总体布局，是国际竞争力、国家宏观治理能力和治理水平的重要体现。数据安全审查制度将"安全可控"作为审查目标，以"风险控制"为审查思路，能够实现网络和信息核心技术、关键基础设施和重要领域信息系统及数据的安全可控，维护国家主权、安全和发展利益。

第五章　数据安全管理

第一节　数据分类分级保护

一、制度背景

（一）数据分类分级的内涵

2021年12月31日，全国信息安全标准化技术委员会秘书处发布了《网络安全标准实践指南——网络数据分类分级指引》，提出数据分类分级应遵循合法合规、分类多维、分级明确、就高从严以及动态调整这五项原则，按照分类管理、分级保护的思路对不同内容的数据采取不同的保护措施。[1]从便于管理和使用的视角出发，可以从以下几个维度对数据进行分类：公民个人维度、公共管理维度、信息传播维度、行业领域维度和组织经营维度。

现有法律规范普遍从维护国家数据安全的角度厘定分级的基本框架，[2]根据数据一旦遭到篡改、破坏、泄露或者非法获取、非法利用，对国家安全、公共利益或者个人、组织合法权益造成的危害程度，将数据从低到高分成一般数据、重要数据、核心数据三个级别。

（二）数据分类分级的制度变迁

早在2018年3月，国务院办公厅发布的《科学数据管理办法》就已经明确提出对数据实施分类分级管理的相关规定，但针对的对象范围较狭窄，仅限于科学数据。[3]2020年，《国务院关于构建更加完善的要素市场化配置体制机制的

---

[1]　参见《数据安全法》第三章第21条对数据分级分类保护制度的界定，将关系国家安全、国民经济命脉、重要民生、重大公共利益等数据归纳为核心数据，要求实施更严格的管理制度，并要求各地区、部门和行业建立本领域内重要数据的具体目录，对相关数据进行重点保护。

[2]　参见洪延青：《国家安全视野中的数据分类分级保护》，载《中国法律评论》2021年第5期。

[3]　《科学数据管理办法》第20条规定，法人单位要对科学数据进行分级分类。

意见》出台,虽未直接言明分类分级的管理政策,但已经单独列出三项数据,要求对其进行重点保护。2021年3月,《"十四五"纲要》拓宽了适用分类分级保护政策的数据范围。[1]此后,相关法律规范陆续出台,2021年6月10日,数据安全领域的基础性、专门性法律《数据安全法》正式发布,首次明确提出应当在国家层面建立数据的分类分级保护制度,并依据数据所划分的层级的不同赋予数据处理主体不同的安全保护义务,并辅以相应的法律责任。2021年12月31日,全国信息安全标准化技术委员会发布《网络安全标准实践指南——网络数据分类分级指引》,并提出了数据分类分级的五大原则,明确了数据分类分级的框架和方法。[2]

二、制度内容

作为数据治理和安全保护的重要思路,分级分类规定需要在技术的支持下,以立法的形式将审核标准固定下来,目前中国相关制度规范已经初具格局。原则层面,有《数据安全法》《网络安全法》《个人信息保护法》;细则指导层面,《证券期货业数据分类分级指引》《工业数据分类分级指南(试行)》《汽车数据安全管理若干规定(试行)》等围绕法律确定的治理思路细化了规则设置,为上位法的落地提供了基础。在当前的制度体系下,我国采取个人信息和重要数据的双轨化保护模式,虽然二者的整体治理逻辑有相似之处,[3]但通观其保护体系,可以发现在实践适用中是彼此独立的两套架构。如图5–1所示,就数据保护体系来看,数据分类的依据是数据属性或特征的不同,分类方式多元、并不唯

---

[1] 《中华人民共和国国民经济和社会发展第十四个五年规划和2035年远景目标纲要》第十八章第一节规定,要完善适用于大数据环境下的数据分类分级保护制度。

[2] 《网络安全标准实践指南——网络数据分类分级指引》明确了分类多维原则、分级明确原则、从高就严原则和动态调整原则。将数据分类维度细化为公民个人维度、公共管理维度、行业领域维度等层面,同时明确了数据分级框架,从安全角度将数据分级为一般数据、重要数据和核心数据。

[3] 参见商希雪、韩海庭:《数据分类分级治理规范的体系化建构》,载《电子政务》2022年第10期。

一固定,[1]分类方法的采用因管理主体、管理目的、分类属性或维度的区别而不同。而数据分级则是基于数据本身的重要程度以及一旦泄露或产生其他危害时,可能会对国家、社会、个人等产生的影响程度的不同而有所区别。

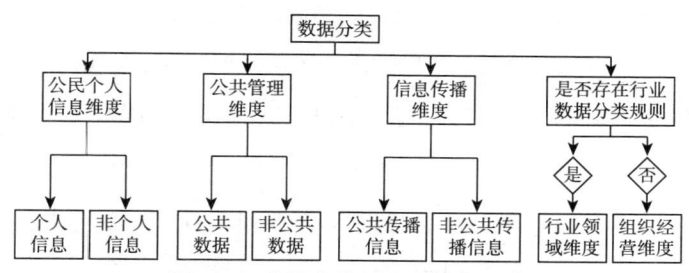

图 5-1　数据安全基本全分类流程

通常而言,数据被分为三级,即核心数据、重要数据和一般数据,如表 5-1 所示,但在数据安全监管和维护的视野下,《数据安全法》第 25 条还明确列出了管制数据,将与维护国家安全和利益、履行国际义务相关的数据都纳入其中。[2]

表 5-1　数据安全基本分级规则

基本级别	影响对象			
	国家安全	公共利益	个人合法权益	组织合法权益
核心数据	一般危害、严重危害	严重危害	—	—
重要数据	轻微危害	一般危害、轻微危害	—	—
一般数据	无危害	无危害	无危害、轻微危害、一般危害、严重危害	无危害、轻微危害、一般危害、严重危害

以《工业数据分类分级指南(试行)》为例,该规定以工业数据为对象,形成了较为完整的数据分类分级体系。第一,数据分类。工业数据在大类上分为工业企业工业数据与平台企业工业数据:(1)工业企业工业数据分类维度包括但不限于研发数据域(研发设计数据、开发测试数据等)、生产数据域(控制信息、

---

[1] 参见徐玖玖:《利益均衡视角下数据产权的分类分层实现》,载《法律科学(西北政法大学学报)》2023 年第 2 期。
[2] 《数据安全法》第 25 条规定:"国家对与维护国家安全和利益、履行国际义务相关的属于管制物项的数据依法实施出口管制。"

109

工况状态、工艺参数、系统日志等)、运维数据域(物流数据、产品售后服务数据等)、管理数据域(系统设备资产信息、客户与产品信息、产品供应链数据、业务统计数据等)、外部数据域(与其他主体共享的数据等);(2)平台企业工业数据分类维度包括但不限于平台运营数据域(物联采集数据、知识库模型库数据、研发数据等)和企业管理数据域(客户数据、业务合作数据、人事财务数据等)。第二,数据分级。根据不同类别工业数据遭篡改、破坏、泄露或非法利用后,可能对工业生产、经济效益等带来的潜在影响,将工业数据分为一级、二级、三级3个级别。其一,三级数据包括潜在影响符合下列条件之一的数据:①易引发特别重大生产安全事故或突发环境事件,或造成直接经济损失特别巨大;②对国民经济、行业发展、公众利益、社会秩序乃至国家安全造成严重影响。其二,二级数据包括潜在影响符合下列条件之一的数据:①易引发较大或重大生产安全事故或突发环境事件,给企业造成较大负面影响,或直接经济损失较大;②引发的级联效应明显,影响范围涉及多个行业、区域或者行业内多个企业,或影响持续时间长,或可导致大量供应商、客户资源被非法获取或大量个人信息泄露;③恢复工业数据或消除负面影响所需付出的代价较大。其三,一级数据包括潜在影响符合下列条件之一的数据:①对工业控制系统及设备、工业互联网平台等的正常生产运行影响较小;②给企业造成负面影响较小,或直接经济损失较小;③受影响的用户和企业数量较少、生产生活区域范围较小、持续时间较短;④恢复工业数据或消除负面影响所需付出的代价较小。

三、制度的实施要点

(一)适用对象

适用分类分级管理方式的对象通常包括数据项和数据集,二者是不同层级的概念,数据项是数据不可切分的最小单位,是数据库表的某一列字段。数据集则是多个数据项组成的集合,包括数据库表、数据文件等。

(二)基本原则

1. 合法合规原则：数据分类分级应遵循有关法律法规及部门规范要求，优先对国家或行业有专门管理要求的数据进行识别和管理，满足相应的数据安全管理要求。

2. 分类多维原则：数据分类具有多种视角和维度，可从便于数据管理和使用角度，考虑国家、行业、组织等多个视角的数据分类。

3. 分级明确原则：数据分级的目的是保护数据安全，数据分级的各级别应界限明确，不同级别的数据应采取不同的保护措施。

4. 就高从严原则：数据分级时采用就高不就低的原则进行定级，例如，当数据集包含多个级别的数据项时，应按照数据项的最高级别对数据集进行定级。

5. 动态调整原则：数据的类别和级别可能因时间或政策变化、安全事件发生与否、不同业务场景的敏感性变化或相关行业规则的不同而发生改变，因此即使数据分类分级完成后，也需定期进行审核并予以及时调整。

(三)对影响对象的危害程度认定（见表5-2）

表 5-2 对影响对象的危害程度认定

影响对象	影响程度	参考说明
国家安全	严重危害	1. 对政治、国土、军事、经济、文化、社会、科技、网络、生态、资源、核安全等构成严重威胁，严重影响海外利益、生物、太空、极地、深海、人工智能等重点领域安全； 2. 对本地区、本部门以及相关行业、领域的重要骨干企业、关键信息基础设施、重要资源等造成严重影响； 3. 导致对本地区、本部门以及相关行业、领域大范围停工停产、大面积网络与服务瘫痪、大量业务处理能力丧失。
	一般危害	1. 对政治、国土、军事、经济、文化、社会、科技、网络、生态、资源、核安全等构成威胁，影响海外利益、生物、太空、极地、深海、人工智能等重点领域安全； 2. 对本地区、本部门以及相关行业、领域生产、运行和经济利益等造成影响； 3. 引发的级联效应明显，影响范围涉及多个行业、区域或者行业内多个企业，或者影响持续时间长，对行业发展、技术进步和产业生态等造成严重影响。

续表

影响对象	影响程度	参考说明
国家安全	轻微危害	1. 对本地区、本部门以及相关行业、领域生产、运行和经济利益等造成轻微影响； 2. 影响持续时间短，对行业发展、技术进步和产业生态等造成一般影响。
	无危害	对国家安全不造成影响。
公共利益	严重危害	波及一个或多个省市的大部分地区，引起社会动荡，对经济建设有极其恶劣的负面影响。
	一般危害	波及一个或多个地市的大部分地区引起社会恐慌，对经济建设有重大的负面影响。
	轻微危害	波及一个地市或地市以下的部分地区，扰乱社会秩序，对经济建设有一定的负面影响。
	无危害	对公共利益不造成影响。
个人合法权益	严重危害	个人信息主体可能会遭受重大的、不可消除的、可能无法克服的影响，容易导致自然人的人格尊严受到侵害或者人身、财产安全受到危害。如遭受无法承担的债务、失去工作能力、导致长期的心理或生理疾病、导致死亡等。
	一般危害	个人信息主体可能会遭受到较大影响，克服困难的难度高，消除影响代价较大。如遭受诈骗、资金被盗用、被银行列入"黑名单"、信用评分受损、名誉受损，造成歧视、被解雇、被法院传唤、健康状况恶化等。
	轻微危害	个人信息主体可能会遭受困扰，但尚可以克服。如付出额外成本、无法使用应提供的服务、造成误解、产生害怕和紧张的情绪、导致较小的生理疾病等。
	无危害	对个人信息合法权益不造成影响，或仅造成微弱影响但可忽略不计的。
组织合法权益	严重危害	可能导致组织遭到监管部门严重处罚（包括取消经营资格、长期暂停相关业务等），或者影响重要/关键业务无法正常开展的情况，造成重大经济或技术损失，严重破坏机构声誉，企业面临破产。
	一般危害	可能导致组织遭到监管部门处罚（包括一段时间内暂停经营资格或业务等），或者影响部分业务无法正常开展的情况，造成较大经济或技术损失，破坏机构声誉。
	轻微危害	可能导致个别诉讼事件，或在某一时间造成部分业务中断，使组织的经济利益、声誉、技术等轻微受损。
	无危害	对组织合法权益不造成影响，或仅造成微弱影响但不会影响国家安全、公共利益、市场秩序或各项业务的正常开展。

(四)数据分类分级实施流程(见图 5-2)

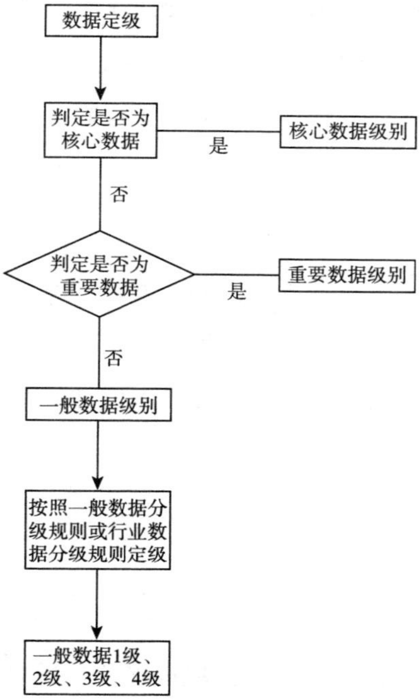

```
         数据定级
            ↓
    判定是否为      是
    核心数据    ──────→  核心数据级别
            ↓否
    判定是否为      是
    重要数据    ──────→  重要数据级别
            ↓否
       一般数据级别
            ↓
    按照一般数据分
    级规则或行业数
    据分级规则定级
            ↓
    一般数据1级、
    2级、3级、4级
```

图 5-2 数据分类分级实施流程

第二节 数据安全风险监测预警

一、制度背景

《数据安全法》所明确的数据安全风险防控制度是针对所有数据作出的规定,与围绕重要数据出境评估这类针对特定主体展开的规定有所不同,前者所面向的主体范围更广。从制度衔接上来看,立法及相关规范所建立的数据安全风险防控体系可以被理解为是《国家安全法》第四章第三节"风险预防、评估和预警"相关规范在数据安全领域的承接和常态化落实。

数字时代,数据安全风险防控制度的确立和贯彻对于经济增长、社会运行和国家治理都有着重要意义。[1]从国家层面来看,数据安全保障能力是竞争力的直接体现,世界各国都在积极推进数据安全保障领域的立法规划活动,这不仅事关国家数据安全保障能力的总体布局,还关系到国家宏观治理能力和治理水平;[2]从社会运行来看,万物互联时代,从政府部门到互联网企业再到信息主体的相关活动常以数字化形式呈现,利用法律手段构建数据安全的多层次维护、审查体系,是构建和平、开放、有序、合作的网络命运共同体的基础前提;从经济发展来看,数字经济作为全球经济发展的新动能,彰显出了拉动内需、扩大消费的强大带动效应,已然成为各国争相占领的战略高地。[3]在此态势之下,维护数据安全,促进数据合理有序流动,是促进以数据为原材料的数字经济蓬勃发展的首要任务。[4]

二、制度内容

《数据安全法》建立了高效权威的数据安全风险监测、处置报告和评估机制,通过对数据安全风险信息的监测、获取、分析评估、研判以及数据安全事件发生后的处置等,实现数据安全的事前、事中、事后全流程保障。其中,第18条是对从事风险评估的主体的身份适格要求的细化,直接指出包括"行业组织、企业、教育和科研机构等"主体都属于国家鼓励和支持从事数据安全风险评估、防范的范围;第22条是从宏观层面对数据风险防控制度作出的规定,明确指出风险防控体系由评估、报告、信息共享、监测预警等链条组成,并指出由国家建立相关规范机制;第23条、第29条、第30条则分别是针对应急处置、风险监测和评估报告所作出的专门性规定。

---

[1] 参见邢会强:《政务数据共享与个人信息保护》,载《行政法学研究》2023年第2期。
[2] 参见季卫东:《探讨数字时代法律程序的意义——聚焦风险防控行政的算法独裁与程序公正》,载《中国政法大学学报》2023年第1期。
[3] 参见张阳:《金融交易数据的监管应用——以交易报告库为中心》,载《财经法学》2022年第3期。
[4] 参见商希雪:《超越私权属性的个人信息共享——基于〈欧盟一般数据保护条例〉正当利益条款的分析》,载《法商研究》2020年第2期。

一方面,《数据安全法》明确了数据处理者在数据处理活动中应当履行的数据安全风险监测、处置与报告义务,其第 22 条规定,国家建立集中统一、高效权威的数据安全风险评估、报告、信息共享、监测预警机制,统筹协调有关部门加强数据安全风险信息的获取、分析、研判、预警工作。第 29 条规定,开展数据处理活动应当加强风险监测,发现数据安全缺陷、漏洞等风险时,应当立即采取补救措施;发生数据安全事件时,应当立即采取处置措施,按照规定及时告知用户并向有关主管部门报告。另一方面,《数据安全法》进一步规定了重要数据处理者应当定期开展数据风险安全评估的要求,其第 30 条规定:"重要数据的处理者应当按照规定对其数据处理活动定期开展风险评估,并向有关主管部门报送风险评估报告。风险评估报告应当包括处理的重要数据的种类、数量,开展数据处理活动的情况,面临的数据安全风险及其应对措施等。"

法律层面上,现有规定多从整体入手,具体的执行依据和参考标准常通过行业相关规范或部门工作文件的形式表达,包括《数据管理能力成熟度评估模型》(GBT 36073-2022);《数据安全治理能力评估方法》(TISC-0011-2022);《工业互联网数据安全保护要求》(YD/T 3865-2021);《信息安全技术 信息安全风险评估规范》(GB/T 20984-2022);《信息安全技术 个人信息安全规范》(GB/T 35273-2020);《信息安全技术 个人信息安全影响评估指南》(GB/T 39335-2020);《信息安全技术 数据安全能力成熟度模型》(GB/T 37988-2019);《信息安全技术 大数据安全管理指南》(GB/T 37973-2019)等。

从防控阶段入手对现有制度进行分析可知,风险评估、报告实现了数据处理领域的事前保护;信息共享和监测预警则落实了事中保护;应急处置是对数据安全的事后保护。事前防范阶段,按照立法规定,凡是属于重要数据的,都应当经过风险评估和报告程序。具体而言,无论其处于收集、存储、使用、加工、传输、提供、公开等任一数据处理环节,数据处理者或相关责任主体都应当或有权对数据的种类、数量和处理活动的展开情况以及由此产生的风险与应对措施进行定期的风险评估,并将评估报告呈送至相关主管部门。在事中防范阶段,中央或地方相关监管、负责部门应分别建立适用于本行业内或本地区范围内数据安全风险监测机制,确定监测范围和标准,统筹监测手段,提高监测、预警、处置等能力,并将此中暴露的问题及相关信息与相关监管、防范主体共享。在事后防范阶段,监管部门和数据处理者有责任在危机事件发生前就制定应急预案,安全事件发生时,应在第一时间按照预案展开处置,并将此安全事件形成总结,向相关部门报告。

三、制度的实施要点

梳理《数据安全法》《工业和信息化领域数据安全管理办法(试行)》对数据安全风险防范制度的具体规定可以发现,各行业主管部门多以《数据安全法》的相关规定为指导,结合本领域的现实状况和特殊需求作出了细化规定,分阶段总结如表5-3所示。

表 5-3 数据安全风险防控制度的比较

名称	《数据安全法》	《网络数据安全管理条例》	《工业和信息化领域数据安全管理办法(试行)》
风险评估阶段	第十八条第一款 国家促进数据安全检测评估、认证等服务的发展,支持数据安全检测评估、认证等专业机构依法开展服务活动。 第三十条 重要数据的处理者应当按照规定对其数据处理活动定期开展风险评估,并向有关主管部门报送风险评估报告。 风险评估报告应当包括处理的重要数据的种类、数量,开展数据处理活动的情况,面临的数据安全风险及其应对措施等。	第四十八条 各有关主管部门承担本行业、本领域网络数据安全监督管理职责,应当明确本行业、本领域网络数据安全保护工作机构,统筹制定并组织实施本行业、本领域网络数据安全事件应急预案,定期组织开展本行业、本领域网络数据安全风险评估,对网络数据处理者履行网络数据安全保护义务情况进行监督检查,指导督促网络数据处理者及时对存在的风险隐患进行整改。	第三十一条第三款 工业和信息化领域重要数据和核心数据处理者应当自行或委托第三方评估机构,每年对其数据处理活动至少开展一次风险评估,及时整改风险问题,并向本地区行业监管部门报送风险评估报告。 第三十七条 中央企业应当督促指导所属企业,在重要数据和核心数据目录备案、核心数据跨主体处理风险评估、风险信息上报、年度数据安全事件处置报告、重要数据和核心数据风险评估等工作中履行属地管理要求,还应当全面梳理汇总企业集团本部、所属公司的数据安全相关情况,并及时报送工业和信息化部。

续表

名称	《数据安全法》	《网络数据安全管理条例》	《工业和信息化领域数据安全管理办法（试行）》
报告阶段	第二十九条　开展数据处理活动应当加强风险监测，发现数据安全缺陷、漏洞等风险时，应当立即采取补救措施；发生数据安全事件时，应当立即采取处置措施，按照规定及时告知用户并向有关主管部门报告。 第三十条第二款　风险评估报告应当包括处理的重要数据的种类、数量，开展数据处理活动的情况，面临的数据安全风险及其应对措施等。	第十一条　网络数据处理者应当建立健全网络数据安全事件应急预案，发生网络数据安全事件时，应当立即启动预案，采取措施防止危害扩大，消除安全隐患，并按照规定向有关主管部门报告。 网络数据安全事件对个人、组织合法权益造成危害的，网络数据处理者应当及时将安全事件和风险情况、危害后果、已经采取的补救措施等，以电话、短信、即时通信工具、电子邮件或者公告等方式通知利害关系人；法律、行政法规规定可以不通知的，从其规定。网络数据处理者在处置网络数据安全事件过程中发现涉嫌违法犯罪线索的，应当按照规定向公安机关、国家安全机关报案，并配合开展侦查、调查和处置工作。	第二十七条　工业和信息化部建立数据安全风险信息上报和共享机制，统一汇集、分析、研判、通报数据安全风险信息，鼓励安全服务机构、行业组织、科研机构等开展数据安全风险信息上报和共享。 地方行业监管部门分别汇总分析本地区数据安全风险，及时将可能造成重大及以上安全事件的风险上报工业和信息化部。 工业和信息化领域数据处理者应当及时将可能造成较大及以上安全事件的风险向本地区行业监管部门报告。
信息共享阶段	第二十二条　国家建立集中统一、高效权威的数据安全风险评估、报告、信息共享、监测预警机制。国家数据安全工作协调机制统筹协调有关部门加强数据安全风险信息的获取、分析、研判、预警工作。	第四十九条　国家网信部门统筹协调有关主管部门及时汇总、研判、共享、发布网络数据安全风险相关信息，加强网络数据安全信息共享、网络数据安全风险和威胁监测预警以及网络数据安全事件应急处置工作。	第二十六条第一款　工业和信息化部建立数据安全风险监测机制，组织制定数据安全监测预警接口和标准，统筹建设数据安全监测预警技术手段，形成监测、预警、处置、溯源等能力，与相关部门加强信息共享。 第二十七条　工业和信息化部建立数据安全风险信息上报和共享机制，统一汇集、分析、研判、通报数据安全风险信息，鼓励安全服务机构、行业组织、科研机构等开展数据安全风险信息上报和共享。

续表

名称	《数据安全法》	《网络数据安全管理条例》	《工业和信息化领域数据安全管理办法(试行)》
			地方行业监管部门分别汇总分析本地区数据安全风险,及时将可能造成重大及以上安全事件的风险上报工业和信息化部。 工业和信息化领域数据处理者应当及时将可能造成较大及以上安全事件的风险向本地区行业监管部门报告。
监测预警阶段	第二十二条 国家建立集中统一、高效权威的数据安全风险评估、报告、信息共享、监测预警机制。国家数据安全工作协调机制统筹协调有关部门加强数据安全风险信息的获取、分析、研判、预警工作。	第四十九条 国家网信部门统筹协调有关主管部门及时汇总、研判、共享、发布网络数据安全风险相关信息,加强网络数据安全信息共享、网络数据安全风险和威胁监测预警以及网络数据安全事件应急处置工作。	第二十六条 工业和信息化部建立数据安全风险监测机制,组织制定数据安全监测预警接口和标准,统筹建设数据安全监测预警技术手段,形成监测、预警、处置、溯源等能力,与相关部门加强信息共享。 地方行业监管部门分别建设本地区数据安全风险监测预警机制,组织开展数据安全风险监测,按照有关规定及时发布预警信息,通知本地区工业和信息化领域数据处理者及时采取应对措施。 工业和信息化领域数据处理者应当开展数据安全风险监测,及时排查安全隐患,采取必要的措施防范数据安全风险。
应急处置阶段	第二十三条 国家建立数据安全应急处置机制。发生数据安全事件,有关主管部门应当依法启动应急预案,采取相应的应急处置措施,防止危害扩大,消除安全隐患,并及时向社会发布与公众有关的警示信息。	第十一条 网络数据处理者应当建立健全网络数据安全事件应急预案,发生网络数据安全事件时,应当立即启动预案,采取措施防止危害扩大,消除安全隐患,并按照规定向有关主管部门报告。 网络数据安全事件对个人、组织合法权益造成危害的,网络数据处理者应当及时将	第二十八条 工业和信息化部制定工业和信息化领域数据安全事件应急预案,组织协调重要数据和核心数据安全事件应急处置工作。 地方行业监管部门分别组织开展本地区数据安全事件应急处置工作。涉及重要数据和核心数据的安全事件,应当立即上报工业和信息化部,并及时报告事件发展和处置情况。

续表

名称	《数据安全法》	《网络数据安全管理条例》	《工业和信息化领域数据安全管理办法(试行)》
应急处置阶段		安全事件和风险情况、危害后果、已经采取的补救措施等,以电话、短信、即时通信工具、电子邮件或者公告等方式通知利害关系人;法律、行政法规规定可以不通知的,从其规定。网络数据处理者在处置网络数据安全事件过程中发现涉嫌违法犯罪线索的,应当按照规定向公安机关、国家安全机关报案,并配合开展侦查、调查和处置工作。	工业和信息化领域数据处理者在数据安全事件发生后,应当按照应急预案,及时开展应急处置,涉及重要数据和核心数据的安全事件,第一时间向本地区行业监管部门报告,事件处置完成后在规定期限内形成总结报告,每年向本地区行业监管部门报告数据安全事件处置情况。工业和信息化领域数据处理者对发生的可能损害用户合法权益的数据安全事件,应当及时告知用户,并提供减轻危害措施。

数据安全风险监测与评估义务的核心是要求数据处理者在开展数据处理活动时,加强数据安全风险管理,主要涉及以下实施要点。

第一,企业、组织或个人等数据处理者要建立数据安全风险监测能力,在进行数据处理活动中开展数据安全风险监测,确保能够发现数据处理活动中存在的安全缺陷、漏洞等风险,并及时采取补救措施。数据安全风险监测是指采取技术手段对数据处理系统进行实时监控从而掌握数据处理的全面运行情况,发现数据安全风险的活动。数据安全监测是及时、准确预警和有效管控数据安全风险的前提和基础。做好数据安全监测工作,应当从制度建设入手,明确机构人员,细化职责分工,同时配备专业设备设施,形成系统、高效、实时共享的数据安全监测体系。值得注意的是,《数据安全法》第22条同时规定,国家建立集中统一、高效权威的数据安全风险评估、报告、信息共享、监测预警机制;此前《网络安全法》也规定:"国家建立网络安全监测预警和信息通报制度。国家网信部门应当统筹协调有关部门加强网络安全信息收集、分析和通报工作,按照规定统一发布网络安全监测预警信息。"[1]从现有的法律法规规定来看,数据处理者应当建立数据安全应急响应机制,完善数据安全风险预防技术手段、内部数据安全管控策略等,并将其纳入企业日常工作中进行常态化管理。

第二,数据处理者在发生数据安全事件时,需要履行处置与报告义务。数据活动的安全缺陷和漏洞有时由于技术原因难以完全避免,但数据处理者在发现安全风险之后负有及时应对的义务。一方面,对于发生数据安全事件的情况,数据处理者应当立即采取处置措施,如断开链接等方式,将损害结果降到最低;另一方面,数据处理者应当按照相关规定,及时将数据安全事件的情况告知用户,并向有关主管部门报告。此处的数据安全处置与报告义务,是由数据和个人信息保护领域的"泄露通知"制度演化而来的。该制度是数据安全监管制度和个人信息保护制度的重要组成部分,是在发生数据泄露或具有数据泄露风险时,及时通知和采取补救措施的重要环节,也是加强数据保护的有效手段。[2]该制度最早源于2012年通过的《全国人民代表大会常务委员会关于加强网络信息保护的决定》,其第4条规定:"网络服务提供者和其他企业事业单位应当采取技术措施和其他必要措施,确保信息安全,防止在业务活动中收集的公民个人电子信息泄露、毁损、丢失。在发生或者可能发生信息泄露、毁损、丢失的情况时,应当立即采取补救措施。"

虽然《数据安全法》没有对报告义务作出具体规定,但其规定的"按照规定及时告知用户并向有关主管部门报告",在一定程度上与《个人信息保护法》《电信和互联网用户个人信息保护规定》等法律法规作了衔接,进一步明确了相关领域数据安全事件通知义务的具体要求。例如,《个人信息保护法》第57条第1款明确规定,发生或者可能发生个人信息泄露、篡改、丢失的,个人信息处理者应当立即采取补救措施,并通知履行个人信息保护职责的部门和个人。通知应当包括下列事项:(1)发生或者可能发生个人信息泄露、篡改、丢失的信息

---

[1] 《网络安全法》第51条。
[2] 参见何波:《数据泄露通知法律制度研究》,载《中国信息安全》2017年第12期。

种类、原因和可能造成的危害;(2)个人信息处理者采取的补救措施和个人可以采取的减轻危害的措施;(3)个人信息处理者的联系方式。[1]再如,2013年6月工业和信息化部发布的《电信和互联网用户个人信息保护规定》对信息泄露通知制度作了较为详细的规定,要求电信业务经营者、互联网信息服务提供者保管的用户个人信息发生或者可能发生泄露、毁损、丢失的,应当立即采取补救措施;并明确规定,造成或者可能造成严重后果的,应当立即向准予其许可或者备案的电信管理机构报告,配合相关部门进行的调查处理。[2]

第三,对于重要数据,要按照相关要求履行定期安全风险评估义务,形成风险评估报告,并报送有关主管部门。首先,该项义务针对的主体是重要数据处理者。《数据安全法》第21条规定"国家数据安全工作协调机制统筹协调有关部门制定重要数据目录,加强对重要数据的保护",数据处理应根据重要数据目录识别其处理的重要数据种类、数量等情况,明确是否存在需要安全评估的情形。其次,应当建立定期安全风险评估制度。虽然《网络安全法》没有明确规定评估的频率,建议通常每年至少开展一次。评估以自评估为主,即企业可以自行开展评估,也可以聘请专业的机构进行安全评估,但风险评估必须包括处理的重要数据的种类、数量,开展数据处理活动的情况,面临的数据安全风险及其应对措施等。最后,评估结束后应形成数据安全风险评估报告,并向有关主管部门报送该报告。

---

〔1〕《个人信息保护法》第57条同时规定,个人信息处理者采取措施能够有效避免信息泄露、篡改、丢失造成危害的,个人信息处理者可以不通知个人;履行个人信息保护职责的部门认为可能造成危害的,有权要求个人信息处理者通知个人。

〔2〕《电信和互联网用户个人信息保护规定》第14条第1款。

> **案例阅读**　　　　亚马逊被罚 8.88 亿美元案[1]
>
> 据彭博社报道,2021 年 7 月,亚马逊在一份监管文件中披露了卢森堡的数据监督机构(CNPD)的一份处罚决定。该决定称,由于亚马逊对个人信息的处理违反了欧盟有关数据隐私的相关立法规定即《欧盟通用数据保护条例》(也称 GDPR),所以监督机构对以亚马逊处以 7.46 亿欧元(约 57.29 亿元人民币,8.88 亿美元)的罚款。
>
> 对此,亚马逊在声明中称:"没有数据泄露,也没有客户数据被暴露给任何第三方。这些事实是无可争议的。我们坚决不同意 CNPD 的裁决。"
>
> 欧盟向来重视个人信息的保护,自 2018 年 5 月,GDPR 生效以来,数据保护监管机构的权力大大增加,立法赋予监督机构对违反本法的公司征收其全球年销售额 4% 的罚款的权力。
>
> 在对亚马逊处以高额罚款之前,最大额度是法国 CNIL 对谷歌出具的 5000 万欧元(约 3.84 亿元人民币)的罚单。

第三节　数据安全审查

一、制度背景

《国家安全法》将审查监管纳入国家安全制度的一部分,并在第四章第四节对之作出专节规定,奠定了审查制度的法律基础。《国家安全法》第 25 条规定:"国家建设网络与信息安全保障体系,提升网络与信息安全保护能力,加强网络和信息技术的创新研究和开发应用,实现网络和信息核心技术、关键基础

---

[1] 参见《因泄露数据隐私 亚马逊领 8.9 亿美元罚单!》,载中华网,https://finance.china.com/stock/13003071/20210802/37258002.html。

设施和重要领域信息系统及数据的安全可控;加强网络管理,防范、制止和依法惩治网络攻击、网络入侵、网络窃密、散布违法有害信息等网络违法犯罪行为,维护国家网络空间主权、安全和发展利益。"将"安全可控"作为审查目标,以"风险控制"为审查思路,为后续数据安全审查制度相关规范条款的设定指明了方向。[1]

二、制度内容

《数据安全法》明确提出要在数据领域建立并落实安全审查制度,并将审查制度正式纳入数据安全制度之中。纵向梳理相关立法及制度规范,可以发现,在法律保障上,包括《数据安全法》在内的诸多立法对数据安全审查的规定多为总体性要求,内容较为笼统。基于此,各行业往往会以部门规章或部门规范性文件的形式,对本行业内数据的安全审查制度制定细化的专门性规定,以此指导实践。

由于各行业的数据内容及潜在的安全风险并不相同,所以相关制度规范也有所区别,具体见表5-4。

表5-4 数据安全相关制度

名称	性质	相关条款	关注重点
《数据安全法》	法律	第24条	1. 制度层面:由国家建立数据安全审查制度 2. 审查对象:凡是影响或者可能影响国家安全的数据处理活动都应当受到安全审查 3. 效力:依法作出的安全审查决定为最终决定
《汽车数据安全管理若干规定(试行)》	部门规章	第15条	1. 审查主体:国家网信部门、国务院发展改革、工业和信息化、公安、交通运输等有关部门 2. 要求:评估中所涉的商业秘密、未公开信息应当保密 3. 其他:汽车数据处理者具有配合义务

---

[1] 参见刘金瑞:《数据安全范式革新及其立法展开》,载《环球法律评论》2021年第1期。

续表

名称	性质	相关条款	关注重点
《工业和信息化领域数据安全管理办法（试行）》	部门规范性文件	第24条 第33条	1. 审查主体：数据处理者、本地区行业监管部门、工业和信息化部在本领域内开展数据安全审查的相关工作 2. 审查内容：跨主体提供、转移、委托处理的核心数据 3. 审查程序：首先，由数据处理者评估安全风险，并采取必要保护措施；其次，本地区行业监管部门审查，后报工业和信息化部；最后，在国家数据安全工作协调机制的指导下，由工业和信息化部开展本领域内数据安全审查的相关工作
《网络数据安全管理条例》	行政法规	第13条	1. 审查对象：开展网络数据处理活动的网络数据处理者 2. 审查条件：影响或者可能影响国家安全的 3. 审查内容与程序：按照国家有关规定进行国家安全审查
《网络安全审查办法》	部门规章	第16条	1. 审查主体：网络安全审查工作机制成员单位 2. 审查对象：影响或者可能影响国家安全的网络产品和服务以及数据处理活动 3. 审查程序：网络安全审查办公室按相关程序，报中央网络安全和信息化委员会批准后再行审查

三、制度的实施要点

（一）审查对象

根据《数据安全法》第24条的规定，凡是影响或者可能影响国家安全的数据处理活动都应当受到安全审查。结合数据法律体系可知，处理活动包括：数据的收集、存储、使用、加工、传输、提供、公开等。2022年2月施行的《网络安全审查办法》也采纳这一标准，在坚持原有审查思路的基础上，聚焦数据处理活动，关注国家数据安全风险的防范和化解，将数据安全审查纳入网络审查体系之中，规定凡是被网络安全审查工作机制成员单位认定为影响或者可能影响国家安全的数据处理活动，均应当进行安全审查。这是立法为中国数据安全审查对象的认定范围所厘定的标准。

（二）审查主体

《数据安全法》并未直接对有安全审查资格的主体作出规定，根据《网络安全审查办法》第 16 条的规定，网络安全审查工作机制成员单位为审查主体，具体包括国家互联网信息办公室、中华人民共和国国家发展和改革委员会、中华人民共和国工业和信息化部、中华人民共和国公安部、中华人民共和国国家安全部、中华人民共和国财政部、中华人民共和国商务部、中国人民银行、国家市场监督管理总局、国家广播电视总局、中国证券监督管理委员会、国家保密局和国家密码管理局。此外，立法明确规定，应在国家互联网信息办公室下设网络安全审查办公室，专门用以组织安全审查工作。

不过，《网络安全审查办法》规定的主体范围过于宽泛，在具体实践中，各行业往往会根据本行业领域内的实际情况再专门指定特定机构为审查主体，或在现有审查主体的范围内再适当进行拓宽。[1] 例如，《汽车数据安全管理若干规定（试行）》第 15 条在明确审查主体范围时，虽用"等有关部门"的表述为主体范围适当留有余地，但仍直接点明本领域内，国家网信部门和国务院发展改革、工业和信息化、公安、交通运输部门有权进行审查。与规定宽泛的汽车行业不同，专门用以规范工业和信息化领域内数据处理活动的《工业和信息化领域数据安全管理办法（试行）》除了将工业和信息化部列为评估工作的指导者之外，还赋予地方行业监管部门组织开展本地区范围内数据安全评估工作的权力。并在第 30 条和第 31 条引入第三方评估机构，规定工业和信息化部应指导和鼓励具备相应资质的机构，依据相关标准开展本行业内数据安全的检测和认证工作。此外，数据处理者还"应当"自行或委托具备资质的第三方评估机构每年至少进行一次风险评估，相关报告须报送本地区行业监管部门。

---

〔1〕 参见徐玉梅、王欣宇：《我国重要数据安全法律规制的现实路径——基于国家安全视角》，载《学术交流》2022 年第 5 期。

(三)触发审查的情形

1. 行政机构主导型

这类行为是常见的触发数据安全审查的行为,包括两类,分别是数据处理行为影响或者可能影响国家安全时,或相关部门依据职责认为应当进行安全审查时。第一类行为是由《数据安全法》直接规定的应当进行审查的情形,在其他相关立法及规定中也得以巩固。[1]其中,《网络安全审查办法》还对引发国家安全风险的行为进行了具体阐述,关涉数据处理行为的包括三类,分别是:其一,核心数据、重要数据或者大量个人信息有被窃取、泄露、毁损以及非法利用、非法出境的风险;其二,上市存在关键信息基础设施、核心数据、重要数据或者大量个人信息被外国政府影响、控制、恶意利用的风险,以及网络信息安全风险;其三,其他。

2. 数据处理者主动审查型

数据处理者根据具体情况,认为数据处理行为可能存在风险时,自行开展或委托具有审查资质的第三方主体开展风险审查活动。

3. 常规审查型

部分行业内相关部门规范性文件要求掌握本领域内重要数据以及核心数据的处理者,在一定时间内(通常为一年)至少开展一次风险评估活动,并将据此形成的报告呈送至有关监管部门。

(四)审查程序

目前《数据安全法》并未直接对数据安全审查的程序作出规定,但由于《网络安全审查办法》将数据处理行为纳入网络安全审查体系之中,因此数据安全审查行为也应受此约束。参考网络安全审查,数据安全审查需按以下程序进行审核(见图5-3)。

---

[1] 参见郑曦:《刑事司法中的数据安全保护问题研究》,载《东方法学》2021年第5期。

第一步，由当事人自行申报数据安全审查，同时向网络安全审查办公室提交审查申报书、关于影响或者可能影响国家安全的分析报告、采购文件、协议、拟签订的合同或者拟提交的首次公开募股（IPO）等上市申请文件以及开展审查工作所需要的其他材料。

第二步，网络安全审查办公室自收到符合规定的审查申报材料之日起10个工作日内作出是否开展审查工作的决议，并以书面形式告知申请人。

第三步，网络安全审查办公室认为需要开展安全审查工作的，应当在向当事人发出书面通知之日起，在30个工作日内完成初步审查，并将审查结论建议发送网络安全审查工作机制成员单位、相关部门征求意见；情况复杂的，可以延长15个工作日。

第四步，自收到审查结论建议之日起15个工作日内，网络安全审查工作机制成员单位和相关部门应以书面形式向网络安全审查办公室回复意见。

第五步，如网络安全审查工作机制成员单位和相关部门与网络安全审查办公室的意见一致，那么则按一般审查程序处理，由网络安全审查办公室以书面形式将审查结论告知当事人；如果不一致，则按特别程序处理，还需进行第六步。

第六步，在听取相关单位的意见后并深入评估后，由网络安全审查办公室再次形成审查结论建议，并就结论建议征求网络安全审查工作机制成员单位和相关部门的意见，报中央网络安全和信息化委员会批准后，形成审查结论并书面通知申请人。

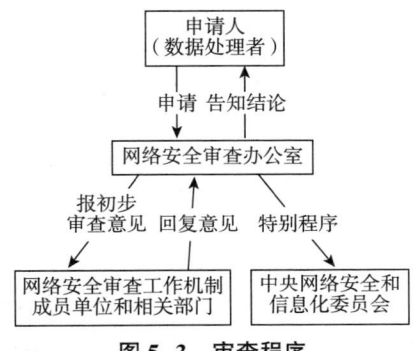

图 5-3 审查程序

> **案例阅读**　　　　　　滴滴公司数据安全案[1]
>
> 2021年7月2日,中国网络安全审查办公室(以下简称网信办)依据《国家安全法》《网络安全法》等规定,对滴滴全球股份有限公司(以下简称滴滴公司)下属的"滴滴出行"启动了安全审查,根据审查结论,网信办对滴滴公司涉嫌违法的行为进行了立案调查。2022年7月,网信办负责人在答记者问中表示,滴滴公司除了存在违法收集并分析个人信息、未充分履行告知义务等行为之外,还存在严重危害国家安全的数据处理活动,给国家关键信息基础设施安全和数据安全带来了严重的安全风险隐患。根据《网络安全法》第56条、《个人信息保护法》第64条、《数据安全法》第44条等相关规定,对滴滴公司处以80.26亿元人民币罚款,并分别对董事长、总裁处以100万元罚款。

---

[1] 参见《国家网信办:滴滴存在严重影响国家安全的数据处理活动》,载人民网2022年7月21日,https://baijiahao.baidu.com/s?id=1738940687350615521&wfr=spider&for=pc。

第六章

数据安全保护

本章介绍了数据处理者数据安全保护义务的相关规定，包括数据安全培训、特定数据服务合规、配合调取数据、重要事项报告等。数据处理者开展数据安全教育培训，既是培养数据安全人才的一种方式，也是保障数据安全的一种义务，对于履行数据安全合规义务、提升从业人员能力水平都具有重要意义。特定数据服务合规是行政机关对特定的数据处理服务活动进行的事前准入监管，实践中数据处理活动可能涉及电信服务许可等行政许可，没有相关许可就不能从事特定的服务提供活动。配合调取数据的义务重点关注实践中某些特定国家机关基于维护国家安全或者侦查犯罪等目的，需要依法调取相关数据，同时也应保障相关主体的数据安全、保护用户隐私或个人信息权益。重要事项报告制度可以使有关部门及时采取有效的处置措施，对数据安全事件进行评估，避免造成重大损失，并且可以从中汲取经验教训，制订数据安全规划和数据安全事件应急预案，提高处置重大数据安全事件的能力，更好地保障数据安全。

第一节　数据安全培训

《数据安全法》规定了数据安全培训两方面的内容：一方面体现在国家支持开展数据安全培训活动，鼓励教育、科研机构和企业等组织安排数据安全相关培训，此时数据安全培训是人才培养的一种手段；另一方面体现在要求数据处理者开展数据安全教育培训，这时的培训成为保障数据安全的一种方式和义务。数据安全培训既是培养数据安全人才的一种方式，也是保障数据安全的一种义务。数据安全培训既涉及正规教育体系，需要完善数据安全相关学科建设、师资力量、课程设置等内容，提升人才培养水平，同时数据安全培训也涉及非正规教育体系，其中数据安全职业培训对于履行数据安全合规义务、提升从业人员能力水平都具有重要意义。有关主管部门需要承担监管义务，同时也需要深入学习数据安全相关法律法规以提升监管水平。

一、制度背景

（一）制度的历史

数据安全培训制度的历史可以从正规教育体系和非正规教育体系两个方面进行追溯。

在正规教育体系中，国家出台了相关政策，部分院校也开设了信息安全、网络安全、数据科学与大数据技术相关专业，促进了数据安全培训活动的开展。2012年《国务院关于大力推进信息化发展和切实保障信息安全的若干意见》中提出要开展面向全社会的信息安全培训，一方面支持信息安全与保密学科的师资、院系、学科等建设；另一方面强调在政府机关、涉密单位等定期开展信息安全培训活动。2016年,原中央网络安全和信息化领导小组[1]办公室等六部门联合发布了《关于加强网络安全学科建设和人才培养的意见》,强调构建针对网络安全专业教师以及党政机关、事业单位和国有企业的网络安全工作人员的在职培训培养体系,以提升网络安全从业人员的安全意识和专业技能。同年10月教育部网络安全和信息化领导小组成立,以贯彻信息化和网络安全政策,研究制定教育系统涉信息化和网络安全的决策。2017年,原中央网络安全和信息化领导小组办公室秘书局和教育部办公厅联合印发《一流网络安全学院建设示范项目管理办法》,在一流网络安全学院建设示范项目的主要任务中明确规定要支持青年骨干教师出国培训进修。2018年,教育部发布《关于加强网络学习空间建设与应用的指导意见》,提出在继续开展教师专项培训的基础上扩大培训范围从而实现教师全员培训,要求各级学校加强对各类人员的网络安全培训,实现空间网络、信息、数据和内容安全。综合上述政策内容,正规教育体系中涉及信息安全、数据安全内容的培训主要针对的是教师这一主体,不过也呈现出扩大培训主体范围的趋势。

上述政策也涉及了较多非正规教育体系中的数据安全培训,主要是发展针对各类组织中网络安全工作人员的在职培训。实践中由各类主体所组织的认证、培训活动提供了在职培训资源,丰富了在职培训体系。例如,中国网络安全审查技术与认证中心于2011年已经推出信息安全保障人员认证(Certified Information Security Assurance Worker,CISAW),之后还推出了网络安全应急响应工程师(Cyber Security Emergency Response Engineer,CSERE)、信息系统审计师(Information System Auditor)等认证和培训活动,并且还可以提供针对数据安全的个性化定制培训服务。在《数据安全法》《个人信息保护法》颁布之后,数据保护官(DPO)、[2]注册个人信息保护专业人员(CISP-PIP)[3]等数据安全认证和培训活动的推出使数据安全培训类型更为丰富。

---

[1] 2018年国家机构改革后变更为中国共产党中央网络安全和信息化委员会,下同。
[2] 参见数据保护官官网,https://www.exinchina.cn/certification/28/levels,2023年1月28日最后访问。
[3] 参见 CISP-PIP 官网,https://www.nisp.org.cn/CISP-PIP,2023年1月28日最后访问。

（二）制度价值

数据安全培训是培养数据安全人才的主要方式。人才是自主创新的关键，是推动发展的核心要素。但是现阶段数据、网络、信息安全等领域的人才呈现数量、类型的供需失衡，"重产品、轻服务、重技术、轻管理"以及综合型人才、复合型人才极度缺乏的现状使数据安全人才培养体系亟待完善。[1]数据安全培训具有全面普及性培训、专项培训、个性化和差异化培训等多种形式，能够提供培育综合型人才、复合型人才的多元化学习资源，在满足不同主体对于数据安全的学习需求上具有显著优势，是解决现有数据安全人才培养不足的主要方式。

数据安全培训是保障数据安全的重要手段。以数据泄露这一典型数据安全问题为例，当前数据泄露这类数据安全事故的处理成本十分高昂，和民生息息相关的医疗保健行业更是数据泄露的重灾区，数据泄露的平均总成本达到1010万美元。[2]医疗保健数据等敏感性和重要性数据的泄露不仅造成经济损害，还会影响个人隐私，甚至影响社会稳定和安全。因此保障数据安全，特别是保障敏感数据和重要数据的安全不仅对维护个人、组织合法经济权益、个人隐私权益具有重要意义，更是维护国家主权、安全和发展利益的体现，是总体国家安全观的重要组成部分。[3]数据安全培训作为提升数据安全能力的工具，在普及数据安全意识、提升数据安全技术能力、优化数据安全管理体系等方面都可以发挥作用，是保障国家数据安全和个人、组织数据安全的重要手段。

---

〔1〕 参见工业和信息化部网络安全产业发展中心等联合发布的《网络安全产业人才发展报告》（2021年版）。

〔2〕 参见IBM官网，https://www.ibm.com/cn-zh/reports/data-breach，2023年1月28日最后访问。

〔3〕《数据安全法》第4条规定：维护数据安全，应当坚持总体国家安全观，建立健全数据安全治理体系，提高数据安全保障能力。《数据安全法》第5条规定：中央国家安全领导机构负责国家数据安全工作的决策和议事协调，研究制定、指导实施国家数据安全战略和有关重大方针政策，统筹协调国家数据安全的重大事项和重要工作，建立国家数据安全工作协调机制。

二、制度内容

《数据安全法》本身并没有明确数据安全培训的内涵和范围,但是从所列举的开展教育培训活动的主体范围来看,数据安全培训不仅包括由初等、中等、高等教育等正规教育体系所组织的培训活动,还包括科研机构、企业等非正规教育体系的有组织的培训活动。[1]

国家标准《非正规教育与培训的学习服务术语》中列举的非正规教育培训类型包括岗位培训、[2]就业培训、[3]创业培训、[4]认证培训[5]4类,4类培训类型的共同特征都是为了提高学习人员某一方面的能力、素质所提供的学习服务。国家标准《成人教育培训服务术语》中将"成人教育培训"定义为"培育成人道德价值、知识、技能和态度以满足要求的过程",列举了职业培训、[6]非职业培训、[7]职业资格培训、[8]岗位培训、[9]初任培训、[10]

---

[1] 国家标准《非正规教育与培训的学习服务 术语》(标准号:GB/T 26997-2011)中将"非正规教育"定义为"初等教育、中等教育和高等教育等正规教育体系以外的有组织的教育活动"。

[2] 国家标准《非正规教育与培训的学习服务 术语》(标准号:GB/T 26997-2011)中将"岗位培训"定义为"为提高在岗学员的职业核心能力和/或岗位工作能力而提供的学习服务"。

[3] 国家标准《非正规教育与培训的学习服务 术语》(标准号:GB/T 26997-2011)中将"就业培训"定义为"为提高未就业学员获取特定的职业或岗位的工作能力而提供的学习服务,包括就业培训和再就业培训"。

[4] 国家标准《非正规教育与培训的学习服务 术语》(标准号:GB/T 26997-2011)中将"创业培训"定义为"为提高学员创办的企业能力和市场经营的素质而提供的学习服务"。

[5] 国家标准《非正规教育与培训的学习服务 术语》(标准号:GB/T 26997-2011)中将"认证培训"定义为"为帮助学员获得行业公认机构的资格或能力认证而提供的学习服务"。

[6] 国家标准《成人教育培训服务术语》(标准号:GB/T 28913-2012)将"职业培训"定义为"为满足成人学习者完成工作任务的需要,对其所进行的有关职业的成人教育培训活动"。

[7] 国家标准《成人教育培训服务术语》(标准号:GB/T 28913-2012)将"非职业培训"定义为"为满足成人学习者职业以外的需要,对其所进行的成人教育培训活动"。

[8] 国家标准《成人教育培训服务术语》(标准号:GB/T 28913-2012)将"职业资格培训"定义为"为满足成人学习者上岗前取得上岗资格的需要,对其所进行的成人教育培训活动"。

[9] 国家标准《成人教育培训服务术语》(标准号:GB/T 28913-2012)将"岗位培训"定义为"为满足成人学习者岗位工作需要而进行的成人教育培训活动"。

[10] 国家标准《成人教育培训服务术语》(标准号:GB/T 28913-2012)将"初任培训"定义为"对新录用的从业人员所进行的成人教育培训活动"。

任职培训、[1]创业培训[2]7类培训,7类培训类型的共同特征都是为了满足特定需求/按照特定要求而提供的具有针对性的教育培训活动。综合以上内容,培训活动具有以下的核心要素:(1)培训是正规教育的一部分;(2)培训是提升职业技能的重要手段;(3)培训具有目的性,是满足特定需求的活动;(4)培训需要实现一定的效果,满足一定的要求。

根据培训活动的核心要素,数据安全培训可以定义为:为了提升学习人员数据安全技能,实现数据安全保障的目标,由正规教育体系或非正规教育体系所提供的教育培训活动。

从是否要求强制性实施来看,《数据安全法》对于数据安全培训既有鼓励实施数据安全培训的"软性"要求,也有要求强制实施的"硬性"要求。《数据安全法》第20条强调各类主体积极开展数据安全培训,这是一种鼓励和倡导,因而是一种"软性"要求。第27条则不同,数据安全教育培训成为保障数据安全的一种必要措施,上升为一种数据安全保护法定义务,违反这种义务将受到第45条所规定的不同程度的处罚,这种由国家强制力保护落实的义务使数据安全培训成为一种必须履行的"硬性"要求。

两类制度要求的性质不同,所欲实现的目的、需求也不同,因此在讨论数据安全培训时需要区分语境差异。"软性"要求中,数据安全培训和培养数据安全人才规定在同一法条中,此时数据安全培训被置于一种人才教育的情境中,在这种词组关联组合所创造的情境下理解数据安全培训的"软性"要求,立法的调整目的更多在于数据安全人才的培养,数据安全培训是培养人才的手段之一。而在"硬性"要求中,数据安全培训和"数据处理活动""保障数据安全"等词组联系在一起,此时数据安全培训更多是在落实数据安全保护义务的语境中被谈论,是实现数据安全保护的具体措施之一。

---

[1] 国家标准《成人教育培训服务术语》(标准号:GB/T 28913-2012)将"任职培训"定义为"按照新任职职务的要求,对晋升职务或转岗任职的员工所进行的成人教育培训活动"。

[2] 国家标准《成人教育培训服务术语》(标准号:GB/T 28913-2012)将"创业培训"定义为"为成人学习者创业所进行的成人教育培训活动"。

三、制度的实施要点

(一)制度落实的相关主体

1. 教育、科研机构和企业等主体是数据安全培训"软性"要求的具体落实者。《数据安全法》第20条明确列举了上述三类主体可以开展数据安全培训以培养数据安全人才。但是从本条的调整意图来看,这三类主体以外的其他主体也可以积极开展数据安全培训活动,从而最大限度促进人才交流,实现数据安全人才培养的目的。

2. 开展数据处理活动的组织、个人是数据安全培训"硬性"要求的具体落实者。《数据安全法》第27条和第45条是围绕开展数据处理活动的组织、个人这类主体的规定,要求其必须落实数据安全培训义务。根据《数据安全法》第3条第2款的规定,"数据处理"包括数据的收集、存储、使用、加工、传输、提供、公开等。基于第3条第2款理解第27条,数据安全培训"硬性"要求落实者的主体范围实际上非常广泛。

3. "有关主管部门"是数据安全培训"硬性"要求落实的保障者、监管者。《数据安全法》第45条是对数据安全培训"硬性"要求落实的执法规定,"有关主管部门"是具体执法者,享有执法权,可以对开展数据处理活动的组织、个人不履行义务的行为施以不同程度的行政处罚,督促其落实数据安全培训义务,因此其是数据安全培训制度"硬性"要求落实的保障者。

(二)数据安全培训制度落实的具体内容

无论是数据安全培训的"软性"要求还是"硬性"要求,《数据安全法》在制度落实的具体内容上都没有进一步明确规定,需要结合《数据安全法》立法目的、其他相关的法律规定廓清制度落实的具体内容。

1. 完善正规教育体系学科建设

结合《中央网络安全和信息化领导小组办公室、国家发展和改革委员会、教育部、科学技术部、工业和信息化部、人力资源和社会保障部关于加强网络安全学科建设和人才培养的意见》，教育体系落实数据安全培训"软性"要求的主要途径是加强相关学科建设、完善教育资源配置。在当前学科体系中，专业培养、课程设置上还存在待改进的空间，2021年的调研数据显示，学生对本专业满意度较高的占比不足七成，对专业设置满意度较低的学生占比四成，可见现有教育体系还存在许多改进空间。[1]由于数据安全是实践性、应用性较强的专业，未来还需要教育体系结合当前实践需求，完善数据安全学科建设的顶层设计，丰富专业培养方式，优化课程设置。

2. 大力发展职业培训

《数据安全法》提出数据安全培训"硬性"要求的目的是使数据处理者通过培训方式落实数据安全保障的合规义务，这需要结合数据处理活动类型、岗位职责等内容进行细化、落实，这种情况下的数据安全培训需要的是针对岗位的职业培训。企业、科研机构要结合本单位岗位设置、业务所涉数据处理类型大力开展职业培训，探索常态化数据安全培训机制。

3. 完善培训标准建设

在当前的学科体系中，数据安全有时被视为一个独立的学科研究方向，[2]

---

[1] 参见《〈网络安全产业人才发展报告〉（2021版）正式发布》，载工信部信息中心，http://www.miitxxzx.org.cn/art/2021/10/12/art_33_1742.html。

[2] 例如，中国科学技术大学网络空间安全专业研究生培养方案（2023年版）中，将数据安全单独列为一个研究方向，具体包括信息隐藏、多媒体安全、隐私计算等内容。参见《0839网络空间安全专业研究生培养方案（2023版）》，载中国科学技术大学网络空间安全学院，http://cybersec.ustc.edu.cn/2023/0112/c23828a590421/page.htm。西安电子科技大学《网络空间安全学科－学术型硕士培养方案》中将"数据安全与隐私保护"作为一个独立的研究方向，研究内容包括"云计算环境下的数据安全与隐私保护技术，如云数据安全存储、恢复与审计技术、云数据处理和访问控制技术、云数据的去重和删除技术、安全外包计算和存储、云计算与大数据的安全数据服务、虚拟化安全技术等，大数据环境下垃圾信息识别与过滤，舆情分析，取证与追踪，数字版权保护"。参见西安电子科技大学网络与信息安全学院2017年11月15日，https://ce.xidian.edu.cn/info/1348/6224.htm。

有时则不具有学科研究独立性而分散于多个研究方向中,[1]后续的课程安排、学习层次、职业技能素养培养、管理和评价等内容也因此呈现差异。鉴于《数据安全法》的颁布,数据安全的地位已经升至国家安全的层次,有必要提高数据安全学科的地位,遵循应用型人才、技能技术型人才的培养导向,结合实践中数据安全岗位的类型、能力要求,统一部分基础性专业技能的培养标准,在统一的基础上深化学科建设发展。就职业培训而言,目前培训类型、培训机构层出不穷,培训质量、认可程度参差不齐,缺乏统一的市场秩序,既不利于培训活动的可持续发展,也不利于市场监督管理。有必要统一部分关键、必备技能的培训标准,筛选过滤掉不合格的培训机构、低质量的基础培训产品,在统一基础上发展个性化、多元化的培训活动,以构建数据安全培训的良性市场生态。

4.有关部门落实监督义务

"有关主管部门"需要落实数据安全培训的监督义务,对不履行数据安全培训义务的行为进行处罚。但是本条并没有就如何判断"不履行"的执法标准进行释明,培训的类型、频率、内容、质量等因素是否构成判断义务履行与否的标准以及所占权重还需要进一步明确,从而给予义务主体相对明确的指引,也使得执法自由裁量权维持在合适的限度内。

第二节 特定数据服务合规

一、制度背景

当前,信息技术飞速发展,数据作为一种生产要素、无形资产和社会财富,在

---

[1] 例如,中国科学技术大学网络空间安全专业研究生培养方案(2018年版)中,数据安全并非一个独立的研究方向,而是置于"网络安全及应用安全"的研究方向中。参见中国科学技术大学网络空间安全学院,http://cybersec.ustc.edu.cn/2018/1030/c14847a344295/page.htm。北京航空航天大学《网络空间安全学院学术硕士培养方案》中数据安全并非独立的研究方向,而是分散于网络内容安全、网络空间安全治理多个独立研究方向中。参见北京航空航天大学网络空间安全学院,http://cst.buaa.edu.cn/info/1075/1371.htm。

数字经济社会具有不可替代的地位,也是各国基础性战略资源之一。但是,数字技术在促使数据应用场景和参与主体日益多样化的同时,数据安全的外延不断扩展。数据领域的蓬勃发展带来了诸如算法歧视、信息泄露等问题,隐藏了巨大风险,数据监管的理念也随之变化。第一,政府在数字化发展的伊始便开始进行监管,通过对其进行早期规制,建立起更有利于民生的治理结构。第二,多元主体转变为主动的治理行动者,提供与反馈信息,成为整体治理中的重要组成部分,同时多元主体以公私合作的方式为数据监管改革提供技术支撑。[1]

许可(license),有准许、允许或授权的含义,在现代国家中,为了实现特定社会目标和经济效益,行政许可成为国家进行规制的重要手段,包括信息收集、准入控制和行为监管等方式。[2]信息收集者通常采用信息登记、备案制度,从而掌握了市场主体的名称、经营范围、联系方式等信息,同时信息收集通常也是一般法定权力所指向的目标,如对市场主体的活动进行监督或者要求提交相应文件材料的权力。准入控制即确保只有具备相应资格的行为人能够从事特定的行为,从而强有力地对潜在的市场竞争者进行规制,告诫一些主体不要尝试进入市场,或是驱使其他主体设法取得相应资质以获得许可。行为监管即在许可持有期间对许可人从事交易活动的过程控制,并可以通过吊销许可证这一惩戒措施对市场主体的行为进行监督。[3]通过行政许可的方式对数据处理者进行监管,其本质是行政机关对特定的数据处理服务活动进行过程控制的一种管理行为。我国行政许可的种类包括普通许可、特别许可、认可、核准、登记五大类,数据作为一种无形资产和重要资源,有关数据处理服务活动的行政许可主要包括特别许可、认可两大类。

---

[1] 参见高秦伟:《数字政府背景下行政法治的发展及其课题》,载《东方法学》2022年第2期。
[2] 参见[爱尔兰]Colin Scott、石肖雪:《作为规制与治理工具的行政许可》,载《法学研究》2014年第2期。
[3] 参见[爱尔兰]Colin Scott、石肖雪:《作为规制与治理工具的行政许可》,载《法学研究》2014年第2期。

二、制度内容

进入数字经济时代,数据成为一种关键生产要素,基于数据创新的新业态新模式层出不穷,并且在诸多生产要素中的重要性不断提升。数据可以创造价值,创造利润,成为相关主体获取商业利益的重要价值来源。与此同时,如何对数据进行有效监管,是中国发展数字经济、建设数字中国需要解决的重要问题,其中,准入监管是首要环节,源头环节的监管介入将为数据全生命周期安全奠定基础。源头环节的监管介入,将为数据全生命周期安全奠定基础。数据处理相关服务的行政许可是行政机关对特定的数据处理服务活动进行的事前准入监管。例如,《互联网信息服务管理办法》《电信条例》《电信业务经营许可管理办法》等对经营性互联网信息服务、经营电信业务提出了许可(或备案)要求。《数据安全法》第34条也规定:"法律、行政法规规定提供数据处理相关服务应当取得行政许可的,服务提供者应依法取得许可。"即以行政许可的方式对数据处理相关服务进行准入监管,对相关数据处理者进行资质审查,允许符合条件者提供数据处理相关服务。除此之外,《个人信息保护法》也作了相关类似要求,规定法律、行政法规对处理敏感个人信息规定应当取得相关行政许可或者作出其他限制的,从其规定。[1]

三、制度的实施要点

《数据安全法》第34条对数据行业的准入监管仅作了原则性规定,将行业准入监管与其他法律法规规定的涉及不同行业市场准入的行政许可要求相衔接,也为未来随时制定或放宽市场准入的方式和条件预留了空间。当前,涉及数据处理活动的服务类型日益丰富,企业的数据业务模式也在不断变化,因此

---

[1] 《个人信息保护法》第32条。

相关主体在开展业务过程中需要不断评估自身数据处理活动的性质,判断其是否需要进行行政许可审批。

从目前的实践来看,该条规定涉及的主要是互联网信息服务和电信业务监管问题。《互联网信息服务管理办法》规定:"国家对经营性互联网信息服务实行许可制度;对非经营性互联网信息服务实行备案制度。未取得许可或者未履行备案手续的,不得从事互联网信息服务。"[1]《电信条例》采用专节对电信业务许可作了规定,明确国家对电信业务经营按照电信业务分类,实行许可制度;经营电信业务,必须依照条例的规定取得国务院信息产业主管部门或者省、自治区、直辖市电信管理机构颁发的电信业务经营许可证;未取得电信业务经营许可证,任何组织或者个人不得从事电信业务经营活动。[2]以《电信业务分类目录》的形式对电信业务进行了具体分类,规定经营纳入《电信业务分类目录》的电信业务需要取得相应的行政许可。2017年7月,工业和信息化部令第42号公布《电信业务经营许可管理办法》,对申请、审批、使用和管理电信业务经营许可证的流程、要求等作了全面规定。

《电信业务分类目录(2015版)》中与数据处理活动相关的需要行政许可的电信业务,主要包括两类,即在线数据处理与交易处理业务和信息服务业务:(1)在线数据处理与交易处理业务,是指利用各种与公用通信网或互联网相连的数据与交易/事务处理应用平台,通过公用通信网或互联网为用户提供在线数据处理和交易/事务处理的业务,包括交易处理业务、电子数据交换业务和网络/电子设备数据处理业务。(2)信息服务业务,是指通过信息采集、开发、处理和信息平台的建设,通过公用通信网或互联网向用户提供信息服务的业务。信息服务的类型按照信息组织、传递等技术服务方式,主要包括信息发布平台和递送服务、[3]

---

[1]《互联网信息服务管理办法》第4条。
[2]《电信条例》第7条。
[3] 信息发布平台和递送服务,是指建立信息平台,为其他单位或个人用户发布文本、图片、音视频、应用软件等信息提供平台的服务。平台提供者可以根据单位或个人用户的需要向用户指定的终端、电子邮箱等递送、分发文本、图片、音视频、应用软件等信息。

信息搜索查询服务、[1]信息社区平台服务、[2]信息即时交互服务、[3]信息保护和处理服务等。[4]

此外,数据处理活动如果涉及《电信业务分类目录(2015版)》中的互联网数据中心业务(IDC)、内容分发网络业务(CDN)、国内互联网虚拟专用网业务(IP-VPN)、互联网接入服务业务(ISP)、国内多方通信服务业务、存储转发类业务、呼叫中心业务、编码和规程转换业务等,也需要取得相应的行政许可。

第三节 配合提供数据

一、制度背景与内容

在实践中,某些特定国家机关基于维护国家安全或者侦查犯罪等目的,需要依法调取相关数据进行使用,同时也应保障相关主体的数据安全、保护用户隐私或个人信息权益。在此种场景下,有关组织、个人具有配合提供数据的义务,应当予以配合。为此,《数据安全法》第35条规定:"公安机关、国家安全机关因依法维护国家安全或者侦查犯罪的需要调取数据,应当按照国家有关规定,经过严格的批准手续,依法进行,有关组织、个人应当予以配合。"

---

[1] 信息搜索查询服务,是指通过公用通信网或互联网,采取信息收集与检索、数据组织与存储、分类索引、整理排序等方式,为用户提供网页信息、文本、图片、音视频等信息检索查询服务。

[2] 信息社区平台服务,是指在公用通信网或互联网上建立具有社会化特征的网络活动平台,可供注册或群聚用户同步或异步进行在线文本、图片、音视频交流的信息交互平台。

[3] 信息即时交互服务,是指利用公用通信网或互联网,并通过运行在计算机、智能终端等的客户端软件、浏览器等,为用户提供即时发送和接收消息(包括文本、图片、音视频)、文件等信息的服务。信息即时交互服务包括即时通信、交互式语音服务(IVR),以及基于互联网的端到端双向实时话音业务(含视频话音业务)。

[4] 信息保护和处理服务,是指利用公用通信网或互联网,通过建设公共服务平台以及运行在计算机、智能终端等的客户端软件,面向用户提供终端病毒查询、删除、终端信息内容保护、加工处理以及垃圾信息拦截、免打扰等服务。

本条规定体现了《数据安全法》的立法目的,可以从三个层面理解本条的定位与功能。第一,强调数据调取中的数据安全保障义务。公安机关、国家安全机关在向有关组织和个人调取数据时,不可避免地发生数据的传输和处理。由于维护国家安全或者犯罪侦查活动往往涉及个人信息或其他重要数据,故保障其数据安全尤为重要。第二,强调国家安全和犯罪侦查措施与数字经济发展相兼容。当前调取措施主要针对的网络信息业者也是数字经济发展的主力军。调取措施既要考虑网络信息业者的协调能力,也应考虑协助执法义务与网络信息业者所承担的其他法律义务的兼容关系。第三,经过严格审批流程,合法合规的数据调取活动,有关组织、个人等主体有予以配合的义务。

二、制度的实施要点

第一,明确数据调取的主体为公安机关和国家安全机关,其他部门无权依据《数据安全法》调取数据。公安机关和国家安全机关作为维护国家安全、社会安全和公民个人权利的机关,担负着惩治犯罪、保障国家安全的重要职责。《数据安全法》第35条赋予公安机关和国家安全机关调取数据的权力有利于迅速获取相关资料、查明案件事实,推进侦查工作的顺利进行。与此同时,《刑事诉讼法》第54条第1款规定:"人民法院、人民检察院和公安机关有权向有关单位和个人收集、调取证据。有关单位和个人应当如实提供证据。"《国家安全法》第42条第1款规定:"国家安全机关、公安机关依法搜集涉及国家安全的情报信息,在国家安全工作中依法行使侦查、拘留、预审和执行逮捕以及法律规定的其他职权。"《数据安全法》第35条的规定与《刑事诉讼法》《国家安全法》进行了制度上的衔接,是对公安机关、国家安全机关侦查权的具体化规定。

第二,数据调取的目的是依法维护国家安全或者侦查犯罪的需要。公安机关、国家安全机关调取数据应当受到法定职责的目的限制,须满足"依法维护国家安全或者侦查犯罪的需要"的目的。对公安机关、国家安全机关调取数据施加目的限制的原因在于数据可能承载着公民个人的相关权益，典型如通信自由和通信秘密、隐私权、个人信息权益等，因此对其处理必须符合正当目的和比例原则。公安机关、国家安全机关可以在符合目的条件的基础上调取数据，推进侦查工作的顺利进行，查明犯罪事实，维护国家安全和公共利益。

第三，明确权力的行使需要符合程序性规定。由于数据本身可能承载着相关组织、个人等主体的权利和利益，所以在调取数据时有着严格的程序要求，应满足国家有关规定的程序，确保相关组织和个人的合法权益不受损害。《数据安全法》规定公安机关、国家安全机关调取数据时"应当按照国家有关规定，经过严格的批准手续，依法进行"，通过给予当事人程序保障，凸显程序正义价值。

第四，明确有关组织、个人需要履行配合义务。公安机关、国家安全机关对于证据的调取权力，与被调取对象的配合义务是相对应的。

第五，值得注意的是，除《数据安全法》第35条所规定的"公安机关、国家安全机关因依法维护国家安全或者侦查犯罪的需要调取数据"的场景外，其他国家机关为履行法定职责而需要调取数据时，应当履行何种义务？有关组织和个人是否有义务予以配合？对此，《数据安全法》第38条规定，国家机关为履行法定职责的需要收集、使用数据，应当在其履行法定职责的范围内依照法律、行政法规规定的条件和程序进行；对在履行职责中知悉的个人隐私、个人信息、商业秘密、保密商务信息等数据应当依法予以保密，不得泄露或者非法向他人提供。可以看出，其他国家机关为履行法定职责的需要收集、使用数据时，应当履行一系列法定义务，但是并没有规定有关组织和个人的配合义务。通说认为，在此种情况下，应当根据相关法律法规的具体规定判断是否应履行配合提供数据的义务。因此，当其他国家机关履行法定职责、公安机关和国家安全机关为履行"维护国家安全或者侦查犯罪"以外的法定职责时，应当有明确的法律法规授权才能要求有关组织和个人予以配合。

> **案例阅读**　　　　　**韦某拒不配合调取数据案**[1]
>
> 　　2022年1月28日,违法行为人韦某乘坐飞机(航班号HU7375)从广东深圳直达广西百色巴马机场,后由韦某的堂哥韦某锋开车到巴马机场接送韦某回到田阳区田州镇万和新城小区居住,公安民警向韦某了解情况时,韦某却瞒报行程轨迹信息,后被公安民警查实。
>
> 　　根据《数据安全法》第35条之规定,"公安机关、国家安全机关因依法维护国家安全或者侦查犯罪的需要调取数据,应当按照国家有关规定,经过严格的批准手续,依法进行,有关组织、个人应当予以配合",拟对违法行为人韦某处以罚款200元的处罚。《数据安全法》是我国首次从立法层面规定了国家机关的数据调取权和公民的配合调取义务。公民具有配合数据调取的义务,公民应当及时向公安机关和国家安全机关提供必要的工作支持与协助,降低国家机关的调查成本,以便国家安全工作的顺利进行。企业和个人拒不配合数据调取的,根据《数据安全法》第48条的规定,由有关主管部门责令改正,给予警告,并处5万元以上50万元以下罚款,对直接负责的主管人员和其他直接责任人员处1万元以上10万元以下罚款。

第四节　重要事项报告

一、制度背景与内容

　　《数据安全法》规定国家要建立集中统一、权威高效的数据安全风险报告机制,该法第29条规定:"开展数据处理活动应当加强风险监测,发现数据安全缺

---

[1] 阳公行罚决〔2022〕146号。

陷、漏洞等风险时,应当立即采取补救措施;发生数据安全事件时,应当立即采取处置措施,按照规定及时告知用户并向有关主管部门报告。"即重大的数据安全事件应当及时向有关的主管部门报告,从而使有关部门及时采取有效的处置措施,对数据安全事件进行评估,避免造成重大损失,并且可以从中汲取经验教训,制定数据安全规划和数据安全事件应急预案,增强处置重大数据安全事件的能力,更好地保障数据安全。

《数据安全法》第30条明确了重要数据处理者应当定期开展风险评估,并向有关部门报告,具体风险评估报告应当包括处理的重要数据的种类、数量,开展数据处理活动的情况,面临的数据安全风险及其应对措施等,各地方政府也制定了自己的数据条例,[1]确立重要数据要定期开展风险评估并向有关部门报告,形成了以"重要数据"为核心搭建的重要事项报告制度。

二、制度的实施要点

重要数据的识别是数据安全工作的重中之重,同时也体现了数据治理的分类等级管理和保护原则。[2]关于重要数据的范围,相关法律法规对其界定都是从原则性、普适性的角度出发,具体的执行标准比较模糊,《数据安全法》也没有进行详细规定。2021年8月16日,国家互联网信息办公室等部门联合发布的《汽车数据安全管理若干规定(试行)》第3条中明确了重要数据是指一旦遭到篡改、破坏、泄露或者非法获取、非法利用,可能危害国家安全、公共利益或者个人、组织合法权益的数据,包括:(1)军事管理区、国防科工单位以及县级以上党政机关等重要敏感区域的地理信息、人员流量、车辆流量等数据;(2)车辆流量、物流等反映经济运行情况的数据;(3)汽车充电网的运行数据;(4)包含人脸信息、车牌信息等的车外视频、图像数据;(5)涉及个人信息主体超过10万人

---

[1] 例如,《重庆市数据条例》第8条、《上海市数据条例》第81条、《四川省数据条例》第54条、《苏州市数据条例》第56条等。

[2] 参见宁宣凤、吴涵、蒋科:《中国数据保护路径解读》,载《数字经济》2021年第6期。

的个人信息;(6)国家网信部门和国务院发展改革、工业和信息化、公安、交通运输等有关部门确定的其他可能危害国家安全、公共利益或者个人、组织合法权益的数据。《数据安全法》也可以借鉴此种方式,根据数据在经济社会发展中的重要程度,以及一旦遭到篡改、破坏、泄露或者非法获取、非法利用,对国家安全、公共利益或者个人、组织合法权益造成的危害程度,制定重要数据目录,将重要数据的范围予以明确,避免范围宽泛导致滥用重要数据报告制度的情形。

第七章

数据跨境流动管理

数据跨境流动是数据安全监管面临的主要难题之一。在全球数字化转型加速推进的背景下，如何确保数据跨境流动中的安全问题成为各国监管部门的核心关切。本章介绍了中国数据跨境流动监管的主要内容，包括数据跨境流动监管制度背景与内容、数据出境合规要点、数据域外调取合规要点、对等应对歧视性措施、数据跨境流动管理的未来趋势等。当前实践中的数据跨境制度的关注重点集中在数据出境方面，从维护国家数据安全、促进数字经济发展的角度出发，中国逐步建立了数据跨境流动监管法律制度体系。数据出境的合规要点包括数据出境活动的界定、不同类型数据出境的合法路径、数据出境安全评估制度、个人信息跨境提供的合规问题，作为实践中数据出境的重要合规渠道，本章对数据出境安全评估制度进行了重点介绍。数据域外调取的合规要点主要涉及数据领域国际执法司法协作问题，其制度设置体现了中国监管部门对于境内主体向境外司法、执法机构合法合规提供数据的高度重视，同时也与我们面临的严峻国际环境形势息息相关。对等应对歧视性措施从法律层面对中国面对其他国家或地区在数据相关技术、投资跨境流动、交易时的不公正、不对等待遇时采取对应措施进行了规定，有助于营造友好、开放、公平的国际营商环境，也是国际社会治理的重要命题之一。最后，本章对数据跨境流动管理的未来趋势进行了展望。

第七章 数据跨境流动管理

第一节 制度背景与内容

数据跨境流动是数据安全监管面临的最主要难题,随着信息通信技术的发展,跨境数据的内容和规模在不断变化,数据与国家经济运行和国家安全的紧密程度也在不断加深。值得关注的是,严格意义上的数据跨境流动包括"数据出境"和"数据入境"两个方面,但二者对一国安全和利益的影响完全不同,因此,实践中各国主要关注重点和管理制度集中在数据出境方面。我国高度重视数据跨境流动问题,从维护国家数据安全、促进数字经济发展角度出发,立法机关和有关部门先后出台多部法律法规、部门规章和管理规定,逐步建立了我国数据跨境流动监管法律制度体系。

2016年《网络安全法》首次以国家法律形式明确了我国数据跨境流动的基本管理要求,即"关键信息基础设施的运营者在中华人民共和国境内运营中收集和产生的个人信息和重要数据应当在境内存储。因业务需要,确需向境外提供的,应当按照国家网信部门会同国务院有关部门制定的办法进行安全评估;法律、行政法规另有规定的,依照其规定"。[1]2021年6月通过的《数据安全法》在《网络安全法》的基础上针对重要数据的跨境流动管理进行了补充和完善,进一步规定"其他数据处理者在中华人民共和国境内运营中收集和产生的重要数据的出境安全管理办法,由国家网信部门会同国务院有关部门制定"。[2]与此同时,《数据安全法》对与维护国家安全和利益、履行国际义务相关的属于管制物项的数据依法实施出口管制,还规定了向境外执法司法机构提供数据的监管要求。2021年8月通过的《个人信息保护法》则专章规定了"个人信息跨境提供的规则",针对个人信息跨境提供规定了4种可供选择的合法场景,以满足保

---

[1]《网络安全法》第37条。
[2]《数据安全法》第31条。

障个人信息权益和适应国际经贸往来的现实需要。[1]

因此,从目前中国数据跨境管理的整体框架来看,以《网络安全法》《数据安全法》《个人信息保护法》为核心构建了跨境数据流动监管的顶层设计,以《数据出境安全评估办法》《个人信息出境标准合同办法》《个人信息保护认证实施规则》《促进和规范数据跨境流动规定》为具体路径,并与特定行业、特定地区的相关规定一同明确了数据跨境流动的相关要求。

在特定行业或领域层面,《保守国家秘密法》确立了禁止国家秘密载体出境的情况,《保守国家秘密法》(2024年修订)第57条第1款第4项规定:寄递、托运国家秘密载体出境,或者未经有关主管部门批准,携带、传递国家秘密载体出境的;第62条规定:违反本法规定,构成犯罪的,依法追究刑事责任。因此,如果"寄递、托运国家秘密载体出境,或者未经有关主管部门批准,携带、传递国家秘密载体出境的"构成犯罪的,需要依法追究刑事责任。[2]《征信业管理条例》规定,征信机构对在中国境内采集的信息的整理、保存和加工,应当在中国境内进行;[3]《地图管理条例》规定互联网地图服务单位应当将存放地图数据的服务器设在中华人民共和国境内,并制定互联网地图数据安全管理制度和保障措施;[4]《汽车数据安全管理若干规定(试行)》要求重要数据应当依法在境内存储,因业务需要确需向境外提供的,应当通过国家网信部门会同国务院有关部门组织的安全评估。[5]此外,中国人民银行对个人金融信息数据、[6]国家卫健委对涉及人口健康信息数据[7]以及原国家新闻出版广电总局、工业和信息化部对网络出版[8]等都要求在中国境内存储。

---

[1] 参见于晓洋、何波:《我国〈个人信息保护法〉立法背景与制度详解》,载《大数据》2022年第2期。
[2] 《保守国家秘密法》第57条。
[3] 《征信业管理条例》第24条第1款。
[4] 《地图管理条例》第34条第1款。
[5] 《汽车数据安全管理若干规定(试行)》第11条。
[6] 参见《关于银行业金融机构做好个人金融信息保护工作的通知》(银发〔2011〕17号)。
[7] 参见《人口健康信息管理办法(试行)》(国卫规划发〔2014〕24号)。
[8] 参见《网络出版服务管理规定》第8条。

在特定地区层面，2023年8月13日发布的《国务院关于进一步优化外商投资环境加大吸引外商投资力度的意见》指出，要探索便利化的数据跨境流动安全管理机制，支持北京、天津、上海、粤港澳大湾区等地在实施数据出境安全评估、个人信息保护认证、个人信息出境标准合同备案等制度过程中，试点探索形成可自由流动的一般数据清单。2023年12月7日，国务院印发《全面对接国际高标准经贸规则推进中国（上海）自由贸易试验区高水平制度型开放总体方案》，提出在国家数据跨境传输安全管理制度框架下，允许金融机构向境外传输日常经营所需的数据，涉及金融数据出境的，监管部门可基于国家安全和审慎原则采取监管措施，同时保证重要数据和个人信息安全。2023年12月13日，国家互联网信息办公室与香港特别行政区政府创新科技及工业局先后签署了《关于促进粤港澳大湾区数据跨境流动的合作备忘录》《粤港澳大湾区（内地、香港特别行政区）个人信息跨境流动标准合同实施指引》，明确除被认定为重要数据的个人信息外，其他个人信息在广东九市与香港特别行政区之间的跨境流动都可以通过订立标准合同的方式进行，并减少了个人信息保护影响评估的内容，对标准合同的登记备案手续也予以简化，更为重要的是降低了对境外接收方的义务要求，极大地促进了数据跨境流动的趋势，给相关主体提供了更多操作的空间和便利。[1]

第二节　数据出境合规要点

从监管范围来看，《数据安全法》对于数据跨境问题的监管范围可以从两个方面理解，即关键信息基础设施和重要数据。一方面，强调关键信息基础设施的运营者在境内运营中收集和产生的个人信息和重要数据出境适用《网络安全

---

[1] 参见叶传星、闫文光：《论中国数据跨境制度的现状、问题与纾困路径》，载《北京航空航天大学学报（社会科学版）》2024年第1期。

法》的规定；另一方面，对于其他的重要数据的出境管理，授权国家网信部门会同有关部门制定出境安全管理办法，即 2022 年 7 月国家互联网信息办公室发布的《数据出境安全评估办法》。值得注意的是，我国法律体系一般也将个人信息跨境流动纳入数据跨境流动监管的范畴，例如，在《数据出境安全评估办法》中，数据处理者向境外提供数据需要向国家网信部门申报数据出境安全评估的情形中包含了向境外提供个人信息的情形。

自《网络安全法》《数据安全法》《个人信息保护法》实施以来，其规定的数据出境安全评估、个人信息保护认证、个人信息出境标准合同等相关配套政策措施也在不断完善，推动了中国数据跨境监管要求的落实实施。其中，《数据出境安全评估办法》的出台，对数据出境管理中最为重要的"安全评估"手段予以明确，实现了《网络安全法》《数据安全法》《个人信息保护法》等原则性立法的具体落地，是完善数据安全保护顶层制度设计的重要配套性规定，也为数据跨境流动提供了最为重要的合规指引。与此同时，《个人信息保护认证实施规则》于 2022 年 11 月通过，规定了对个人信息处理者开展个人信息收集、存储、使用、加工、传输、提供、公开、删除以及跨境等处理活动进行认证的基本原则和要求；《个人信息出境标准合同办法》也于 2023 年 2 月正式公布，提供了标准合同文本，明确了个人信息处理者的备案义务。2024 年 3 月 22 日，国家网信办发布了《促进和规范数据跨境流动规定》，对现有数据出境安全评估、个人信息出境标准合同、个人信息保护认证等数据出境制度的实施和衔接作出进一步明确，适当放宽了数据跨境流动条件，适度收窄了数据出境安全评估范围，在保障国家数据安全的前提下，便利数据跨境流动，降低企业合规成本，充分释放数据要素价值，扩大高水平对外开放，为数字经济的高质量发展提供法律保障。

2024 年 8 月 30 日，国务院第 40 次常务会议通过《网络数据安全管理条例》，在网络数据跨境安全管理部分对向境外提供个人信息的条件进行了总结，融合了《个人信息保护法》的三大数据跨境机制和《促进和规范数据跨境流动规定》中规定的豁免情形，明确了七种向境外提供个人信息的条件以及一项兜底条款。

一、数据出境活动界定

理解数据出境管理制度的前提是要明确什么是数据出境行为,从而判断是否需要遵守相关制度的要求。根据国家互联网信息办公室《数据出境安全评估办法》答记者问以及《数据出境安全评估申报指南(第二版)》,数据出境活动包括以下情形:(1)数据处理者将在境内运营中收集和产生的数据传输至境外;(2)数据处理者收集和产生的数据存储在境内,境外的机构、组织或者个人可以查询、调取、下载、导出;(3)符合《个人信息保护法》第3条第2款的情形。《个人信息保护法》第3条第2款规定:"在中华人民共和国境外处理中华人民共和国境内自然人个人信息的活动,有下列情形之一的,也适用本法:(一)以向境内自然人提供产品或者服务为目的;(二)分析、评估境内自然人的行为;(三)法律、行政法规规定的其他情形。"

二、不同类型数据出境路径

在制度实施过程中,要明确不同数据类型出境的合法路径及其适用范围,从而判断应当选取何种合适的数据出境路径。从现有规定和管理实践来看,数据出境合法路径包括数据出境安全评估、个人信息保护认证、国家网信部门制定的标准合同以及法律、行政法规或者国家网信部门规定的其他条件等多种渠道。原则上来说,上述几种数据出境路径及相关监管制度之间的关系是平行存在的,例如《个人信息保护法》第38条明确规定,个人信息处理者因业务等需要,确需向中华人民共和国境外提供个人信息的,应当满足规定条件之一[1]即可。但在具体监管实践中,其侧重点和适用范围有所不同。目前来看,随着《数据出境安全评估办法》的出台施行,安全评估已经成为最主要的出境合法渠道。

---

[1]《个人信息保护法》第38条。

从国家互联网信息办公室的表态来看,数据处理者向境外提供在中华人民共和国境内运营中收集和产生的重要数据以及满足一定条件的个人信息,应当按照《数据出境安全评估办法》《促进和规范数据跨境流动规定》进行数据出境安全评估。对于数据出境安全适用范围外的个人信息处理者的数据出境情形,可以通过个人信息保护认证或者签订国家网信部门制定的标准合同满足个人信息跨境提供条件,便利个人信息处理者依法开展数据出境活动。[1]

此外,根据有关法律和中华人民共和国缔结或者参加的国际条约、协定,或者按照平等互惠原则,处理外国司法或者执法机构关于提供数据的请求。非经中华人民共和国主管机关批准,境内的组织、个人信息处理者不得向外国司法或者执法机构提供存储于中华人民共和国境内的数据。[2]

三、数据出境安全评估制度

数据出境安全评估,是指数据处理者向境外提供数据时,通过所在地省级网信部门向国家网信部门申报,由国家网信部门组织有关部门机构就数据出境活动可能对国家安全、公共利益、个人或者组织合法权益等带来的风险进行评估,并作出是否允许跨境提供的一种数据出境路径。具体而言,可以从以下几个方面重点理解《数据出境安全评估办法》《促进和规范数据跨境流动规定》所构建的数据出境安全评估制度要求。

其一,需要明确适用数据安全评估的情形。虽然现有法律提供了多种数据出境的合法渠道,但是对于《促进和规范数据跨境流动规定》第3~6条规定情形以外的其他几种数据出境的情形,必须通过安全评估的方式进行:(1)关键信息基础设施运营者向境外提供个人信息或者重要数据;(2)关键信息基础设施运营者以外的数据处理者向境外提供重要数据,或者自当年1月1日起

---

[1] 参见《〈数据出境安全评估办法〉答记者问》,载国家互联网信息办公室,https://www.cac.gov.cn/2022-07/07/c_1658811536800962.htm。

[2] 参见《个人信息保护》第41条。

累计向境外提供 100 万人以上个人信息（不含敏感个人信息）或者 1 万人以上敏感个人信息。[1]从这里可以看出,数据安全评估的主体不仅限于重要数据处理者,还包括关键信息基础设施运营者以及达到一定数量的个人信息处理者。

其二,数据处理者在申报数据出境安全评估前,应当开展数据出境风险自评估,即事前评估。评估应当至少包括以下重点事项:(1)数据出境和境外接收方处理数据的目的、范围、方式等的合法性、正当性、必要性;(2)出境数据的规模、范围、种类、敏感程度,数据出境可能对国家安全、公共利益、个人或者组织合法权益带来的风险;(3)境外接收方承诺承担的责任义务,以及履行责任义务的管理和技术措施、能力等能否保障出境数据的安全;(4)数据出境中和出境后遭到篡改、破坏、泄露、丢失、转移或者被非法获取、非法利用等的风险,个人信息权益维护的渠道是否通畅等;(5)与境外接收方拟订立的数据出境相关合同或者其他具有法律效力的文件等（以下统称法律文件）是否充分约定了数据安全保护责任义务;(6)其他可能影响数据出境安全的事项。自评估之后形成《数据出境风险自评估报告》,该报告是数据出境安全评估申报材料的重要组成部分。该报告的模板可参见国家互联网信息办公室发布的《数据出境安全评估申报指南（第二版）》的附件材料。

其三,从数据出境安全评估申报的流程来看,数据处理者应当通过所在地省级网信办向国家网信办申报数据出境安全评估。《数据出境安全评估办法》自 2022 年 9 月 1 日起施行以来,北京、上海等多地网信部门设立了数据出境安全评估申报咨询电话。申报方式为通过数据出境申报系统提交申报材料,系统网址为 https://sjcj.cac.gov.cn。关键信息基础设施运营者或者其他不适合通过数据出境申报系统申报数据出境安全评估的,采用线下方式通过所在地省级网信办向国家网信办申报数据出境安全评估,申报方式为送达书面申报材料并附带材料电子版,书面申报材料需装订成册。省级网信办收到申报材料后,

---

[1] 参见《促进和规范数据跨境流动规定》第 7 条。

在 5 个工作日内完成申报材料的完备性查验。通过完备性查验的，省级网信办将申报材料上报国家网信办；未通过完备性查验的，数据处理者将收到申报退回通知。国家网信办自收到省级网信办上报申报材料之日起 7 个工作日内，确定是否受理并书面通知数据处理者。数据处理者如被告知补充或者更正申报材料，应当及时按照要求补充或者更正材料。无正当理由不补充或者更正申报材料的，安全评估将会终止。情况复杂的，数据处理者将被告知评估预计延长的时间。评估完成后，数据处理者将收到评估结果通知书。对评估结果无异议的，数据处理者须按照数据出境安全管理相关法律法规和评估结果通知书的有关要求，规范相关数据出境活动；对评估结果有异议的，数据处理者可以在收到评估结果通知书 15 个工作日内向国家网信办申请复评，复评结果为最终结论。

其四，要确保提交安全评估申报材料的完整性。根据《数据出境安全评估申报指南（第二版）》，应当提交以下材料：（1）统一社会信用代码证件影印件；（2）法定代表人身份证件影印件；（3）经办人身份证件影印件；（4）经办人授权委托书；（5）数据出境安全评估申报书；（6）与境外接收方拟订立的数据出境相关合同或者其他具有法律效力的文件；（7）数据出境风险自评估报告；（8）其他相关证明材料。

其五，应高度关注数据出境安全评估重点评估的内容，即数据出境活动是否给国家安全、公共利益、个人或者组织的合法权益带来风险。主要包括以下事项：（1）数据出境的目的、范围、方式等的合法性、正当性、必要性；（2）境外接收方所在国家或者地区的数据安全保护政策法规和网络安全环境对出境数据安全的影响；境外接收方的数据保护水平是否达到中华人民共和国法律、行政法规的规定和强制性国家标准的要求；（3）出境数据的规模、范围、种类、敏感程度，出境中和出境后遭到篡改、破坏、泄露、丢失、转移或者被非法获取、非法利用等的风险；（4）数据安全和个人信息权益是否能够得到充分有效保障；（5）数据处理者与境外接收方拟订立的法律文件中是否充分约定了数据安全保护责任义务；（6）遵守中国法律、行政法规、部门规章情况；（7）国家网信部门认为需要评估的其他事项。[1]

其六，需要关注数据处理者申报数据出境安全评估的时间。数据处理者应当在数据出境活动发生前申报并通过数据出境安全评估。实践中，数据处理者宜在与境外接收方签订数据出境相关合同或者法律文件前，申报数据出境安全评估。如果在签订法律文件后申报评估，建议在法律文件中注明此文件须在通过数据出境安全评估后生效，以避免可能因未通过评估而造成损失。

其七，企业申报数据出境安全评估的结果有三种情形：一是申报不予受理。对于不属于安全评估范围的，数据处理者接到国家网信部门不予受理的书面通知后，可以通过法律规定的其他合法途径开展数据出境活动。二是通过安全评估。数据处理者可以在收到通过评估的书面通知后，严格按照申报事项开展数据出境活动。三是未通过安全评估。未通过数据出境安全评估的，数据处理者不得开展所申报的数据出境活动。

其八，根据《促进和规范数据跨境流动规定》，通过数据出境安全评估的结果有效期为3年，自评估结果出具之日起计算。有效期届满，需要继续开展数据出境活动且未发生需要重新申报数据出境安全评估情形的，数据处理者可以在有效期届满前60个工作日内通过所在地省级网信部门向国家网信部门提出延长评估结果的有效期申请。经国家网信部门批准，可以延长评估结果有效期3年。

四、个人信息跨境提供的合规问题

除数据出境安全评估外，应当同时重点关注个人信息跨境提供的合规问题。

其一，向境外提供个人信息，必须满足一定的合法性基础。根据《个人信息保护法》的规定，个人信息处理者因业务等需要，确需向中华人民共和国境外提供个人信息的，应当具备下列条件之一：(1)依照《个人信息保护法》第40条的

---

[1] 参见《数据出境安全评估办法》第8条。

规定通过国家网信部门组织的安全评估;(2)按照国家网信部门的规定经专业机构进行个人信息保护认证;(3)按照国家网信部门制定的标准合同与境外接收方订立合同,约定双方的权利和义务;(4)法律、行政法规或者国家网信部门规定的其他条件。〔1〕以上4个条件,满足其一即可。对于"法律、行政法规或者国家网信部门规定的其他条件",通过《数据出境安全评估办法》《个人信息出境标准合同办法》《促进和规范数据跨境流动规定》等法规已经进行了更加细化的衔接规定。

其二,向境外提供个人信息的,应当确保境外接收方达到中国法律的保护标准。《个人信息保护法》规定,个人信息处理者应当采取必要措施,保障境外接收方处理个人信息的活动达到本法规定的个人信息保护标准。首先,个人信息处理者应当了解和掌握境外接收方的情况,特别是接收方是否具备必要的个人信息保护能力。其次,应当将中国法律对个人信息保护要求告知境外接收方,要求其采取相应保护措施,满足中国法律的要求。最后,可采取签订协议、核查等方式有效监督境外接收方切实履行个人信息保护义务。〔2〕

其三,应向个人告知并取得个人的单独同意。个人信息处理者向中华人民共和国境外提供个人信息的,应当向个人告知境外接收方的名称或者姓名、联系方式、处理目的、处理方式、个人信息的种类以及个人向境外接收方行使本法规定权利的方式和程序等事项,并取得个人的单独同意。〔3〕不过前述规定的单独同意,是基于同意而进行的个人信息处理情形。如果向境外提供个人信息是基于人力资源管理等其他合法性基础的,则不需要取得单独同意。

其四,向境外提供个人信息,还应当事前进行个人信息保护影响评估。重点评估向境外提供个人信息的必要性,以及能否保障境外接收方处理个人信息的活动达到中国《个人信息保护法》规定的个人信息保护标准。具体应当包括下列内容:"(一)个人信息的处理目的、处理方式等是否合法、正当、必要;

---

〔1〕《个人信息保护法》第38条。
〔2〕参见杨合庆主编:《中华人民共和国个人信息保护法释义》,法律出版社2022年版,第102~103页。
〔3〕《个人信息保护法》第39条。

(二)对个人权益的影响及安全风险;(三)所采取的保护措施是否合法、有效并与风险程度相适应。个人信息保护影响评估报告和处理情况记录应当至少保存三年。"[1]

其五,关于个人信息出境标准合同问题。按照国家网信部门制定的标准合同与境外接收方订立合同向境外提供个人信息是个人信息跨境提供的重要渠道,也是相比于安全评估对企业负担更小的方式。标准合同,是指由国家网信部门制定的,并由个人信息处理者与境外接收方订立的,约定双方的权利和义务的合同。《个人信息保护法》将标准合同规定为个人信息出境路径之一。《促进和规范数据跨境流动规定》第8条规定:"关键信息基础设施运营者以外的数据处理者自当年1月1日起累计向境外提供10万人以上、不满100万人个人信息(不含敏感个人信息)或者不满1万人敏感个人信息的,应当依法与境外接收方订立个人信息出境标准合同或者通过个人信息保护认证。属于本规定第三条、第四条、第五条、第六条规定情形的,从其规定。"2024年3月22日,国家网信办公布了《个人信息出境标准合同备案指南(第二版)》,对个人信息出境标准合同备案方式、备案流程、备案材料等具体要求进行了说明。

其六,关于个人信息保护认证问题。个人信息保护认证,是指经批准的专业机构按照国家网信部门的规定对个人信息处理者开展个人信息处理活动进行综合评价,作出认证决定并向个人信息处理者颁发认证标志的个人信息保护管理措施。该项制度是以认证认可为手段证明个人信息保护能力的一种方式。2022年11月,国家市场监督管理总局、国家互联网信息办公室发布《关于实施个人信息保护认证的公告》,决定实施个人信息保护认证,鼓励个人信息处理者通过认证方式提升个人信息保护能力,并发布了《个人信息保护认证实施规则》,明确个人信息处理者应当符合《信息安全技术 个人信息安全规范》(GB/T 35273)的要求,开展跨境处理活动的个人信息处理者,还应当符合《个人信息跨境处理活动安全认证规范》(TC260-PG-20222A)的要求,从认证依据、认证

---

[1]《个人信息保护法》第56条。

主体、认证模式、实施程序等方面构建了基本的认证实施框架,但目前暂未量化适用范围,实践中一般认为,可以参考标准合同的适用情形执行。

第三节 数据域外调取合规要点

除企业基于其业务自身需要主动向境外提供数据之外,《数据安全法》第36条针对可能的域外法律适用所导致的冲突管辖及其所涉及的跨境证据调取问题,提出了相应的法律规范要求。《数据安全法》针对境外机构调取境内数据的规定是适应当前形势发展的需要,其制度设置体现了中国监管部门对于境内主体向境外司法、执法机构合法合规提供数据的高度重视,同时也与我们面临的严峻国际环境形势息息相关。一方面,《数据安全法》明确了中国司法、执法国际合作的基本原则,即由中华人民共和国主管机关根据有关法律和中华人民共和国缔结或者参加的国际条约、协定,或者按照平等互惠原则,处理外国司法或者执法机构关于提供数据的请求;另一方面,《数据安全法》明确了处理域外数据调取的基本要求,即非经中华人民共和国主管机关批准,境内的组织、个人不得向外国司法或者执法机构提供存储于中华人民共和国境内的数据。

值得注意的是,国内相关法律法规已针对特定场景下的"域外数据调取"作了类似规定,例如,《国际刑事司法协助法》第4条第3款规定:非经中华人民共和国主管机关同意,外国机构、组织和个人不得在中华人民共和国境内进行本法规定的刑事诉讼活动,中华人民共和国境内的机构、组织和个人不得向外国提供证据材料和本法规定的协助。又如,《证券法》第177条第2款规定:境外证券监督管理机构不得在中华人民共和国境内直接进行调查取证等活动。未经国务院证券监督管理机构和国务院有关主管部门同意,任何单位和个人不得擅自向境外提供与证券业务活动有关的文件和资料。再如,《工业和信息化领域数据安全管理办法(试行)》第21条第2款规定:工业和信息化部根据有关法律和中华人民共和国缔结或者参加的国际条约、协定，或者按照平等互惠原则，处理外国工业、电信、无线电执法机构关于提供工业和信息化领域数据的请求。非经工业和信息化部批准，工业和信息化领域数据处理者不得向外国工业、电信、无线电执法机构提供存储于中华人民共和国境内的工业和信息化领域数据。与此同时，《个人信息保护法》也对向境外执法或者司法机构获取存储于境内个人信息作了类似规定，明确："中华人民共和国主管机关根据有关法律和中华人民共和国缔结或者参加的国际条约、协定，或者按照平等互惠原则，处理外国司法或者执法机构关于提供存储于境内个人信息的请求。非经中华人民共和国主管机关批准，个人信息处理者不得向外国司法或者执法机构提供存储于中华人民共和国境内的个人信息。"[1]

结合《数据安全法》《国际刑事司法协助法》《证券法》《个人信息保护法》等法律规定，可以作如下理解：对于域外数据调取需求，首先，由有关主管机关根据有关法律和中国缔结或者参加的国际条约、协定予以处理。其次，根据不同请求的类型分别予以处理。一是对于外国提出的刑事司法协助的请求，应当依照刑事司法协助条约的规定提出请求书，没有条约或者条约没有规定的，应当在请求书中载明有关事项并附相关材料，请求应当向中国对外联系机关提出，对外联系机关在收到外国的请求后应当依法进行审查，符合要求的转送有关机关处理。二是对于民事诉讼方面的请求，应当依照中国缔结或者参加的国际条约、协定所规定的途径进行，没有条约关系的通过外交途径进行。三是对于有关行政执法方面的请求，目前在反洗钱、税收方面有相关的国际条约、协定，在证券监管等领域中国与有关国家签订了行政执法合作方面的协议。最后，无论是国际司法协助，还是国际行政执法协助，依照中国法律和有关国际条约、协定，均应通过有关主管机关进行。[2]

与此同时，针对各方高度关注的涉诉数据信息跨境调取规则，中国司法部

---

[1]《个人信息保护法》第41条。
[2] 参见杨合庆主编：《中华人民共和国个人信息保护法释义》，法律出版社2022年版，第107~108页。

于 2022 年 6 月在《国际民商事司法协助常见问题解答》中对相关问题进行了解答,明确中国与外国根据《海牙送达公约》《海牙取证公约》以及目前缔结的 38 项中外双边司法协助条约(以下统称条约)规定途径,以及外交途径开展民商事司法协助。其中,在关于调查取证方面,司法部重点解答了以下问题,应在合规中重点予以关注。[1]

1. 外国司法机关或司法人员如何调取位于中国境内的证据材料:应根据条约规定途径,由外国具有提出取证请求资格的司法机关或个人向司法部提出调查取证请求。与中国未缔结相关条约的,应向外交部提出请求。请求经审批后由人民法院执行,结果由请求接收部门答复请求方。

2. 外国司法机关或个人能否直接询问(包括通过电话、视频等技术手段)位于中国境内的证人:不能。中国在加入《海牙取证公约》时已对公约第二章除第 15 条之外全部作出保留,不允许外国司法机关直接向位于中国境内的证人取证。外国相关机构应通过条约规定途径向司法部,或通过外交途径向外交部提出取证请求,请求经审批后由人民法院执行。

3. 外国司法机关或相关人员能否委托中国境内的律师或其他机构询问证人或其他人员,或调取位于中国境内的材料,并将结果用于外国法院的诉讼:根据中国《民事诉讼法》,取证由人民法院或者经人民法院批准后由律师进行,其他任何机构或个人不得在中国境内进行取证。

4. 中国境内当事人出于自愿能否直接向外国司法机关或司法人员提交位于境内的证据材料:位于境内的相关材料如需出境,应符合《民事诉讼法》《数据安全法》《个人信息保护法》的相关规定。

5. 数据信息出境应通过哪些部门审批:根据《数据安全法》《个人信息保护法》,数据信息确需向境外提供的,应当通过国家网信部门组织的安全评估、认证后方可向境外提交。涉及国际司法协助的,非经中华人民共和国主管机关批准,境内的组织、个人不得向外国司法或者执法机构提供存储于中华人民共和

---

[1] 参见《国际民商事司法协助常见问题解答》,载司法部官网,http://www.moj.gov.cn/pub/sfbgw/jgsz/jgszzsdw/zsdwsfxzjlzx/sfxzjlzxxwdt/202206/t20220624_458335.html。

国境内的数据或个人信息。在条约规定框架下，由人民法院调取的证据材料等数据信息经最高人民法院审核后，由司法部转交外国请求方。

第四节 对等应对歧视性措施

一、制度背景与内容

（一）对等反歧视的概念

对等反歧视原则是国际投资与贸易领域的对等原则在数据跨境流动领域的确立和落实，强调国家与国家之间或国家与地区之间数据跨境流动需要对等、公平。具体表现为：当中国数据向其他国家或地区流动时，如其他国家或地区在数据及与数据开发、使用等处理技术相关的投资、贸易层面对中国采取歧视性的禁止、限制或其他类似不公平、不对等的措施的，那么中国有权根据实际情况，对该国家或地区采取相应的措施。[1]

（二）对等反歧视的意义

从微观层面来说，跨境流动的对等反歧视制度纳入数据安全相关立法中，从法律层面对中国面对其他国家或地区在数据及数据相关技术、投资跨境流动、交易时的不公正、不对等待遇时采取对应措施进行了赋权，增强了中国数据领域的域外保护权和管辖权；就中观层面而言，能够直接保障中国数据及相关投资在其他国家和地区能公平参与市场竞争，从实质公平和形式公平的视角维护了中国应有权益；从宏观层面出发，有助于营造友好、开放、公平的国际营商环境。

---

[1] 参见龙卫球主编：《中华人民共和国数据安全法释义》，中国法制出版社2021年版。

二、合规要点

（一）数据保护标准对等

这是从维护数据安全的视角出发提出的合规要求，基于当前世界各国家和地区围绕数据安全保护所确立的标准和订立的制度内容有所区别的现实情况，随之产生的数据保护标准也有所差别。当流向的国家或地区的数据保护标准较低时，那么数据及相关信息必然会因标准的降低而诱发隐私泄露和安全风险。这也是国际层面对数据安全保护的普遍认识，例如欧盟建立的白名单制度，经合组织（OECD）签订的隐私保护合作框架；日本针对欧盟 GDPR 特别制定了补充协议，实现了二者间数据保护的互认，促进了数据流通和相应技术、投资的落地发展。

（二）数据跨境执法权力对等

数据跨境执法权力的对等是战略合作互信的直接基础，也是中国实现域外数据保护、数据及相关投资权利维护的直接保障。具体在法条之中，《数据安全法》仅在第 36 条规定了经外国司法或执法机构的请求，中国主管机关有权按照中国相关法律规定、平等互惠原则及缔结或参加的国际条约或协定等处理。

第五节 数据跨境流动管理的未来趋势

数字经济时代，作为第五类生产要素，数据的跨境流通是各国常见的交流方式，[1]对数据的安全审查也是国际社会治理的重要命题之一。[2]但是，对于数

---

〔1〕 参见赵精武：《论数据出境评估、合同与认证规则的体系化》，载《行政法学研究》2023 年第 1 期。
〔2〕 参见张凌寒：《论数据出境安全评估的法律性质与救济路径》，载《行政法学研究》2023 年第 1 期。

据跨境流动加以严格的管制措施,也会对国际交往造成一定的影响,特别是对中国的跨国企业和有着较多出海业务的国内企业而言,严格的数据出境规范要求为日常经营带来了一定的合规压力。

2024年2月3日,上海市发布《上海市落实〈全面对接国际高标准经贸规则推进中国(上海)自由贸易试验区高水平制度型开放总体方案〉的实施方案》,共提出117项措施,目标是:用3年时间率先在上海自贸试验区规划范围内构建与国际高标准经贸规则相衔接的制度体系和监管模式,贸易投资便利化水平达到国际一流水平。《上海市落实〈全面对接国际高标准经贸规则推进中国(上海)自由贸易试验区高水平制度型开放总体方案〉的实施方案》提出,在国家数据跨境传输安全管理制度框架下,金融机构可以向境外传输日常经营所需的数据。金融机构开展数据出境工作,应按照数据分类分级管理及数据安全工作要求,开展数据出境安全评估、个人信息保护认证和个人信息出境标准合同备案,保证重要数据和个人信息的安全。同时,进一步提出在国家数据安全管理制度框架下,企业和个人因业务需要可以向境外提供数据;上海自贸试验区管委会、临港新片区管委会按照数据分类分级保护制度,根据区内实际需求率先制定重要数据目录。通过加强相关行业出境数据分类指导、发布示范场景、在临港新片区建立数据跨境服务中心等,便利数据处理者开展数据出境自评等数据出境安全合规工作。提出在确保数据安全的前提下,中国(上海)国际贸易"单一窗口"加快建设跨境数据交换系统,采用国际公认标准及可获得的开放标准,加强系统兼容性和交互操作性。

2024年3月22日,国家网信办发布了《促进和规范数据跨境流动规定》,在数据出境安全评估、个人信息标准合同、个人信息保护认证的适用条件、内容等方面做了较多调整或豁免,将极大地有利于数据跨境流动的开展。具体而言,包括如下内容。

1. 明确重要数据出境安全评估申报标准,未被相关部门、地区告知或者公开发布为重要数据的,数据处理者不需要作为重要数据申报数据出境安全评估。

2. 明确免予申报数据出境安全评估、订立个人信息出境标准合同、通过个人信息保护认证的数据出境活动条件,包括:(1)为订立、履行个人作为一方当事人的合同,如跨境购物、跨境寄递、跨境汇款、跨境支付、跨境开户、机票酒店预订、签证办理、考试服务等,确需向境外提供个人信息的;(2)按照依法制定的劳动规章制度和依法签订的集体合同实施跨境人力资源管理,确需向境外提供员工个人信息的;(3)紧急情况下为保护自然人的生命健康和财产安全,确需向境外提供个人信息的;(4)关键信息基础设施运营者以外的数据处理者自当年1月1日起累计向境外提供不满10万人个人信息(不含敏感个人信息)的。

3. 设立自由贸易试验区负面清单制度。自由贸易试验区在国家数据分类分级保护制度框架下,可以自行制定区内需要纳入数据出境安全评估、个人信息出境标准合同、个人信息保护认证管理范围的数据清单(以下简称负面清单),经省级网络安全和信息化委员会批准后,报国家网信部门、国家数据管理部门备案。自由贸易试验区内数据处理者向境外提供负面清单外的数据,可以免予申报数据出境安全评估、订立个人信息出境标准合同、通过个人信息保护认证。

4. 调整应当申报数据出境安全评估、订立个人信息出境标准合同、通过个人信息保护认证的数据出境活动条件,包括:(1)数据处理者向境外提供数据,符合下列条件之一的,应当通过所在地省级网信部门向国家网信部门申报数据出境安全评估:①关键信息基础设施运营者向境外提供个人信息或者重要数据;②关键信息基础设施运营者以外的数据处理者向境外提供重要数据,或者自当年1月1日起累计向境外提供100万人以上个人信息(不含敏感个人信息)或者1万人以上敏感个人信息。属于《促进和规范数据跨境流动规定》第3条、第4条、第5条、第6条规定情形的,从其规定。(2)关键信息基础设施运营者以外的数据处理者自当年1月1日起累计向境外提供10万人以上、不满100万人个人信息(不含敏感个人信息)或者不满1万人敏感个人信息的,应当依法与境外接收方订立个人信息出境标准合同或者通过个人信息保护认证。属于《促进和规范数据跨境流动规定》第3条、第4条、第5条、第6条规定情形的,从其规定。

5. 延长数据出境安全评估结果有效期，增加数据处理者可以申请延长评估结果有效期的规定。通过数据出境安全评估的结果有效期为3年，自评估结果出具之日起计算。有效期届满，需要继续开展数据出境活动且未发生需要重新申报数据出境安全评估情形的，数据处理者可以在有效期届满前60个工作日内通过所在地省级网信部门向国家网信部门提出延长评估结果有效期申请。经国家网信部门批准，可以延长评估结果有效期3年。

6. 优化了申报材料的要求，建立了相关系统工具。发布了《数据出境安全评估申报指南（第二版）》《个人信息出境标准合同备案指南（第二版）》，对相关的自评估模板文件进行了优化，例如取消经办人授权委托书、承诺书等文件必须提交原件；优化数据安全评估申报表的结构、提供更为详细的指引。此外，本次发布的一大亮点是为便捷数据出境申报提供了专门的网站 https://sjcj.cac.gov.cn，提高了申报、备案程序的数字化、信息化程度，能够支持数据处理者申报数据出境安全评估和个人信息出境标准合同备案，且个人信息保护认证相关功能正在建设中，数据出境申报朝着自动化、智能化、一体化的方向发展。

2024年8月30日，国务院第40次常务会议通过了《网络数据安全管理条例》，自2025年1月1日起施行，其第35条对网络数据处理者向境外提供个人信息的条件进行了总结规定，进一步确认和融合了《促进和规范数据跨境流动规定》的内容，即网络数据处理者可以向境外提供个人信息：(1)通过国家网信部门组织的数据出境安全评估；(2)按照国家网信部门的规定经专业机构进行个人信息保护认证；(3)符合国家网信部门制定的关于个人信息出境标准合同的规定；(4)为订立、履行个人作为一方当事人的合同，确需向境外提供个人信息；(5)按照依法制定的劳动规章制度和依法签订的集体合同实施跨境人力资源管理，确需向境外提供员工个人信息；(6)为履行法定职责或者法定义务，确需向境外提供个人信息；(7)紧急情况下为保护自然人的生命健康和财产安全，确需向境外提供个人信息；(8)法律、行政法规或者国家网信部门规定的其他条件。

总体而言，中国数据跨境流动管理制度正在不断发展完善，使发展利益与安全利益达成新的平衡，并更侧重于发展利益。可以预见中国数据跨境流动管理制度未来将会不断调整优化，以更好赋能中国的国际交流与合作。

> **案例阅读** 特斯拉车内摄像头监测车主案[1]
>
> 2021年3月，马斯克承认特斯拉车内的摄像头可以监测车主，特斯拉数据存储于海外服务器，可能导致国家安全信息、地理信息等关键敏感数据泄露。5月25日晚，特斯拉官方微博发布消息称：已经在中国建立数据中心，以实现数据存储本地化，并将陆续增加更多本地数据中心。所有在中国市场销售车辆所产生的数据，都将存储在境内。同时，特斯拉表示，将向车主开放车辆信息查询平台。
>
> 《数据安全法》第31条规定"关键信息基础设施的运营者在中华人民共和国境内运营中收集和产生的重要数据的出境安全管理，适用《中华人民共和国网络安全法》的规定"。特斯拉作为新能源汽车品牌，其在处理交通领域的相关数据时，鉴于所涉行业的公共利益特殊性以及数据处理体量，存在被界定为关键信息基础设施运营者的可能。而如若其在开发利用中华人民共和国境内运营收集和产生的重要数据过程中，擅自向境外提供重要数据，则很有可能面临《数据安全法》第46条第1款所规定的责令改正、警告、暂停相关业务、停业整顿、吊销许可证以及罚款等行政处罚措施。

---

[1]《2021—2023年因违反〈数据安全法〉被罚的28个案件梳理》，载微信公众号"数据合规集成台"2024年6月10日，https://mp.weixin.qq.com/s/nsUZzLM6pb9vDo8MOwis7Q。

第八章

政务数据安全与开放

本章介绍了政务数据安全与开放的相关规定，包括公共数据与政务数据、国家机关数据安全保护义务、政务数据开发利用、政务数据开放、政务数据共享等。目前国家尚未在法律层面对公共数据与政务数据进行清晰的界定，但在地方性立法中进行了探索和尝试。国家机关完整履行数据安全保护义务是维护政务数据安全的重要环节，政务数据开发利用是充分发挥政务数据价值、推进电子政务和数字政府建设的应有之义。政务数据开放是政务信息公开的高级阶段，有利于提高政府执政的权威性、科学化、智能化水平。政务数据共享是推进政务数据开发利用的重要方式和必经途径，目前中国政务数据共享阶段性成果显著。

第一节　公共数据与政务数据

为适应电子政务发展的需要，提升政府决策、管理、服务的科学性和效率，《数据安全法》在立法过程中明确了政务数据的安全管理制度和开放利用规则，并大力推进政务数据资源开放和开发利用。《数据安全法》首次在法律层面使用了"政务数据"的概念表述，而在相关行政法规、地方性法规和政策文件中，也经常使用另外一个相似的概念，即"公共数据"。在不同的文件和场景中，二者的概念经常被混同或者同时使用，但从二者的内涵和外延来看，政务数据和公共数据既彼此联系，也存在区别。

一、公共数据和政务数据的概念

目前包括《数据安全法》在内的法律层面，并未对政务数据和公共数据的定义进行界定，但在诸多地方数据立法的探索中，分别对政务数据和公共数据的概念界定作了一些尝试。例如，《深圳经济特区数据条例》规定，公共数据，是指公共管理和服务机构在依法履行公共管理职责或者提供公共服务过程中产生、处理的数据；[1]又如，《上海市数据条例》规定：公共数据，是指本市国家机关、事业单位，经依法授权具有管理公共事务职能的组织，以及供水、供电、供气、公共交通等提供公共服务的组织（以下统称公共管理和服务机构），在履行公共管理和服务职责过程中收集和产生的数据。[2]

关于政务数据的界定，在一定程度上参考了国务院 2016 年《政务信息资源共享管理暂行办法》中对"政务信息资源"的界定方式，内容为："政务信息资

---

[1] 参见《深圳经济特区数据条例》第 2 条第 5 项。
[2] 参见《上海市数据条例》第 2 条第 4 项。

源,是指政务部门在履行职责过程中制作或获取的,以一定形式记录、保存的文件、资料、图表和数据等各类信息资源,包括政务部门直接或通过第三方依法采集的、依法授权管理的和因履行职责需要依托政务信息系统形成的信息资源等。"[1]从定义方式来看,政务数据是按照数据主体、数据来源等要素进行划分形成的一类重要数据。其中,政务数据的数据主体为"政务部门",一般是指"政府部门及法律、法规授权具有管理公共事务职能的组织",即形式意义上的行政主体,而政务数据的来源则是"政务部门履行职责过程中"形成的。例如,《安徽省政务数据资源管理办法》规定,"本办法所称政务数据,是指政府部门及法律、法规授权具有行政职能的组织(以下称政务部门)在履行职责过程中制作或者获取的,以电子或者非电子形式记录、保存的文字、数字、图表、图像、音频、视频等,包括政务部门直接或者通过第三方依法采集的、依法授权管理的和因履行职责需要依托政务信息系统形成的数据等",[2]在一定程度上借鉴参考了《政务信息资源共享管理暂行办法》中对政务信息资源的定义。又如,《南京市政务数据管理暂行办法》第3条规定:"本办法所称政务数据,是指本市各级行政机关、事业单位、社会团体或者其他依法经授权、受委托的具有公共管理职能的组织(以下称政务部门),在履行职责过程中产生或者获取的具有原始性、可机器读取、可供社会化再利用的各类数据。"[3]

二、政务数据和公共数据的关系

"政务数据"一般是指政府部门及法律、法规授权具有行政职能的组织在依法履职过程中收集和产生的数据,既可能具备公共属性,也可能不具备公共属性;而"公共数据"通常是指政府部门及法律、法规授权具有行政职能的组织在依法履职或提供公共服务过程中收集和产生的具备公共属性的数据。

---

[1]《政务信息资源共享管理暂行办法》第2条第1款。
[2]《安徽省政务数据资源管理办法》第2条第2款。
[3]《南京市政务数据管理暂行办法》第3条。

二者的区别在于：第一，不具备公共属性的政务数据不在公共数据的范畴之内。第二，政府部门及法律、法规授权具有行政职能的组织在提供公共服务过程中收集和产生的数据，不一定与政务相关，因此部分公共数据不在政务数据的范畴之内。第三，二者的收集、产生主体存在同一性，也可能导致数据存在交叉。例如，国家电网系法律、法规授权具有行政职能的企业，其在电力资源调配、管理的过程中收集和产生的数据属于政务数据，但其在向公众提供公共服务的过程中产生的数据，可能属于公共数据，但不属于政务数据。第四，在不同场景下，数据性质可能出现转换。例如，国务院办公厅在采购办公用品时产生的交易有关数据，对于国务院办公厅而言不属于政务数据，但对于有关的国有资产管理部门而言属于政务数据。与此同时，随着数字经济发展和数字政府建设的加速推进，公共数据范围扩大的趋势日益明显，而扩张后的公共数据主体可能将不再仅限于政务部门、公用事业单位等，相关社会组织、人民团体、企业等只要涉及提供公共服务或公共管理性质，都有可能成为公共数据主体。[1]

但政务数据与公共数据也是密切联系的，甚至有地方立法将政务数据界定为公共数据的一部分。例如，《重庆市数据条例》将政务数据和公共服务数据统称为公共数据，其中政务数据是指国家机关和法律、法规授权的具有管理公共事务职能的组织为履行法定职责收集、制作的数据；公共服务数据是指医疗、教育、供水、供电、供气、通信、文旅、体育、环境保护、交通运输等公共企业事业单位在提供公共服务过程中收集、制作的涉及公共利益的数据。[2]

第二节　国家机关数据安全保护义务

政务数据涵盖医疗健康、社会保障、生态环保、信用体系、安全生产等关键

---

〔1〕 参见石文臻：《什么是"公共数据"：从政务数据到公共数据》，载微信公众号"清华大学智能法治研究院"2022 年 1 月 26 日，https://mp.weixin.qq.com/s/8imVRnDc8y3vCFO2jkExlg。

〔2〕 参见《重庆市数据条例》第 3 条。

领域,是中国数字政府体系框架的核心组成部分,事关国家安全和发展利益,在调节经济运行、改进政务服务、优化营商环境、支撑疫情防控等方面发挥着日益重要的作用。随着数字政府建设的加快推进,政务部门自身掌握了大量政务数据,在进一步提升政务数据体量和质量的同时,也带来了数据合规、数据保密、数据共享等层面的安全风险,中国政务数据安全保障能力亟须强化。鉴于此,《数据安全法》对国家机关保护数据安全义务作了规定,明确了国家机关收集、使用数据的基本原则,建立数据安全管理制度,以及委托他人处理数据的管理要求。

一、国家机关收集、使用数据的基本原则

《数据安全法》第38条规定了国家机关收集、使用数据的基本原则,明确提出"国家机关为履行法定职责的需要收集、使用数据,应当在其履行法定职责的范围内依照法律、行政法规规定的条件和程序进行",对政务数据收集主体、收集范围、收集程序进行了概括性规定。这是中国首次在法律层面对政务数据的收集和使用行为进行规定。

对于第38条的具体内容,应重点把握以下几点内容:第一,本条的适用对象是国家机关。"国家机关"包括行政机关、司法机关、监察机关、立法机关等,这些机关收集和使用数据的行为均受到本条调整。与此同时,《数据安全法》第43条表明,该法不仅适用于国家机关处理的政务数据,也适用于其他履行公共事务管理职能的主体,如部分国有企事业单位、社会组织,可能会处理涉及公共事务的相关数据。[1]第二,本条规范的是国家机关的数据收集和数据使用行为,即不仅在数据收集环节需要依法依规,而且在使用环节也需要按照法律规定的要求进行。第三,国家机关为履行法定职责的需要收集、使用数据的程

---

[1]《数据安全法》第43条规定,法律、法规授权的具有管理公共事务职能的组织为履行法定职责开展数据处理活动,适用本章规定。

序和实体要求，国家机关必须在其履行法定职责的范围内依照法律、行政法规规定的条件和程序进行。第四，国家机关为履行法定职责的需要收集、使用数据过程中的保密要求。国家机关对在履行职责中知悉的个人隐私、个人信息、商业秘密、保密商务信息等数据应当依法予以保密，不得泄露或者非法向他人提供。

二、建立数据安全管理制度

大数据时代背景下，政务数据安全已经成为事关国家安全与经济社会发展的重大问题，《数据安全法》第39条要求国家机关应当建立健全数据安全管理制度，规定："国家机关应当依照法律、行政法规的规定，建立健全数据安全管理制度，落实数据安全保护责任，保障政务数据安全。"对于本条的具体内容，应当重点理解以下几个方面：第一，本条的适用对象非常明确，是国家机关。与此同时，《数据安全法》第43条规定："法律、法规授权的具有管理公共事务职能的组织为履行法定职责开展数据处理活动，适用本章规定。"因此其也需要履行第39条规定的相关要求。第二，建立健全数据安全管理制度，依据是法律、行政法规的规定，不限于《数据安全法》的要求，还包括《网络安全法》《关键信息基础设施安全保护条例》等与数据安全相关的法律规定。第三，落实数据安全保护责任，意味着保障政务数据安全的责任主体是国家机关，通过本条之规定，将进一步落实权责一致的行政理念。

三、委托他人建设、处理

在实践中，国家机关基于建设成本和效率等因素考虑，普遍存在委托他人设计、维护电子政务系统，存储、加工政务数据等情形。但国家机关在委托他人建设、维护电子政务系统，存储、加工政务数据时，承担着巨大的合规义务和安全风险，应对委托行为进行数据安全影响评估，确保受委托方具备足够的数据安全保护能力,提供充分的安全保护水平。对此,《数据安全法》第40条明确规定:"国家机关委托他人建设、维护电子政务系统,存储、加工政务数据,应当经过严格的批准程序,并应当监督受托方履行相应的数据安全保护义务。受托方应当依照法律、法规的规定和合同约定履行数据安全保护义务,不得擅自留存、使用、泄露或者向他人提供政务数据。"具体可以从受委托方选择、委托方管理两个方面进行理解。一方面,在受委托方选择上,国家机关应当按照政府采购的要求和流程,选择具备相应安全保护能力、各项资质齐全的企业承担各项工作。另一方面,确定受委托方后,通过合同、协议等方式加强对受委托方的管理:一是要明确限制受委托方的数据处理活动,应当在委托合同中明确限制数据处理的范围,建议详细、具体地列明数据的类型、数据主体的类型和数据处理的目的等;二是要明确要求受委托方遵守数据处理的安全要求和技术措施,建议在委托处理合同中应列明具体的数据安全措施,确保数据处理系统和服务的保密性、完整性、有效性等;三是约定删除、销毁或归还数据条款,在委托处理完成后,要求受委托方删除、销毁或归还有关数据;四是数据保密和安全责任。国家机关委托进行数据处理时,还应制定保密条款,约定受委托方及其员工应当对处理的数据保密,同时制定责任条款,约定双方的权利义务关系、安全责任边界、免责情况或赔偿责任等。[1]

第三节 政务数据开发利用

大数据是国家基础性和战略性资源,数据已经成为社会经济发展的新型生产要素,而政府部门作为数据生产、收集、使用、发布和监管者,掌握着大量的政务数据资源。2015年国务院发布的《促进大数据发展行动纲要》对政务数据

---

[1] 参见中国网络安全产业联盟数据安全工作委员会:《数据安全法实施参考》(第1版),2022年4月,第262~264页。

开发利用作了顶层设计，提出要大力推动政府部门数据共享，稳步推动公共数据资源开放，统筹规划大数据基础设施建设，支持宏观调控科学化，推动政府治理精准化，推进商事服务便捷化，加快民生服务普惠化。此后，"十四五"规划、《国务院关于加强数字政府建设的指导意见》等政策文件对政务数据开发利用作了进一步规定。《国务院关于加强数字政府建设的指导意见》明确提出坚持数据赋能，建立健全数据治理制度和标准体系，加强数据汇聚融合、共享开放和开发利用，促进数据依法有序流动，充分发挥数据的基础资源作用和创新引擎作用，提高政府决策科学化水平和管理服务效率，催生经济社会发展新动能。

《数据安全法》肯定了近年来中国电子政务和数字政府建设取得的显著成效和积极作用，进一步明确了政务数据应用的目标和要求，规定："国家大力推进电子政务建设，提高政务数据的科学性、准确性、时效性，提升运用数据服务经济社会发展的能力。"[1]《数据安全法》提出了政务数据开发利用的三个具体标准，即科学性、准确性和时效性。科学性主要强调政务数据收集、处理、分析、应用各环节的科学性，强调以科学方法和专业手段加强政务数据开发；准确性主要强调政务数据不仅应当真实，同时应当准确全面；数据准确性是政务数据的生命线，是大数据分析利用有效性的基础；时效性主要强调政务数据应当及时收集、及时更新、及时更正，以适应快速发展变化的信息社会。

此外，《数据安全法》还明确指出"鼓励和支持数据在各行业、各领域的创新应用"，"提升运用数据服务经济社会发展的能力"等，将《促进大数据发展行动纲要》等政策文件中的内容上升为国家法律，进一步提升了相关政策的法律位阶和效力。2022年6月，国务院办公厅印发的《全国一体化政务大数据体系建设指南》中也明确规定，鼓励依法依规开展政务数据授权运营，积极推进数据资源开发利用，培育数据要素市场，营造有效供给、有序开发利用的良好生态，推动构建数据基础制度体系。

---

[1] 《数据安全法》第37条。

值得关注的是,近年来越来越多的地方性法规也对政务数据和公共数据的开发利用作了规定。例如,《上海市数据条例》提出,本市健全公共数据资源体系,加强公共数据治理,提高公共数据共享效率,扩大公共数据有序开放,构建统一协调的公共数据运营机制,推进公共数据和其他数据融合应用,充分发挥公共数据在推动城市数字化转型和促进经济社会发展中的驱动作用。[1]又如,《浙江省公共数据条例》设置"公共数据开放与利用"专章,规定"县级以上人民政府应当将公共数据作为促进经济社会发展的重要生产要素,促进公共数据有序流动,推进数据要素市场化配置改革,推动公共数据与社会数据深度融合利用,提升公共数据资源配置效率";[2]"县级以上人民政府及其有关部门可以通过政府购买服务、协议合作等方式,支持利用公共数据创新产品、技术和服务,提升公共数据产业化水平"。[3]

政务数据处理者必须按照相关法律、行政法规的规定履行合规义务,保障政务数据的安全、保密、合法使用和公开透明,以提高政务数据的科学性、准确性、时效性,提升运用数据服务经济社会发展的能力。具体来说,对政务数据处理者有5个方面的基本要求。

第一,合规收集和使用政务数据。政务数据处理者必须依照法律、行政法规的规定,在其履行法定职责的范围内收集和使用政务数据,必须遵守相关的程序和条件,确保数据的合法性、科学性、准确性和时效性。例如,政府采购需按照相关法律法规规定进行采购,采集数据需遵循相关规定,不能非法获取、篡改、伪造、泄露、非法买卖等。

第二,保障政务数据的安全和保密。政务数据处理者应当建立健全数据安全管理制度,制定安全保护措施,确保政务数据的安全和保密。处理者必须对涉及个人隐私、商业秘密、保密商务信息等数据进行保护,不得泄露或者非法向他人提供。例如,对个人信息和隐私需要进行保护,商业秘密需要采取商业保

---

[1]《上海市数据条例》第25条。
[2]《浙江省公共数据条例》第34条第1款。
[3]《浙江省公共数据条例》第36条第2款。

密措施,不得擅自使用和泄露。

第三,委托方应当履行相应的数据安全保护义务。国家机关委托他人建设、维护电子政务系统,存储、加工政务数据,应当经过严格的批准程序,并应当监督受托方履行相应的数据安全保护义务。受托方应当依照法律、法规的规定和合同约定履行数据安全保护义务,不得擅自留存、使用、泄露或者向他人提供政务数据。

第四,及时、准确地公开政务数据。政务数据处理者应当遵循公正、公平、便民的原则,按照规定及时、准确地公开政务数据。依法不予公开的除外。例如,政府采购信息应及时公开,政务数据公开应遵循法律和规定的程序和条件,及时更新政务数据开放目录,向社会公众公开政府部门收集和管理的政务数据,推进政务数据的开放利用,实现数据共享和协同管理。

第五,加强数据安全风险评估和应急处置。政务数据处理者应当依照法律、行政法规的规定,建立健全数据安全风险评估和应急处置机制,定期开展数据安全风险评估,制定相应的应急预案,及时处置数据安全事故,降低数据安全风险。政务数据处理者在处理政务数据的过程中必须履行相关法律、行政法规的规定,确保政务数据的合法性、科学性、准确性和时效性,保障政务数据的安全和保密,加强数据安全风险评估和应急处置,及时、准确地公开政务数据,推进政务数据的开放利用,促进政务数据的共享和协同管理。

案例阅读　　湖南衡阳 18 亿元拍卖政务数据

2023 年 11 月 10 日,衡阳市公共资源交易中心发布公告,以网上竞价的方式出让"衡阳市政务数据资源和智慧城市特许经营权出让项目",项目起始价为 180,244.12 万元,保证金为 36,048.8240 万元,主要出让的是衡阳市智慧城市或其他财政投资信息化系统建成后产生的数据资源等有形或无形资产的特许经营权限。这次拍卖被称为全国首次公开交易公共数据特许经营权，标志着衡阳市公共数据有偿授权运营的开始。但是，仅仅不到一周后的11月15日，衡阳市公共资源交易中心再度发布公告，表示暂停该交易活动。究其原因，关键在于其并未从法律和制度等层面解决一系列合规问题。

根据交易公告，数据产权归属于衡阳市人民政府，产权的转让方为衡阳市行政审批服务局，产权交易的批准文件是"衡阳市人民政府关于同意实施《衡阳市政务数据资源（含衡阳群众App）和智慧城市特许经营权实施方案》的批复"。根据该批复方案，政务数据资源的运营端"衡阳群众App"应用，是一款基于地方政务的移动应用软件，由衡阳市政府开发，应用覆盖了衡阳市的各个领域的政务服务，包括但不限于交通、医疗、教育、社保、房屋等。通过该应用，用户可以方便地办理各类政务手续、查询相关信息、提出建议等。[1]

可以看出，此次交易的数据类型复杂，场景多样，必然包含大量个人信息甚至敏感个人信息，虽然衡阳市政府网站2021年12月25日公布的《衡阳市政务数据共享开放管理办法》规定政务数据权属归政府所有，但是衡阳市还未公开发布公共数据领域（管理或开发利用或授权运营）等制度文件，如何保障数据安全、是否需要根据《个人信息保护法》获取个人信息主体授权、如何保护个人隐私、政务数据资源的授权运营如何做到合法合规、如何保障公众的知情权和监督权、数据交易的红利如何分配、政务数据如何定价、18亿元的合理性和可行性等问题都没有明确解释，尤其在国家尚未明确公共数据的权属的情况下，地方上是否有权规定公共数据权属归政府所有，是否要区分财产性权益和人格性权益，如此是否会造成垄断和过度逐利性，进而危害数据安全和个人信息主体的合法权益，都是亟须解决的问题。

---

[1] 参见《衡阳市政务数据资源和智慧城市特许经营权出让项目交易公告》，载衡阳市公共资源交易网，https://ggzy.hengyang.gov.cn/jyxx/gycqjy/czrgg/20231110/i3160451.html。

第四节　政务数据开放

政务数据开放有时也被称为政府数据开放或者公共数据开放。一般认为，政务数据开放是传统政府信息公开的进阶模式，其目的在于开发政务数据的社会价值、经济价值与公共价值。[1]政务数据开放有助于促使政府的决策和服务更加公开透明，对于提升政府的权威性、提升政务服务效能、提升社会服务数字化普惠水平具有重大意义。与此同时，政务数据体量大、类型丰富、社会价值高，开放有助于充分释放数据资源作为新生产要素的价值，促进"互联网+教育""互联网+医疗"等社会公共服务的涌现，提升社会公共服务能力，实现社会公共资源的普惠化。[2]

一、中国政务数据开放的沿革

长期以来，中国高度重视政务数据／公共数据开放问题。早在2015年国务院印发的《促进大数据发展行动纲要》中就明确提出，要稳步推动公共数据资源开放，制定公共机构数据开放计划，落实数据开放和维护责任，推进公共机构数据资源统一汇聚和集中向社会开放，提升政府数据开放共享标准化程度，优先推动信用、交通、医疗、卫生、就业、社保、地理、文化、教育、科技、资源、农业、环境、安监、金融、质量、统计、气象、海洋、企业登记监管等民生保障服务相关领域的政府数据集向社会开放。[3]《"十四五"纲要》进一步提出扩大基础公共信息数据安全有序开放，探索将公共数据服务纳入公共服务体系，构建统一的

---

〔1〕 参见商希雪：《政府数据开放中数据收益权制度的建构》，载《华东政法大学学报》2021年第4期。

〔2〕 参见鲁春丛、张春飞：《我国公共信息资源开放迈出关键一步》，载《信息通信技术与政策》2018年第8期。

〔3〕 参见《国务院关于印发促进大数据发展行动纲要的通知》（国发〔2015〕50号）。

国家公共数据开放平台和开发利用端口,优先推动企业登记监管、卫生、交通、气象等高价值数据集向社会开放。开展政府数据授权运营试点,鼓励第三方深化对公共数据的挖掘利用。

《数据安全法》从法律层面对政务数据开放的基本原则和相关要求作了明确规定。其中,第41条明确了政务数据开放的基本原则,规定国家机关应当遵循公正、公平、便民的原则,按照规定及时、准确地公开政务数据。依法不予公开的除外。第42条规定了政务数据开放的基本要求,即国家制定政务数据开放目录,构建统一规范、互联互通、安全可控的政务数据开放平台,推动政务数据开放利用。

二、政务数据开放的基本原则

《数据安全法》第42条规定了政务数据公开的基本原则,从实践适用角度来看,也可以理解为对政务数据开放提出的要求。本条具体可以从以下三个方面进行理解与适用。

第一,本条明确了政务数据开放应当"以公开为原则、不公开为例外"。该项规定与修订后的《政府信息公开条例》相关制度设计保持了一致。2019年修订的《政府信息公开条例》,在总结实践经验的基础上,推进政府信息公开制度完善,积极扩大主动公开范围,坚持"公开为常态、不公开为例外"的原则,凡是能主动公开的一律主动公开,切实满足人民群众获取政府信息的合理需求。[1] 该项原则在多个地方性法规中也有类似表述,例如《深圳经济特区数据条例》规定"公共数据开放应当遵循分类分级、需求导向、安全可控的原则,在法律、法规允许范围内最大限度开放",[2] 对"以开放为原则、不开放为例外"作了很好的诠释。

---

[1] 参见《政府信息公开条例》第5条规定:行政机关公开政府信息,应当坚持以公开为常态、不公开为例外,遵循公正、公平、合法、便民的原则。

[2] 《深圳经济特区数据条例》第46条。

第二，本条规定明确了政务数据开放应当遵守"公正、公平、便民"的原则。"公正、公平、便民"原则是行政法的基本原则，其中，公正原则是指行政机关与所处理的案件如果存在利害关系，应当回避；公平原则是指行政机关做出任何不利于行政相对人的行政行为之前，必须充分听取其意见，听取意见的方式应当根据行政行为对当事人的影响程度而定；便民原则是指行政机关通过各种措施为包括申请人在内的公众创造最大化获取政府信息的机会。[1]值得注意的是，"公正、公平、便民"原则是从《政府信息公开条例》第5条"遵循公正、公平、合法、便民的原则"演化而来。

第三，本条明确了国家机关按照规定及时、准确地公开政务数据的要求。一方面，《数据安全法》对政务数据的时效性提出了要求，即要求国家机关必须在合理的时限内尽可能迅速地开放应当公开的数据，不得无故迟延开放，也不得提供时效性不强的数据；另一方面，《数据安全法》对政务数据的质量提出了要求，即应当保证公开政务数据的准确性，不得提供存在瑕疵或者质量问题的数据，不得提供不完整的数据等。

三、政务数据开放的要求

《数据安全法》第42条对政务数据开放的要求作了整体规定，明确了政务数据开放的形式和渠道，规定"国家制定政务数据开放目录，构建统一规范、互联互通、安全可控的政务数据开放平台，推动政务数据开放利用"。

第一，该条明确了政务数据开放的形式，即以目录的方式开放，并要求国家制定政务数据开放目录。2022年6月发布的《国务院关于加强数字政府建设的指导意见》要求"编制公共数据开放目录及相关责任清单"；2022年10月印发的《全国一体化政务大数据体系建设指南》提出"建立数据目录分类分级管理机制，按照有关法律、行政法规的规定确定重要政务数据具体目录，加强政务数

---

[1] 参见龙卫球主编：《中华人民共和国数据安全法释义》，中国法制出版社2021年版，第144页。

据分类管理和分级保护"。从目前各地的实践来看，一般根据政务数据的敏感程度和重要性，采取分类方式进行编目，将政务数据分为无条件开放、有条件开放和非开放三类。例如，《上海市数据条例》规定，涉及个人隐私、个人信息、商业秘密、保密商务信息，或者法律、法规规定不得开放的，列入非开放类；对数据安全和处理能力要求较高、时效性较强或者需要持续获取的公共数据，列入有条件开放类；其他公共数据列入无条件开放类。[1] 又如，《深圳经济特区数据条例》也作了类似规定，将公共数据按照开放条件分为无条件开放、有条件开放和不予开放三类。其中，无条件开放的公共数据，是指应当无条件向自然人、法人和非法人组织开放的公共数据；有条件开放的公共数据，是指按照特定方式向自然人、法人和非法人组织平等开放的公共数据；不予开放的公共数据，是指涉及国家安全、商业秘密和个人隐私，或者法律、法规等规定不得开放的公共数据。[2]

第二，该条明确了政务数据开放的渠道，即"政务数据开放平台"，并规定了该平台的建设要求。目前，我国尚未建立统一的政务数据开放平台，实践中存在国家政务服务平台、国务院有关部门政务服务平台和各地区政务服务平台等多个在线政务服务平台，也承担着各自领域的数据开放职能。早在"十三五"期间，我国就提出"加快建设国家政府数据统一开放平台，推动政府信息系统和公共数据互联开放共享"，[3]《"十四五"纲要》再次提出"构建统一的国家公共数据开放平台和开发利用端口"。《数据安全法》明确了"政务数据开放平台"应当统一规范、互联互通、安全可控，承担着推动政务数据开放利用的责任。值得关注的是，国务院办公厅印发的《全国一体化政务大数据体系建设指南》也对政务数据开放作了规定，明确"基于全国一体化政务大数据体系，建设政务数据开放体系，通过国家公共数据开放平台和各地区各部门政务数据开放平台，推动数据安全有序开放"。

---

[1] 参见《上海市数据条例》第41条第2款。
[2] 参见《深圳经济特区数据条例》第48条。
[3] 《中华人民共和国国民经济和社会发展第十三个五年规划纲要》。

第三,该条还对平台建设的标准提出了要求,明确要构建"统一规范、互联互通、安全可控"的政务数据开放平台。其中,"统一规范"要求对现有开放政务数据资源加以整合,建立跨系统、跨部门的统一开放数据平台,明确统一的标准。例如,《深圳经济特区数据条例》规定,市政务服务数据管理部门应当依托城市大数据中心建设统一、高效的公共数据开放平台,并组织公共管理和服务机构通过该平台向社会开放公共数据。[1]"互联互通"要求将各在线政务系统和平台打通,将国家机关的开放数据库与政务数据开放平台打通,防止出现各自为政、重复分散的问题,为公众提供"一站式"的政务数据获取及相关服务。又如,《重庆市数据条例》规定,政务部门和财政资金保障运行的公共服务组织不得新建其他公共数据资源管理平台、共享和开放系统;已经建成的,应当按照规定进行整合。[2]"安全可控"则体现了《数据安全法》坚持安全与发展并重的立法思路,要求在政务数据开放平台构建过程中确保数据安全、系统安全和平台安全。再如,《全国一体化政务大数据体系建设指南》中规定的探索利用身份认证授权、数据沙箱、安全多方计算等技术手段,实现数据"可用不可见"。

第五节 政务数据共享

虽然《数据安全法》没有明确对政务数据共享问题作出规定,但数据共享作为数据处理活动应当遵守和适用《数据安全法》的各项要求;与此同时,政务数据共享也是推动政务数据开发利用的重要方式,与政务数据开放等活动也密切相关。党中央、国务院高度重视政务数据共享工作,多次就相关工作作出部署要求,国务院先后制定发布《国务院关于在线政务服务的若干规定》《政务信

---

[1] 参见《深圳经济特区数据条例》第50条第1款。
[2] 参见《重庆市数据条例》第21条第3款。

息资源共享管理暂行办法》等行政法规和规范性文件,持续推进政务数据共享工作。近年来,各地区各部门认真贯彻相关决策部署,积极制定政务数据共享地方性法规和部门规章,深入推进信息系统整合和政务数据共享,经过各方面的共同努力,我国政务数据共享工作取得了阶段性的积极成效。

2015年国务院印发的《促进大数据发展行动纲要》明确提出大力推动政府部门数据共享,要求加强顶层设计和统筹规划,明确各部门数据共享的范围边界和使用方式,厘清各部门数据管理及共享的义务和权利,依托政府数据统一共享交换平台,大力推进国家人口基础信息库、法人单位信息资源库、自然资源和空间地理基础信息库等国家基础数据资源,以及金税、金关、金财、金审、金盾、金宏、金保、金土、金农、金水、金质等信息系统跨部门、跨区域共享。加快各地区、各部门、各有关企事业单位及社会组织信用信息系统的互联互通和信息共享,丰富面向公众的信用信息服务,提高政府服务和监管水平。结合信息惠民工程实施和智慧城市建设,推动中央部门与地方政府条块结合、联合试点,实现公共服务的多方数据共享、制度对接和协同配合。[1]

2016年9月,国务院印发《政务信息资源共享管理暂行办法》,对当前和今后一个时期推进政务信息资源共享管理的原则要求、主要任务和监督保障作出规定。[2]《政务信息资源共享管理暂行办法》按照资源共享属性,将政务信息资源分为无条件共享、有条件共享、不予共享三种类型;同时严格规定"凡列入不予共享类的政务信息资源,必须有法律、行政法规和党中央、国务院政策依据"。[3]《政务信息资源共享管理暂行办法》规定了政务信息资源共享应遵循"以共享为原则,不共享为例外""需求导向,无偿使用""统一标准,统筹建设""建立机制,保障安全"的原则,[4]该原则也成为后来各地方政务信息资源和数据共享立法的基本原则。此外,《政务信息资源共享管理暂行办法》还规定

---

[1] 参见《国务院关于印发促进大数据发展行动纲要的通知》(国发〔2015〕50号)。
[2] 参见《国务院关于印发政务信息资源共享管理暂行办法的通知》(国发〔2016〕51号)。
[3] 《政务信息资源共享管理暂行办法》第9条。
[4] 《政务信息资源共享管理暂行办法》第5条。

了政务信息资源分类与共享要求、共享信息的提供与使用，要求各部门业务信息系统应尽快与国家数据共享交换平台对接，原则上通过统一的共享平台实现信息共享；凡属于共享平台可以获取的信息，各部门原则上不得要求自然人、法人或其他组织重复提交。[1]

《政务信息资源共享管理暂行办法》印发以来，各地区各部门认真贯彻落实党中央、国务院相关决策部署，积极开展政务数据共享工作。在地方层面，目前关于政务数据共享的地方性文件已多达 50 余份，其中比较典型的如上海、浙江、安徽、广东等，各地结合具体情况积极探索建立本地政务数据共享管理制度规范。在部门层面，2021 年 4 月交通运输部印发《交通运输政务数据共享管理办法》，这也是政务部门制定的行业领域政务数据共享的专门规定，旨在规范交通运输政务数据共享，推动交通运输数字政府建设，加快交通强国建设。

与此同时，政务数据共享具有较强的专业性和技术性，信息通信技术的演进和经济社会的发展变化对政务数据共享工作也提出了更高的要求。2020 年 12 月，中央全面深化改革委员会第十七次会议通过《关于建立健全政务数据共享协调机制 加快推进数据有序共享的意见》，[2]强调要建立健全政务数据共享协调机制、加快推进数据有序共享，打破部门信息壁垒，推动数据共享对接更加精准顺畅，提升法治化、制度化、标准化水平。

2021 年以来，《数据安全法》《个人信息保护法》颁布实施，《国务院办公厅关于建立健全政务数据共享协调机制加快推进数据有序共享的意见》《国务院关于加强数字政府建设的指导意见》《全国一体化政务大数据体系建设指南》等陆续出台，对政务数据共享工作提出了新的要求，作出了新的部署。2022 年 6

---

〔1〕 参见《政务信息资源共享管理暂行办法》第 12 条。
〔2〕 2020 年 12 月 30 日，习近平总书记主持召开中央全面深化改革委员会第十七次会议，会议审议通过了《关于建立健全政务数据共享协调机制 加快推进数据有序共享的意见》。2021 年 2 月，国务院办公厅印发了《关于建立健全政务数据共享协调机制 加快推进数据有序共享的意见》（国办发〔2021〕6 号）。参见《习近平主持召开中央全面深化改革委员会第十七次会议并发表重要讲话》，载中国政府网，https://www.gov.cn/xinwen/2020-12/30/content_5575462.htm。

月,《国务院关于加强数字政府建设的指导意见》出台,明确要求"深化数据高效共享",提出充分发挥政务数据共享协调机制作用,提升数据共享统筹协调力度和服务管理水平。建立全国标准统一、动态管理的政务数据目录,实行"一数一源一标准",实现数据资源清单化管理。充分发挥全国一体化政务服务平台的数据共享枢纽作用,持续提升国家数据共享交换平台的支撑保障能力,实现政府信息系统与党委、人大、政协、法院、检察院等信息系统互联互通和数据按需共享。有序推进国务院部门垂直管理业务系统与地方数据平台、业务系统数据双向共享。以应用场景为牵引,建立健全政务数据供需对接机制,推动数据精准高效共享,大力提升数据共享的实效性。[1]

2022年10月印发的《全国一体化政务大数据体系建设指南》,提出政务数据"共享交换一体化"。一方面,构建完善统一的政务数据共享交换体系。依托全国一体化政务服务平台和国家数据共享交换平台,提升国家政务大数据平台数据共享支撑能力,统一受理共享申请并提供服务,形成覆盖国家、省、市等层级的全国一体化政务数据共享交换体系。根据政府数字化转型创新发展需求,加强部门间数据交换、业务协同,深入推进跨部门、跨地域、跨层级的数据高效流通,实现政务数据充分利用和有效增值。[2]另一方面,推进政务数据协同共享。以应用为牵引,全面提升数据共享服务能力,协同推进公共数据和社会数据共享,探索社会数据"统采共用",加强对政府共享社会数据的规范管理,形成国家、地方、部门、企业等不同层面的数据协同共享机制,提升数据资源使用效益。[3]

---

[1] 参见《国务院关于加强数字政府建设的指导意见》(国发〔2022〕14号)。
[2] 参见王钦敏:《建设全国一体化政务大数据体系 推进国家治理体系和治理能力现代化》,载中国政府网,http://www.gov.cn/zhengce/2022-11/01/content_5723178.htm。
[3] 参见《国务院办公厅关于印发全国一体化政务大数据体系建设指南的通知》(国办函〔2022〕102号)。

> **案例阅读**　　　　"新津探索"推进政务数据共享[1]
>
> 2023年8月,成都市新津区深化数据融合应用,精准赋能城市运营管理,探索构建社会治理"新津探索",被国务院办公厅电子政务办公室纳入实践案例和经验做法面向全国推广。为解决基层"数据反复采集表格多头报送"等痛点难点问题,新津区上线"基层服务·报表通智慧应用",实现数据自动抓取,根据基层数据需求一键生成报表,简化数据采集流程。搭建城市"数智中台",围绕城市数据"一网共享",全面汇聚城市管理、经济发展、社会民生等各领域的城市运行数据,通过汇聚、叠加、集成形成云网融合、智能敏捷的城市"数据大脑"。建设"数字县域场景应用实验室",打通数据的供给侧和需求侧,推动政企双方数据共享融合应用。在供给侧,通过政府授权的一套机制流程,赋予数据管理部门共享数据的职能;在需求侧,通过建立"职能部门+企业+科研机构"的应用场景创新机制,形成数据需求清单,通过城市"数智中台",提供"数据不出网、价值出网"的数据融合服务,集成满足模型训练需求的算力中心、基于实验用户需求的数据加工中心、符合安全和智算要求的数据黑匣、满足数据存储调用需要的云资源、用于交流合作的成果展示中心以及数据运营服务平台等功能,提供"一站式"实验服务。

---

[1] 参见《政务数据共享的"新津探索"纳入国务院办公厅电子政务办公室典型案例》,载成都新津微信公众号2023年8月9日,https://mp.weixin.qq.com/s/JTAsbNQ0JJ6jKRWQCd86TA。

第九章

争议解决与救济

本章介绍了数据安全权益受到侵犯时的行政救济途径和民事救济途径，介绍了《数据安全法》第 12 条规定之投诉与举报的内容。本章按照数据安全法领域中独特的"先行政、后民事"的寻求争议解决的顺序，对被侵权人的救济途径的选择作了详细的描述。除此之外，对于无特定被侵权人的涉及数据安全、国家安全的危害行为，本章中还介绍了投诉与举报之方式，便于社会公众行使相应的监督权利。因为数据安全问题往往涉及权利的侵犯，使具有公共利益属性的数据遭受到侵害，从节省司法资源和提升诉讼效率的角度来看，公益诉讼制度的适用对于问题的解决有重要的意义。

第一节　行政救济途径

法律意义上的救济，指的是一种法律制度，而非物质帮助。它是指国家通过裁决社会上的争议，制止或矫正侵权行为，从而使合法权益遭受损害者能够获得法律补救。[1]"行政救济"作为行政法上的救济制度，它在行政法领域中具有相对的独立性。行政救济是指公民、组织认为行政主体在行政活动中，由于违法或者不当行使行政职权，侵犯其合法权益或者正当利益，而向法定的国家机关提出申请，由该国家机关依照法定程序，对行政主体在行政活动中的行政职权行为进行审查，从而消除行政职权违法或不当所造成的侵害，对受损害的公民、组织依法实施法律补救的各种制度的总称。[2]

《数据安全法》第6条规定："各地区、各部门对本地区、本部门工作中收集和产生的数据及数据安全负责。工业、电信、交通、金融、自然资源、卫生健康、教育、科技等主管部门承担本行业、本领域数据安全监管职责。公安机关、国家安全机关等依照本法和有关法律、行政法规的规定，在各自职责范围内承担数据安全监管职责。国家网信部门依照本法和有关法律、行政法规的规定，负责统筹协调网络数据安全和相关监管工作。"由此可以看出，在数据安全领域各行政部门是争议解决的主体，负有相关监管职责。此外，此类侵权事件往往涉及大量数据信息收集和处理，专业性较高，因此发生数据安全侵权事件时，被侵权方可以优先寻求行政救济方式，以提高问题解决效率，节省社会资源和司法成本。

---

[1] 参见刘恒：《行政救济制度研究》，法律出版社1998年版，第6~7页。
[2] 参见沈福俊：《中国行政救济程序论》，北京大学出版社2008年版。

一、行政救济的程序制度

行政救济的程序制度,是行政救济制度的重要组成部分,甚至可以说是行政救济制度的核心内容,因为行政救济如何进行、采取何种方式和途径,是行政救济得以开展的前提。《行政诉讼法》《行政复议法》《国家赔偿法》以及相关的司法解释都规定了行政救济的程序,这是理解行政救济程序的基础。

行政救济程序是行政诉讼程序、行政复议程序、行政赔偿程序以及行政补偿程序的总称。行政救济程序存在于行政救济制度之中。

1. 行政诉讼救济程序

行政诉讼救济程序是行政诉讼制度的具体内容。目前,我国行政诉讼的程序已经形成了以《行政诉讼法》为主体,以《最高人民法院关于适用〈中华人民共和国行政诉讼法〉的解释》《最高人民法院关于行政诉讼证据若干问题的规定》和其他司法解释为重要补充的行政诉讼制度体系。

2. 行政复议救济程序

《行政复议法》共7章90条。从《行政复议法》的基本内容可以看出,作为严格意义上的行政机关救济制度,我国行政复议制度主要是关于行政复议程序的制度,主要特点在于强调这种救济程序的行政性,积极体现行政复议作为行政机关内部监督的特点,不宜搬用司法机关办案的程序,使行政复议"司法化"。在这一思想的指导下,中国采取一级复议体制,行政复议由行政复议机关负责法制工作的机构具体承办,行政复议原则上采取书面审查的方法进行等。[1]

3. 行政赔偿救济程序

《国家赔偿法》规定了行政赔偿和司法赔偿两大种类。在行政赔偿部分,

---

〔1〕 参见杨景宇:《关于〈中华人民共和国行政复议法(草案)〉的说明》,载全国人大常委会法制工作委员会研究室编著:《中华人民共和国行政复议法条文释义及实用指南》,中国民主法制出版社1999年版,第18~19页。

《行政诉讼法》在对行政赔偿规定的基础上,对行政赔偿的范围、程序、标准作了更加明确的规定。该法在确立了"国家机关和国家机关工作人员违法行使职权侵犯公民、法人和其他组织的合法权益造成损害的,受害人有依照本法取得国家赔偿的权利"的前提下,具体对行政赔偿的程序作出规定:第一,在法定范围内,受害人不但有获得赔偿的实体权利,也有依法提出赔偿申请和要求的程序权利。第二,规定了受害人申请获得行政赔偿的具体程序,如受害人要求行政赔偿,既可以直接向赔偿义务机关提出申请,在赔偿义务机关作出赔偿决定或不作出赔偿决定的情况下,还可以向人民法院提起单独的行政赔偿诉讼或在行政复议和行政诉讼中一并提起行政赔偿。此外,该法还规定了行政赔偿可以通过调解程序解决以及行政赔偿的追偿程序等。[1]

二、投诉举报

《数据安全法》第 9 条规定:"国家支持开展数据安全知识宣传普及,提高全社会的数据安全保护意识和水平,推动有关部门、行业组织、科研机构、企业、个人等共同参与数据安全保护工作,形成全社会共同维护数据安全和促进发展的良好环境。"

《数据安全法》第 12 条规定:"任何个人、组织都有权对违反本法规定的行为向有关主管部门投诉、举报。收到投诉、举报的部门应当及时依法处理。"

数字经济的持续发展,离不开一个长期稳定的数据环境。虽然《数据安全法》中有不少篇幅赋予了政府有关主管部门的数据安全监管职责,但即便有关主管部门采取全时监管策略,数据安全事故仍有发生的可能,这是因为数据的存储介质多样化,加密性手段层出不穷,新的数据在不断生成,且部分违反数据安全法规定的行为本身具有一定的隐蔽性,如一些需要企业自身自觉履行的数据安保义务的迟延或者不当履行,有关部门未必能够在第一时间发现。因此,

---

[1] 参见沈福俊:《中国行政救济程序论》,北京大学出版社 2008 年版。

《数据安全法》第 9 条提出全社会"共同参与数据安全保护工作",意味着个人和组织在内的全体社会成员需要加强对数据安全的敏感性,如若发现疑似涉嫌违反数据安全法的情况应该及时处理,投诉与举报就是最直接、便捷的方式之一。

现如今,各个产业的数字化已经深入社会公众日常生活的方方面面,但不少个人或组织仍对自身与数字安全之关系的紧密程度抱有疑惑,认为自身难以接触到与数据安全有关的事物。诚然,这些个人或组织的确并不直接参与数据的处理,但由于数字生活的深化,个人和组织亦往往成为数据的生产者或数据处理结果的使用者,如各类电商平台的消费者或商家,往往都会成为电商平台的数据源,偏好性算法亦会量身定制地推送信息。任何个人、组织均与数据息息相关,均有可能成为数据安全事故的亲历者,拥有对违反法律的数据处理行为予以举报和投诉的权利和义务。

所谓投诉,是指公民、法人或者其他组织认为第三人实施的违法行为侵犯自身合法权益,请求行政机关依法查处的行为。投诉人与行政机关对其投诉作出或者未作出处理的行为有法律上的利害关系。[1]立法者设置投诉机制的意义在于为受害者提供一个获得行政救济的途径,以使其投诉事项得以快速处理,使合法权益可以快捷的方式得到救济。

所谓举报,是指公民、法人或者其他组织认为第三人实施的违法行为侵犯他人合法权益或者国家利益、社会公共利益,请求行政机关依法查处的行为。举报与投诉有所不同,举报人所举报的违法事项有可能与自身权益有关,也有可能与自身权益无关。举报的目的不在于维护举报人自身的合法权益,而在于请求有关主管机构依据其提供的线索进行调查并追究违法者的法律责任和维护法律秩序。

在数据安全领域,个人、组织认为数据处理者的数据处理行为违反了数据

---

[1] 参见最高人民法院:《最高人民法院行政法官专业会议纪要》,载法律图书馆 2019 年 11 月 29 日, http://www.law-lib.com/law/law_view.asp?id=698946。

安全法而侵害了其合法权益时,可以请求有关主管部门予以处理。主管部门可以对个人、组织与数据处理者之间的争议进行调查和处理。对于数据安全领域的违法行为,任何人均有权向有关主管部门进行举报,提供相关线索材料,请求有关主管部门依据数据安全法和相关法律进行调查并对违法责任人予以处罚。在数据处理过程中,一些违法行为有可能对国家安全构成危害,但未必对个人或组织的民事权益产生直接影响,这些行为即使不在投诉的范围内,仍属于举报的范围。

依照《数据安全法》的要求,相关主管部门在收到投诉、举报后,依照有关规定对投诉、举报的事项及时进行调查,并在规定的时限内处理完毕。受理投诉的部门在对投诉事项进行处理时,在征得投诉人和被投诉人的同意后,可以采用调解的方式。收到举报的部门对举报事项依照有关规定进行调查和处理,并向举报人及时反馈处理结果。受理投诉、举报的有关部门如果在调查处理的过程中发现有违反《数据安全法》和相关法律、法规的,可以对违法行为人依法予以处罚。

(一)受理主体

《数据安全法》明确提出国家网信部门负责统筹协调网络数据安全和相关监管工作;《个人信息保护法》也规定国家网信部门负责统筹协调个人信息保护工作和相关监督管理工作。国家数据局组建之后,新阶段的数据安全监管仍保持"网信部门 + 公安国安 + 行业主管部门"联动的监管体系。

2023年3月,中共中央、国务院印发了《党和国家机构改革方案》,组建国家数据局,负责协调推进数据基础制度建设,统筹数据资源整合共享和开发利用,统筹推进数字中国、数字经济、数字社会规划和建设等,由国家发展和改革委员会管理。国务院机构改革方案中提到"仍保持数据安全等现行工作格局总体稳定是组建国家数据局的前提"。

1. 网信部门与工信部门

国家网信办的全称是中华人民共和国国家互联网信息办公室,是经国务院批准设立的互联网信息监管机构，成立于 2011 年 5 月初。工业和信息化部作为主管信息化事务的国务院部门，与其下属的地方主管部门——通信管理局和各级经济和信息化局（或工业和信息化厅）共同承担保障网络安全的部分职责。两部门是当前涉网络和数据安全领域的重要部门。

即便企业在运营过程中已经尽可能设置了合理的数据安全管理措施，有关工作人员亦尽职尽责地按照有关工作规范履行其数据维护义务，但仍不能避免企业自身数据安全会由于外部黑客攻击等其他不能预见的原因而陷入危险。为维护数据安全，防止企业合法权益被进一步侵害，除采取必要的技术手段防止侵权规模的扩大外，企业还应及时向有关主管部门投诉、举报。

2022 年 12 月 8 日，工业和信息化部印发《工业和信息化领域数据安全管理办法（试行）》，其中第 29 条规定，工业和信息化部委托相关行业组织建立工业和信息化领域数据安全违法行为投诉举报渠道，地方行业监管部门分别建立本地区数据安全违法行为投诉举报机制或渠道，依法接收、处理投诉举报，根据工作需要开展执法调查。鼓励工业和信息化领域数据处理者建立用户投诉处理机制。

2021 年 12 月 3 日，湖南省第十三届人民代表大会常务委员会通过的《湖南省网络安全和信息化条例》第 33 条规定，县级以上网信部门以及有关部门在履行网络安全和信息化监督管理职责中，发现网络或者数据处理活动存在较大安全风险或者可能发生安全事件的，可以按照法定的权限和程序对有关单位和个人进行约谈，指出存在的问题，提出整改要求。被约谈的单位和个人应当及时整改。此条将监管职责的履行落实到县级以上网信部门以及有关部门。

2019 年 6 月 26 日，天津市互联网信息办公室印发的《天津市数据安全管理办法（暂行）》（已失效）第 6 条规定，互联网信息主管部门负责统筹协调本行政区域数据安全管理工作，建设数据安全保障体系，采取关键信息基础设施安全防护措施，统筹协调有关部门开展监督检查、监测预警、信息通报、应急处置等工作。公安、保密、密码、通信管理等部门按照各自职责，做好数据安全管理的相关工作。根据已有的实践,市委网信办(县级以上的网信部门)、[1]通信管理部门、互联网信息主管部门、电信主管部门[2]等,都在履行数据安全监管职责上负有一定义务,以及实施鼓励企业、科研机构、高等院校、行业组织和个人参与到网络安全共同治理与信息化发展工作当中。例如,可以通过中央网信办违法和不良信息举报中心(https://www.12377.cn)、"网络举报"客户端、微信或微博"国家网信办举报中心"账号、"12377"举报热线或发送邮件至邮箱jubao@12377.cn进行投诉或举报。

2. 公安机关

自2018年11月1起正式施行的《公安机关互联网安全监督检查规定》成为公安部门进行网络安全监督检查的执法依据。根据《公安机关互联网安全监督检查规定》,互联网安全监督检查工作由县级以上地方人民政府公安机关网络安全保卫部门组织实施。上级公安机关应当对下级公安机关开展互联网安全监督检查工作情况进行指导和监督。其中,网安部门的大致层级为:中央设公安部网络安全保卫局,省(直辖市、自治区)级设网络安全保卫总队,地市级设网络安全保卫大队,区县级设网络安全保卫大队,各派出所不设网安保卫部门。

任何个人、组织在遇见危害数据安全的违法犯罪行为时,亦应当主动向有关机关进行举报,共同维护数据安全,形成数据发展的良好环境。涉嫌网络违法犯罪的,有关人员除拨打"110"报警电话外,还可通过公安部网络违法犯罪举报网站(http://www.cyberpolice.cn/wfjb/),对有关违法犯罪行为进行投诉或举报。

---

[1] 参见《湖南省网络安全和信息化条例》第5条第1款规定:县级以上负责网络安全和信息化工作的部门(以下简称网信部门)负责本行政区域网络安全和信息化统筹协调、督促落实和相关监督管理工作。

[2] 参见《天津市数据安全管理办法(暂行)》(已失效)第6条规定:互联网信息主管部门负责统筹协调本行政区域数据安全管理工作,建设数据安全保障体系,采取关键信息基础设施安全防护措施,统筹协调有关部门开展监督检查、监测预警、信息通报、应急处置等工作。公安、保密、密码、通信管理等部门按照各自职责,做好数据安全管理的相关工作。

3. 国家安全机关

一旦数据安全事故涉嫌危害国家安全,有关人员还可以通过国家安全机关举报受理平台(https://www.12339.gov.cn)、国家安全机关"12339"举报电话或前往有关单位投诉或举报。

4. 其他组织

从目前的实践来看,其他有受理举报投诉和相关监管义务的组织主要包括中国互联网协会(行业自律组织)、[1]网络数据安全和个人信息投诉举报平台[2]和网络不良与垃圾信息举报受理中心。

《电信和互联网行业数据安全举报投诉处理工作规则》(试行)第2条规定,中国互联网协会依托12321网络不良与垃圾信息举报受理中心开展电信和互联网行业数据安全举报投诉处理工作,与电信、互联网企业建立数据安全举报投诉处理工作联动机制,受理公众关于电信和互联网行业数据安全风险隐患、安全事件、违法行为的举报投诉。

(二)投诉举报内容

不同受理主体受理投诉举报处理的范围也有所区别,总体来说,各区县及以上的网信部门作为各地区统筹数据安全事项与布局的行政机关,全面受理与数据安全有关的各种投诉举报。根据举报投诉事项分类,可将电信和互联网行业数据安全举报投诉事项分为以下几类。

(1)数据安全风险隐患,具体可以分为数据安全管理制度不完善、数据安全教育培训不到位、未采取相应的技术措施和其他必要措施等;

(2)数据安全事件,主要是指因存在安全风险隐患导致的数据篡改、破坏、泄露等;

---

[1] 参见《电信和互联网行业数据安全举报投诉处理工作规则》(试行)第7条规定:中国互联网协会通过电话、网站、App等形式受理电信和互联网行业数据安全举报投诉。

[2] 参见《关于开通天津市网络数据安全和个人信息投诉举报平台的公告》,载天津网信网,https://www.tjcac.gov.cn/wlaq/aqdt/202207/t20220728_5944612.html。

（3）数据安全违法行为，具体可以分为非法数据交易、非法数据利用、重要数据非法出境、窃取或者以其他非法方式获取数据，以及违反国家核心数据管理制度并构成犯罪的行为等。

根据《电信和互联网行业数据安全举报投诉处理工作规则》（试行）第3条的规定，电信和互联网行业数据安全举报投诉受理范围包括以下几个方面。

（1）未落实国家有关法律法规要求，数据安全管理和技术保护手段不到位导致的数据安全风险隐患；

（2）发生非法操作、网络攻击、盗窃勒索等导致的数据安全事件；

（3）数据安全违法行为；

（4）其他涉及数据安全的事项。

除此之外，还包括接收网络数据和个人信息违法违规行为监督举报线索，注册登记地在市行政区域内的App运营者、网络数据处理者、个人信息处理者；公众关于电信和互联网行业数据安全风险隐患、安全事件、违法行为的举报投诉。[1]

（三）投诉举报流程

对于投诉与举报的具体途径，可以通过网站、微信公众号、App、电话、邮箱等。通常行政举报平台为××市互联网违法和不良信息举报中心、××市网络数据安全和个人信息投诉举报平台、12321网络不良与垃圾信息举报受理中心。例如，根据天津市委网信办颁布的《关于开通天津市网络数据安全和个人信息投诉举报平台的公告》，公众可以通过搜索并关注"网信天津"，点击"网信工作""网络数据安全投诉"即可进入天津市网络数据安全和个人信息投诉举报平台进行投诉举报。

一般行政机关处置收到的投诉举报工作流程包括受理－研判－处置－报

---

〔1〕 参见《中国互联网协会将试行开展电信和互联网行业数据安全举报投诉处理工作》，载中国互联网协会，https://www.isc.org.cn/article/12124069616283648.html。

送几个环节,会对各种受理途径如电话、网站、App 等形式受理电信和互联网行业数据安全举报投诉进行分级、分类。按照有关规定,根据涉及数据的重要程度,将电信和互联网行业数据安全举报投诉事项分为普通、重要两级。对于普通数据安全举报投诉事项,以行业自律的方式进行数据安全事项处置,跟踪处置情况,并及时将处置结果反馈举报投诉人;对于重要数据安全举报投诉事项,由中国互联网协会上报相关行业主管部门。

(四)处理时限

数据本身具有较强的外部性特征,且数据本身亦具有多个维度的价值。如发生数据安全事故,其可能在短时间内就产生极其严重的不良影响,并且这种影响还可能随着时间的流逝进一步扩大和恶化。因为数据安全事故具有该种特征,所以如若有关主管部门在接到投诉或举报后没有第一时间进行处理,其结果将很可能是灾难性的。基于以上原因,《电信和互联网行业数据安全举报投诉处理工作规则》(试行)第 12 条第 1 款要求有关主管部门处理投诉、举报应具有及时性:中国互联网协会加强电信和互联网行业自律,推动行业企业落实数据安全举报投诉处理机制有关要求,收到数据安全举报投诉事项后在 15 个工作日内将处置情况反馈中国互联网协会。

《电信和互联网用户个人信息保护规定》第 12 条规定:"电信业务经营者、互联网信息服务提供者应当建立用户投诉处理机制,公布有效的联系方式,接受与用户个人信息保护有关的投诉,并自接到投诉之日起十五日内答复投诉人。"

《广东省 12345 政务服务便民热线管理办法》中也明确要求,对于咨询类事项,须在收到之日起 2 个工作日内办理并答复;对于求助、建议类事项,须在收到之日起 10 个工作日内办理并答复;对于投诉、举报类事项,须在收到之日起 15 个工作日内办理并答复。

《黑龙江省 12345 政务服务便民热线运行管理办法》中规定,承办单位应当在 1 个工作日内签收服务工单,主动联系诉求人,沟通诉求,告知办理程序,并按照咨询类事项 2 个工作日内,求助、意见建议类一般事项 5 个工作日内,投诉、举报类事项 15 个工作日的规定时限办结和反馈办理结果。

(五)行政机关的保密义务

为了鼓励相关当事人积极地对数据安全领域的违法行为进行投诉、举报,同时,防止投诉、举报人因为个人相关信息,尤其是身份信息泄露,导致其遭到打击报复,《数据安全法》明确要求有关主管部门应当对投诉、举报人的相关信息予以保密,保护投诉、举报人的合法权益不受侵犯。如果负责投诉、举报的部门和责任人违反规定泄露了举报人的真实身份等相关信息,应当依法承担相关责任。

《国家安全法》第 80 条规定:"公民和组织支持、协助国家安全工作的行为受法律保护。因支持、协助国家安全工作,本人或者其近亲属的人身安全面临危险的,可以向公安机关、国家安全机关请求予以保护。公安机关、国家安全机关应当会同有关部门依法采取保护措施。"

《数据安全法》第 12 条第 2 款也规定了有关主管部门的保密义务,以保障投诉、举报人的合法权益。同样,《行政机关公务员处分条例》亦在第 25 条规定:"有下列行为之一的,给予记过或者记大过处分;情节较重的,给予降级或者撤职处分;情节严重的,给予开除处分:……(二)压制批评,打击报复,扣压、销毁举报信件,或者向被举报人透露举报情况的……"第 26 条又规定:"泄露国家秘密、工作秘密,或者泄露因履行职责掌握的商业秘密、个人隐私,造成不良后果的,给予警告、记过或者记大过处分;情节较重的,给予降级或者撤职处分;情节严重的,给予开除处分。"并且,涉嫌犯罪的,依法追究刑事责任;以此防止有关主管部门的工作人员泄露投诉、举报人的个人信息,保护投诉、举报人的合法权益。

三、行政复议

行政复议是化解行政争议的重要法律制度。2023 年 9 月 1 日,第十四届全国人民代表大会常务委员会第五次会议审议通过了新修订的《行政复议法》，自2024年1月1日起实施。数据安全领域存在诸多行政行为，学习和实施好新修订的《行政复议法》具有重要意义。

(一)行政复议受案范围

申请行政复议的行政行为的范围，是具体行政行为，即国家行政机关和行政机关工作人员、法律法规授权的组织、行政机关委托的组织或个人在行政管理活动中行使行政职权，针对特定的公民、法人或者其他组织，就特定的具体事项，作出的有关该公民、法人或者其他组织权利义务的单方行为。《行政复议法》(2023年修订)第11条规定："有下列情形之一的，公民、法人或者其他组织可以依照本法申请行政复议：(一)对行政机关作出的行政处罚决定不服；(二)对行政机关作出的行政强制措施、行政强制执行决定不服；(三)申请行政许可，行政机关拒绝或者在法定期限内不予答复，或者对行政机关作出的有关行政许可的其他决定不服；(四)对行政机关作出的确认自然资源的所有权或者使用权的决定不服；(五)对行政机关作出的征收征用决定及其补偿决定不服；(六)对行政机关作出的赔偿决定或者不予赔偿决定不服；(七)对行政机关作出的不予受理工伤认定申请的决定或者工伤认定结论不服；(八)认为行政机关侵犯其经营自主权或者农村土地承包经营权、农村土地经营权；(九)认为行政机关滥用行政权力排除或者限制竞争；(十)认为行政机关违法集资、摊派费用或者违法要求履行其他义务；(十一)申请行政机关履行保护人身权利、财产权利、受教育权利等合法权益的法定职责，行政机关拒绝履行、未依法履行或者不予答复；(十二)申请行政机关依法给付抚恤金、社会保险待遇或者最低生活保障等社会保障，行政机关没有依法给付；(十三)认为行政机关不依法订立、不依法履行、未按照约定履行或者违法变更、解除政府特许经营协议、土地房屋征收补偿协议等行政协议；(十四)认为行政机关在政府信息公开工作中侵犯其合法权益；(十五)认为行政机关的其他行政行为侵犯其合法权益。"

值得注意的是，《数据安全法》第24条规定："国家建立数据安全审查制度，对影响或者可能影响国家安全的数据处理活动进行国家安全审查。依法作出的安全审查决定为最终决定。"该条中规定国家依法作出的数据安全审查决定为最终决定,这意味着相关具体行政行为将无法通过行政复议、行政诉讼等形式进行救济,应当被排除在外。

(二)复议主体

公民、法人或者其他组织认为行政行为侵犯其合法权益,按照法定程序和条件向作出行政行为的行政机关的上一级行政机关或法定复议机关提出复议申请,由受理申请的行政机关对有争议的行政行为进行重新审查并作出决定的行政救济活动。

《行政复议法》第26条规定:"对省、自治区、直辖市人民政府依照本法第二十四条第二款的规定、国务院部门依照本法第二十五条第一项的规定作出的行政复议决定不服的,可以向人民法院提起行政诉讼;也可以向国务院申请裁决,国务院依照本法的规定作出最终裁决。"在数据出境安全评估制度中,省级网信部门并不作出评估决定,其职责只是在时间要求内完成完备性查验以及依照程序补正材料。数据出境安全评估仍由国家网信部门组织并作出评估决定。因此,如果可以申请行政复议,则应由相对人向国家网信部门申请行政复议。数据处理者对行政复议决定不服的,既可以向人民法院提起行政诉讼,也可以向国务院申请裁决,国务院依照本法的规定作出最终裁决。[1]

(三)复议结果

复议机关基于法律和事实上的依据,可以决定变更行政行为且不得作出对申请人更为不利的变更决定,但是第三人提出相反请求的除外;[2]可以决定撤销或者部分撤销行政行为,并可以责令被申请人在一定期限内重新作出行

---

[1] 参见张凌寒:《论数据出境安全评估的法律性质与救济路径》,载《行政法学研究》2023年第1期。
[2] 参见《行政复议法》第63条第2款。

政行为;[1]某些情况下可以不撤销该行政行为,但是确认该行政行为违法;[2]对不履行法定职责的行政机关要求履行职责;[3]对于因行政行为致使行政相对人人身权、财产权受损的,复议机关可以决定由侵权机关予以赔偿,使行政相对人获得补救。

四、行政诉讼

行政诉讼,是指行政相对人认为行政机关的行政行为侵犯其合法权益,向人民法院提起诉讼,由人民法院对被诉行政行为进行合法性审查,对违法或显失公正的行政行为予以撤销或变更的救济途径。法院可以依法判决撤销违法的行政行为,对显失公正的行政处罚决定判决予以变更,判令行政机关履行法定职责或者判令行政机关作出赔偿,以使行政相对人受到损害的权益能够得到恢复和补救。人民法院在解决行政争议时具有的权威性及强制执行的效力,使行政诉讼成为社会公正的最后一道屏障,也使行政诉讼成为不可能被其他救济方式所取代的救济途径。

(一)起诉条件

根据《行政诉讼法》第49条的规定,提起行政诉讼应具备以下条件。

1. 原告主体资格适格

原告主体资格适格,即原告是符合法律规定的具有起诉资格的公民、法人或者其他组织。原告适格所解决的是行政诉讼中谁有资格提起诉讼,即"谁来告"的问题。《行政诉讼法》第25条第1~3款规定:"行政行为的相对人以及其他与行政行为有利害关系的公民、法人或者其他组织,有权提起诉讼。有权提起诉讼的公民死亡,其近亲属可以提起诉讼。有权提起诉讼的法人或者其他

---

[1] 参见《行政复议法》第64条第1款。
[2] 参见《行政复议法》第65条第1款。
[3] 参见《行政复议法》第66条。

组织终止,承受其权利的法人或者其他组织可以提起诉讼。"因此,只有行政相对人以及与行政行为有法律上利害关系的公民、法人或者其他组织才是适格原告。

2017年修正的《行政诉讼法》在第25条之后增加一款:"人民检察院在履行职责中发现生态环境和资源保护、食品药品安全、国有财产保护、国有土地使用权出让等领域负有监督管理职责的行政机关违法行使职权或者不作为,致使国家利益或者社会公共利益受到侵害的,应当向行政机关提出检察建议,督促其依法履行。行政机关不依法履行职责的,人民检察院依法向人民法院提起诉讼。"数据安全属于国家安全和社会稳定的重要组成,因此人民检察院亦有作为原告提起诉讼的资格。

2. 必须有明确的被告

必须有明确的被告,所解决的是明确原告起诉"要告谁"的问题。所谓"有明确的被告"就是指原告在起诉时必须明确、具体地认定起诉对象是谁。根据《行政诉讼法》的规定,行政诉讼的被告必须是行政机关或者法律、法规、规章授权的组织。[1]《最高人民法院关于适用〈中华人民共和国行政诉讼法〉的解释》(以下简称《适用行政诉讼法解释》)第67条规定:"原告提供被告的名称等信息足以使被告与其他行政机关相区别的,可以认定为行政诉讼法第四十九条第二项规定的'有明确的被告'。起诉状列写被告信息不足以认定明确的被告的,人民法院可以告知原告补正;原告补正后仍不能确定明确的被告的,人民法院裁定不予立案。"

3. 有具体的诉讼请求和事实根据

起诉要求有具体的诉讼请求,实质上就是要解决原告起诉所要达到的目的,即解决"为什么告"或"告的目的是什么"的问题。具体的诉讼请求是原告向法院提出的,希望通过法院审判获得司法保护的实体性权利主张,明确和具体地要求法院作出何种判决。这里的"具体"的含义是指起诉人要求法院保护

---

[1] 参见《行政诉讼法》第2条。

的是何种权利,以及诉讼请求的范围、索赔金额和数额等应当具体明确,不得含混不清、模棱两可。[1]根据《适用行政诉讼法解释》第 68 条的规定,"有具体的诉讼请求"是指:①请求判决撤销或者变更行政行为;②请求判决行政机关履行特定法定职责或者给付义务;③请求判决确认行政行为违法;④请求判决确认行政行为无效;⑤请求判决行政机关给予赔偿或者补偿(当事人单独或者一并提起行政赔偿、补偿诉讼的,应当有具体的赔偿、补偿事项以及数额);⑥请求解决行政协议争议;⑦请求一并审查规章以下规范性文件(请求一并审查规章以下规范性文件的,应当提供明确的文件名称或者审查对象);⑧请求一并解决相关民事争议(请求一并解决相关民事争议的,应当有具体的民事诉讼请求);⑨其他诉讼请求。

起诉要求有具体的事实根据,实质上就是要解决原告"凭什么告"的问题。事实根据是指原告向法院提起诉讼所依据的事实和理由,具体包括案件事实、证据事实和法律根据。其中"事实"主要包括原告与被告之间存在行政法律关系(产生、变更或消灭)的事实和原告合法权益受行政行为侵犯的事实。原告起诉提起具体的诉讼请求,应该有具体的理由予以支持,其理由就是原告请求法院保护的法律根据。具体事实根据和理由是原告说服法院依法应受理案件的依据。当然,原告认为行政行为侵犯其合法权益,只需要提供行政行为存在的证据材料,如处罚决定书,而不必提供证明行政行为违法的证据。法律根据是指原告认为被告的行政行为违法并主张该诉讼请求的法律规定。

4. 起诉属于人民法院的受案范围,且属于受诉人民法院管辖

人民法院能够受理的行政诉讼案件的范围是有限的,即使属于人民法院受案范围的案件也存在人民法院地域管辖和级别管辖的划分,而使某个特定的法院管辖受到限制,所以公民、法人或者其他组织提起诉讼所针对的行政争议不一定属于行政诉讼的受案范围,即便是属于行政诉讼的受案范围的案件,受诉

---

[1] 参见江必新、梁凤云:《行政诉讼法理论与实务》(第 3 版)(下卷),法律出版社 2016 年版,第 1056 页。

人民法院也不一定具有管辖权。属于人民法院的受案范围，简言之，就是要符合《行政诉讼法》第 12 条、《适用行政诉讼法解释》第 1 条第 1 款的规定，而不能具有《行政诉讼法》第 13 条和《适用行政诉讼法解释》第 1 条第 2 款规定的情形。

受案范围与起诉权的行使有直接的关系，受案范围决定公民、法人或者其他组织的合法权益受司法补救的范围，当事人只能在人民法院的受案范围内享有起诉权，不属于人民法院受案范围的，当事人不能起诉，人民法院也无权受理。[1]属于人民法院管辖的案件，公民、法人或者其他组织也应向有管辖权的法院提交诉状，否则法院也无权受理。当然，原告起诉的案件不属于受诉人民法院管辖，其并不因此丧失诉权，受诉法院应告知当事人向有管辖权的人民法院起诉或将诉状移送有管辖权的人民法院。

5. 向人民法院提交相关的起诉材料

起诉需要提供一定材料。根据《行政诉讼法》第 50 条的规定，起诉应当向人民法院递交起诉状，并按照被告人数提出副本。根据《适用行政诉讼法解释》第 54 条第 1 款的规定，公民、法人或者其他组织提起诉讼时应当提交以下起诉材料：①原告的身份证明材料以及有效联系方式；②被诉行政行为或者不作为存在的材料；③原告与被诉行政行为具有利害关系的材料；④人民法院认为需要提交的其他材料。此外，由法定代理人或者委托代理人代为起诉的，还应当在起诉状中写明或者在口头起诉时向人民法院说明法定代理人或者委托代理人的基本情况，并提交法定代理人或者委托代理人的身份证明和代理权限证明等材料。

(二) 管辖

1. 级别管辖

《行政诉讼法》第 14 条规定："基层人民法院管辖第一审行政案件。"该条

---

[1] 参见薛刚凌主编：《行政法与行政诉讼法》，中国人民大学出版社 2007 年版，第 320 页。

用的是概括式规定,这意味着除《行政诉讼法》另有规定外,行政案件通常由基层人民法院作为第一审行政案件的管辖法院,也即基层人民法院管辖除《行政诉讼法》第15条、第16条和第17条所规定的行政案件之外的所有行政案件。

《行政诉讼法》第15条规定,只有一些影响较大、案情复杂的案件才由中级人民法院作为第一审法院。根据《行政诉讼法》第15条的规定,中级人民法院审理的第一审行政案件包括以下4种。

(1)对国务院各部门或者县级以上人民政府所作的行政行为提起诉讼的案件

行政诉讼中被告的级别越高,所掌握的权力或资源越多,其所能发挥的影响也就越大,其所作的行政行为的效力也就越大。此外,国务院各部门或县级以上人民政府通常不直接针对具体管理事务作出行政行为,它们作出的行为所涉及的事项一般是较为重大、复杂的事项,对行政相对人的权益影响较大,通常也具有较大的社会影响。因而《行政诉讼法》规定由中级人民法院管辖。对国务院各部门或者县级以上人民政府所作的行政行为不服,提起诉讼的案件,可分为两种类型。一类是对这些机关直接作出的行政行为不服,提起诉讼的案件(如在中国境内设立中外合资企业,必须经过国务院对外经济贸易主管部门批准;征收土地必须由国务院或省级人民政府批准);另一类是对它们作出的复议决定不服,提起诉讼的案件。根据《行政诉讼法》第26条的规定,经过复议的案件,复议机关决定维持原行政行为的,作出原行政行为的行政机关和复议机关是共同被告,复议机关改变原行政行为的,复议机关是被告。因此,当国务院各部门或者县级以上人民政府作为复议机关,无论其是维持还是改变原行政行为的,都将作为被告,由中级人民法院管辖。

(2)海关处理的案件

海关处理的案件,是指因海关行使行政职权作出行政行为而引起的行政案件。根据《海关法》的规定,海关处理的行政案件主要包括5类:一是海关处理的纳税和其他税费案件;二是行政处罚(罚款、没收、警告、暂停或者取消从业资格等)案件;三是海关行政许可案件;四是行政强制措施(扣留进出境货物、物品、运输工具及与之相关的文件、账册、资料等)案件;五是海关不作为案件。因为海关处理的案件具有较强的专业性,并与政策密切相关,而且海关大多设置在大中城市,因而由中级人民法院管辖更为合适,可以保证办理案件的质量。

(3)本辖区内重大、复杂的案件

《行政诉讼法》第 15 条第 3 项规定,中级人民法院管辖"本辖区内重大、复杂的"第一审行政案件。在诉讼中,案件"重大"主要是指案件的社会影响范围大,案件"复杂"是指案件涉及的法律关系疑难程度,重大、复杂的案件一般应当提高管辖级别确保审判的公正性。对于何为"重大、复杂的案件",《行政诉讼法》并未明确。根据《适用行政诉讼法解释》第 5 条的规定,有下列情形之一的案件,就是《行政诉讼法》第 15 条第 3 项规定的"本辖区内重大、复杂的案件":社会影响重大的共同诉讼案件;涉外或者涉及我国香港特别行政区、澳门特别行政区、台湾地区的案件;其他重大、复杂案件。

(4)其他法律规定由中级人民法院管辖的第一审行政案件

根据 2014 年 8 月 31 日第十二届全国人民代表大会常务委员会第十次会议通过的《全国人民代表大会常务委员会关于在北京、上海、广州设立知识产权法院的决定》,知识产权法院管辖有关专利、植物新品种、集成电路布图设计、技术秘密等专业技术性较强的第一审知识产权民事和行政案件。不服国务院行政部门裁定或者决定而提起的第一审知识产权授权确权行政案件,由北京知识产权法院管辖。知识产权法院对案件实行跨区域管辖。在知识产权法院设立的三年内,可以先在所在省(直辖市)实行跨区域管辖。《最高人民法院关于北京、上海、广州知识产权法院案件管辖的规定》(2020 年修正)第 1 条规定:"知识产权法院管辖所在市辖区内的下列第一审案件:(一)专利、植物新品种、集成电路布图设计、技术秘密、计算机软件民事和行政案件;(二)对国务院部门或者县级以上地方人民政府所作的涉及著作权、商标、不正当竞争等行政行为提起诉讼的行政案件;(三)涉及驰名商标认定的民事案件。"第 2 条规定:"广州知识产权法院对广东省内本规定前述第(一)项和第(三)项规定的案件实行跨区域管辖。"第 3 条规定:"北京市、上海市各中级人民法院和广州市中级人民法院不再受理知识产权民事和行政案件。广东省其他中级人民法院不再受理本规定第一条第（一）项和第（三）项规定的案件。北京市、上海市、广东省各基层人民法院不再受理本规定第一条第（一）项和第（三）项规定的案件。"

需要注意的是，"本辖区内重大、复杂的案件"根据程度的不同，可能归属高级人民法院或者最高人民法院管辖。《行政诉讼法》第16条规定，高级人民法院管辖本辖区内重大、复杂的第一审行政案件。《行政诉讼法》第17条规定，最高人民法院管辖全国范围内重大、复杂的第一审行政案件。

2. 地域管辖

《行政诉讼法》第18条第1款规定："行政案件由最初作出行政行为的行政机关所在地人民法院管辖。经复议的案件，也可以由复议机关所在地人民法院管辖。"由此可见，行政诉讼一般地域管辖原则上由最初作出行政行为的行政机关所在地的人民法院管辖。《行政诉讼法》第18条第2款规定了例外情况："经最高人民法院批准，高级人民法院可以根据审判工作的实际情况，确定若干人民法院跨行政区域管辖行政案件。"

《行政诉讼法》规定的特殊地域管辖为共同管辖、选择管辖和专属管辖。共同管辖与选择管辖都是指两个以上的人民法院对同一案件都具有管辖权，原告可以在有管辖权的人民法院之间作出选择，如《行政诉讼法》第18条、[1]第19条[2]规定的情形。

（三）法律适用

《行政诉讼法》第63条规定："人民法院审理行政案件，以法律和行政法规、地方性法规为依据。地方性法规适用于本行政区域内发生的行政案件。人民法院审理民族自治地方的行政案件，并以该民族自治地方的自治条例和单行条

---

[1]《行政诉讼法》第18条规定："行政案件由最初作出行政行为的行政机关所在地人民法院管辖。经复议的案件，也可以由复议机关所在地人民法院管辖。经最高人民法院批准，高级人民法院可以根据审判工作的实际情况，确定若干人民法院跨行政区域管辖行政案件。"

[2]《行政诉讼法》第19条规定："对限制人身自由的行政强制措施不服提起的诉讼，由被告所在地或者原告所在地人民法院管辖。"

例为依据。"所谓"依据",是指人民法院在审理行政案件时,在查清事实的基础上,应以法律、行政法规、地方性法规等作为处理行政纠纷的标准和尺度,以此衡量和判断行政行为是否合法,从而确认当事人之间的权利义务关系。"依据"法律,对人民法院而言是一种义务,是指人民法院审理行政案件时,对该规范没有审查权,必须无条件地适用该规范,不能拒绝适用。作为人民法院审理依据的规范性文件,人民法院可以在判决书中直接引用。在数据安全法领域所依据的有《数据安全法》《个人信息保护法》《网络安全法》《关键信息基础设施安全保护条例》等。

《行政诉讼法》第63条第3款规定:"人民法院审理行政案件,参照规章。""参照"的基本含义是"参考并依照"。[1]根据立法机关的解释,"参照"是指"对符合法律、行政法规规定的规章,法院要参照审理,对不符合或不完全符合法律、行政法规原则精神的规章,法院可以有灵活处理的余地"。[2]"参照",是"指参考并仿照规章的有关精神审理行政案件,但不能完全依据规章,即人民法院在审理行政案件时,并不是无条件地援引和适用规章而是要对规章进行一定程度的审查。这是因为,虽然由于现代行政法的发展,行政机关拥有一定范围、一定事项的立法权,但是从严格的法治角度说,行政机关也必须在宪法和法律规定的范围内进行活动,行政机关所制定的规章也不应违法"。[3]正如有学者所指出的:"人民法院审理行政案件参照规章,就是法律赋予人民法院对规章的'选择适用权'。可见参照规章是与'依据'法律、法规相对的,具有特定含义的概念。"[4]"'参照'规章和'依据'法律是不同的。'参照'比'依据'规格低一些。对于那些符合法律和法规的规章,人民法院在审查依据规章作出的具体行政行为的合法性时,就应该适用规章,如果行政机关的具体行政行为是依据不符合法律、法规规定或法律原则的规章作出的,人民法院就应该不适用该规章,

---

[1] 参见中国社会科学院语言研究所词典编辑室编:《现代汉语词典》,商务印书馆1985年版,第103页。
[2] 王汉斌:《关于〈中华人民共和国行政诉讼法(草案)〉的说明》。
[3] 林莉红:《行政诉讼法学》(第4版),武汉大学出版社2015年版,第178页。
[4] 胡建淼主编:《行政诉讼法学》,高等教育出版社2003年版,第183页。

但法院无权在判决书中明确宣布该规章无效,而只有不予适用的权力,可不将此规章作为审理案件的标准。"[1]

由于《数据安全法》出台时间较晚,因此配套的法律解释和实施条例还不完善,为了解决如何将数据安全保护义务和监管职责落到实处这一问题,各级政府出台了相关文件以辅助实施,如《上海市公共数据开放暂行办法》《广东省公共数据管理办法》《广州市政务信息共享管理规定》《广州市公共信用信息管理规定》《深圳市公共信用信息管理办法》《中山市政务数据管理办法》等。

除了以上几种类型的行政文件外,还有如《贯彻落实网络安全等级保护制度和关键信息基础设施安全保护制度的指导意见》《App 违法违规收集使用个人信息行为认定方法》《工业数据分类分级指南(试行)》《常见类型移动互联网应用程序必要个人信息范围规定》《关于促进数据安全产业发展的指导意见》《工业和信息化领域数据安全管理办法(试行)》等规范性文件。《适用行政诉讼法解释》第 100 条规定:"人民法院审理行政案件,适用最高人民法院司法解释的,应当在裁判文书中援引。人民法院审理行政案件,可以在裁判文书中引用合法有效的规章及其他规范性文件。"据此也说明,规范性文件在行政诉讼中是有一定地位的。虽然,规范性文件不属于法的范畴,对人民法院没有约束力,但是对人民法院审查行政行为的合法性具有一定的参考意义。在行政规则有明确的法律、法规和规章依据,同时不违反相关法律、法规和规章的情况下,人民法院应当对其予以参考。《行政诉讼法》第 53 条第 1 款规定:"公民、法人或者其他组织认为行政行为所依据的国务院部门和地方人民政府及其部门制定的规范性文件不合法,在对行政行为提起诉讼时,可以一并请求对该规范性文件进行审查。"根据《行政诉讼法》第 64 条的规定,对规范性文件进行附带审查后,有两种基本处理方式:第一,人民法院在审理行政案件中,经附带审查认为规范性文件不合法的,人民法院不作为认定行政行为合法的依据;第二,经附带审查认为规范性文件不合法的,应当向制定机关提出处理建议。《宪法》第 108 条规

---

[1] 马怀德主编:《行政诉讼法学》(第 2 版),北京大学出版社 2008 年版,第 241 页。

定:"县级以上的地方各级人民政府领导所属各工作部门和下级人民政府的工作,有权改变或者撤销所属各工作部门和下级人民政府的不适当的决定。"这里的"不适当的决定"当然包括不适当的规范性文件。

(四)行政公益诉讼

1. 行政公益诉讼的受案范围

就概括式方面而言,公益诉讼受案范围的确定主要包括以下4种情况:①行政机关作出的侵害或可能侵害社会公共利益而又没有特定受害主体的违法行政行为;②行政机关不履行法定职责,致使公共利益受侵害或可能受侵害而又没有特定受害主体的消极行政行为;③行政机关不当的行政行为对公共利益已造成或可能造成损害而又没有特定受害主体;④违反宪法、法律法规的规定,侵害或可能侵害公共利益的行政行为。

根据我国《行政诉讼法》和《最高人民法院、最高人民检察院关于检察公益诉讼案件适用法律若干问题的解释》(以下简称《公益诉讼解释》)的规定,公益行政诉讼案件的受案范围具体包括:①生态环境和资源保护案件;②食品药品安全案件;③国有财产保护案件;④国有土地使用权出让案件。

当然,建立公益诉讼制度不仅仅是针对以上4种类型的案件,在实际的司法实践中,公益违法行为的形式是多种多样的,只是在现阶段的中国,以上的4类案件较为突出,急需公益诉讼制度对违法行为进行制裁。公益诉讼的目的是通过诉讼,对违法侵害国家利益、社会公共利益的行为进行制裁,因此,只要是与公共利益的保护有关的方面都是需要建立公益诉讼的。数据安全关乎国家安全与发展,也涉及每一个公民的个人信息安全,而且由于数据本身的特点导致一旦发生侵权行为往往会带来巨大的危害,并且影响范围较大,因此对数据安全侵权行为需要有行政公益诉讼这一救济途径。

2. 行政公益诉讼的管辖

根据《公益诉讼解释》第5条的规定,行政公益诉讼管辖的规定具体如下。

第一,市(分、州)人民检察院提起的第一审民事公益诉讼案件,由侵权行为地或者被告住所地中级人民法院管辖；

第二，基层人民检察院提起的第一审行政公益诉讼案件，由被诉行政机关所在地基层人民法院管辖。

3.行政公益诉讼的起诉、撤回与变更

根据《公益诉讼解释》第22条的规定，人民检察院提起行政公益诉讼应当提交下列材料：

第一，行政公益诉讼起诉书，并按照被告人数提出副本；

第二，被告违法行使职权或者不作为，致使国家利益或者社会公共利益受到侵害的证明材料；

第三，检察机关已经履行诉前程序，行政机关仍不依法履行职责或者纠正违法行为的证明材料。

根据《公益诉讼解释》第24条的规定，在行政公益诉讼案件审理过程中，被告纠正违法行为或者依法履行职责而使人民检察院的诉讼请求全部实现，人民检察院撤回起诉的，人民法院应当裁定准许；人民检察院变更诉讼请求，请求确认原行政行为违法的，人民法院应当判决确认违法。

五、行政补偿与赔偿

行政补偿，是指行政机关因实施合法行政行为造成行政相对人的权益损失，或者因行政相对人为社会公益而受到损失时，行政机关依法弥补行政相对人损失的一种行政救济途径。因行政机关作出的合法的行政行为而致行政相对人权益受到损害的，行政相对人理应得到合理的补偿。同理，对于为社会公益承担了特别义务和受到损害的行政相对人，通过行政补偿的方式给予行政相对人救济，也是法律公平、合理原则的体现。因此，行政补偿不仅是一种行政职权的行使，实际上已经成为一种义务与职责。

行政赔偿是行政机关和行政机关工作人员在行使职权时违法侵害公民、法人或其他组织的合法权益，国家负责向受害人作出赔偿的行政救济方式。依据目前的法律规定,取得行政赔偿的途径只有两种,即行政复议和行政诉讼。

第二节 民事救济途径

民事救济主要是一种事后补救措施,只有在损害已经造成,民事救济机制才开始介入,因此,民事救济制度有很强的被动性,这在很大程度上削弱了民事补救的效果。根据《民法典》侵权责任编、《最高人民法院关于审理利用信息网络侵害人身权益民事纠纷案件适用法律若干问题的规定》等,如果信息泄露属实,数据持有者应当承担相应的信息安全保障义务,如果没有保障好,导致客户的权利受到侵害的,应该承担侵权责任。

不过,实践中,尽管数据泄露、黑客入侵等现象日益频繁,但尚没有出现对责任主体提起民事侵权诉讼的案例,没有出现个人对数据运营者发起侵权诉讼的情况。对被侵权人来说,要证明自己的权利受损和被数据侵权之间的因果关系是一大难点。

由于数据安全法所保护的法益主要为宏观层面上的国家安全和数据安全,虽然也涉及对个人民事权益的损害,但主要还是侧重对数据安全保障义务和监管职责的,可能涉及民事领域侵权的主要集中在个人信息保护领域,且由于涉及数据安全往往要求有一定的数量级的数据遭受侵害,因此公益诉讼能节省大量司法成本提高效率。

一、受案范围

《民事诉讼法》第 3 条规定:"人民法院受理公民之间、法人之间、其他组织之间以及他们相互之间因财产关系和人身关系提起的民事诉讼,适用本法的规定。"在数据安全法领域,平等主体之间发生的财产权和人身权纠纷主要包括两类:(1)由民法调整的因财产关系及与财产关系相联系的人身关系产生的民事纠纷。如财产所有权、用益物权、担保物权、无因管理、不当得利、身份权和人格权等纠纷。（2）由经济法调整的因经济关系所发生的各类纠纷。如因不正当竞争行为引起的损害赔偿案件等。

二、参诉主体

根据《数据安全法》法律责任部分，参诉主体应包括被侵权人和开展数据处理活动的组织、主要负责人或从事数据交易中介服务的机构、从事数据处理活动的组织或个人。

三、管辖

《民事诉讼法》除了对级别管辖进行规定外，对地域管辖的多种情形也进行了明确，有几种情形在数据领域较为重要。首先，数据处理者包括组织和个人，针对不同的主体提起诉讼需要注意相应的管辖要求，《民事诉讼法》第22条规定："对公民提起的民事诉讼，由被告住所地人民法院管辖；被告住所地与经常居住地不一致的，由经常居住地人民法院管辖。对法人或者其他组织提起的民事诉讼，由被告住所地人民法院管辖。同一诉讼的几个被告住所地、经常居住地在两个以上人民法院辖区的，各该人民法院都有管辖权。"其次，合同在数据处理活动中具有重要地位，《民事诉讼法》第24条规定："因合同纠纷提起的诉讼，由被告住所地或者合同履行地人民法院管辖。"第35条规定："合同或者其他财产权益纠纷的当事人可以书面协议选择被告住所地、合同履行地、合同签订地、原告住所地、标的物所在地等与争议有实际联系的地点的人民法院管辖，但不得违反本法对级别管辖和专属管辖的规定。"因此，当事人需要注意数据处理合同、数据委托合同等适用的管辖。除此之外，侵权纠纷在数据领域也不少见，《民事诉讼法》第29条对侵权之诉的管辖予以规定，明确由侵权行为地或者被告住所地人民法院管辖。

当事人可能会对管辖权有异议,在人民法院受理案件后,若有异议应当在提交答辩状期间提出。人民法院对当事人提出的异议,应当审查。异议成立的,裁定将案件移送有管辖权的人民法院;异议不成立的,裁定驳回。当事人提出管辖异议,一般应当提交载明管辖异议存在的理由和证据的书面。

> **案例阅读**
>
> 重庆自由贸易试验区人民法院于2023年审理了全国首例涉商业秘密的数据交易买受人共同侵权案。本案中,三某公司与一家第三方数据提供商签订协议,购买了包含摩托车出口量前十名企业的数据。该数据提供商随后向三某公司交付了包括光某公司在内的多家摩托车厂商的详细出口报关信息,涵盖了21个具体数据项,如出口目的地、规格型号、排量、单价和总价等。在确认接收这些信息后,三某公司不仅认可了数据提供商的交付行为,还将这些涉及光某公司的信息披露和使用。光某公司得知后,向法院提起诉讼,指控三某公司非法获取并利用其商业秘密,要求三某公司立即停止侵权行为,并赔偿经济损失300万元人民币。
>
> 重庆两江新区(自贸试验区)人民法院在审理此案时,依据《数据安全法》第32条的规定,强调任何组织或个人在收集数据时,必须采取合法、正当的手段,禁止窃取或其他非法方式获取数据。法院指出,在数据交易中,买受方往往无法在合同签订时准确知晓数据内容,也难以判断数据是否涉及他人商业秘密。然而,案件中的双方作为竞争对手,拥有相似的外贸业务模式,三某公司在获得具体品牌、型号、数量、单价等详细信息时,应当意识到这些信息可能涉及商业秘密。
>
> 基于以上考虑,重庆两江新区(自贸试验区)人民法院判决,三某

公司在明知数据涉及商业秘密的情况下仍然接收并使用这些信息,应当与数据提供方共同承担侵权责任。因此,法院判决三某公司停止侵犯商业秘密行为,并赔偿光某公司经济损失及合理的维权费用,共计50万元人民币。[1]

---

[1] 重庆自由贸易试验区人民法院民事判决书,(2022)渝0192民初8589号。

第十章

法律责任

本章介绍了《数据安全法》第六章法律责任的内容，对于违背或违反数据安全保护义务的追究方式以及将要承担的责任通过专章的形式进行了明确和细化。数据安全法律责任体系构建的系统性、协同性和严密性，在中国《数据安全法》的立法中都得到了明确的体现。法律责任有关条文均与数据安全保护义务一一对应，形成了"义务—责任"的闭环规定。本章首先从《数据安全法》语境下的数据侵害行为界定入手，讨论了《数据安全法》所保护的区别于其他部门法的法益内容，并从侵权行为构成要件入手，通过对《数据安全法》第六章内容的提炼，对侵权主体、行为表现以及危害结果进行了更为详细的概括和解读。其次对现有法律框架下的对数据的保护体系进行了梳理。最后是对侵权主体所要承担的法律责任的分析。本章将按照《数据安全法》第52条规定的责任承担的顺序，依次介绍民事法律责任、行政法律责任和刑事法律责任的承担。

第一节 数据安全侵害行为界定

一、《数据安全法》的法律适用逻辑

《数据安全法》的立法目的在于规范数据处理活动,保障数据安全,促进数据开发利用,保护个人、组织的合法权益,维护国家主权、安全和发展利益。因此,数据安全法既保护国家数据主权,又保护重要数据和其他数据的安全,是调整境内外数据处理活动与开发利用中,涉及中国国家安全、公共利益或者公民、组织合法权益的数据安全关系的法律。《数据安全法》承认个人、组织与数据有关的权益、鼓励数据有效利用、依法流动(包括依法跨境流动),促进以数据为关键要素的数字经济发展,以数据开发利用和产业发展促进数据安全,以数据安全保障数据开发利用和产业发展。

(一)保护数据安全的内涵/界定数据安全责任范围

数据安全,是指通过采取必要措施,确保数据处于有效保护和合法利用的状态,以及具备保障持续安全状态的能力。《数据安全法》明确了数据的内涵,数据是指任何以电子或者其他方式对信息的记录,并定义了"数据安全"。根据《数据安全法》第 3 条第 2 款之规定,数据处理包括数据的收集、存储、使用、加工、传输、提供、公开等。这条规定的内容让数据安全法律责任不止于数据收集存储环节避免泄露事件的发生,而是从数据处理的全过程提出数据安全的保护义务和法律责任。数据处理流程上所有主体均负有数据安全保护义务,其应当采取必要措施,确保数据处于有效保护和合法利用的状态,以及具备保障持续安全状态的能力。同时,国家建立数据分类分级保护制度,在此基础上区别化确定各主体的数据安全保护义务与法律责任。

数据安全产业是为保障数据持续处于有效保护、合法利用、有序流动状态

提供技术、产品和服务的新兴业态,既要满足数据处理者履行数据安全保护责任义务的需要,也要满足促进数据资源开发利用、激活数据要素价值的需要。数据安全产业聚焦数据全生命周期安全保护和开发利用的需求,支持相关技术、产品和服务的研究开发。

(二)数据安全法与相关部门法所保护法益的区别

1.《数据安全法》与《网络安全法》

从立法目的来看,《数据安全法》确立了数据安全治理机制,即把数据安全纳入总体国家安全的一部分,倾向于维护数据处理活动中的国家安全和社会公共利益;而《网络安全法》的立法目的在于对网络环境的整体治理,包括网络环境下数据安全及个人信息安全的问题。

从两者相应的产业范围来看,数据安全产业聚焦数据全生命周期安全保护和开发利用的需求,支持相关技术、产品和服务的研究开发;而网络安全产业主要从保护数据存储、处理、传输等载体的角度,实现对网络数据完整性、机密性、可用性保护,主要包括网络边界防护、计算环境防护等方面的技术、产品和服务。

2.《数据安全法》与《个人信息保护法》

数据安全与个人信息保护既相互区别,又相互联系。二者的区别是:数据安全强调对数据建立安全保障机制,包括技术和制度两个方面;个人信息保护强调对大数据时代个人信息权益的保护。二者的联系是:数据安全是一个广义的概念,蕴含着位阶更高的国家数据安全和特别的个人信息保护两个方面的含义,没有数据安全,就没有国家安全和个人信息保护。如果计算机信息系统可以被任意攻击,数据可以被任意获得和泄露,数据主权和个人信息保护就无从谈起。再者,实现了数据层面的数据安全,并不等于实现了国家安全和个人信息保护,后者的要求更专业。此外,数据安全和个人信息保护有可能上升为国家安全,任何一个数据(包括个人信息)都可能由于海量的集合而演变成国家安全意义上的数据,其泄露都可能危害国家数据安全。[1]

---

[1] 参见齐爱民:《数据法原理》,高等教育出版社2022年版,第118页。

3.《数据安全法》与《民法典》

《民法典》第 127 条明确规定,法律对数据、网络虚拟财产的保护有规定的,依照其规定。同时《民法典》人格权编也采用专章的方式对个人信息与隐私权一并予以保护,并对个人信息的类型、收集、更改或删除作了初步规定,明确了侵犯自然人隐私权的具体行为,包括以"电话、短信、即时通讯工具、电子邮件、传单、健康信息、行踪信息"等个人信息范畴的方式"侵扰他人私人生活安宁""处理他人的私密信息"的行为,可以看出《民法典》主要是从私权利保护角度,原则性规定信息主体处理、涉及自然人个人信息、隐私数据时应尽的义务。这一点与《数据安全法》中对数据处理者的义务与要求有部分重叠之处,但数据安全法主要从宏观角度对数据处理者予以要求,即在数据出境等国家安全层面的保护。

《民法典》中的信息处理主体不区分是否属于网络运营、产品或服务提供者,如线下教育、医疗、餐饮等。这意味着每一个平台、每一个企业,对于承载个人信息的用户数据的收集要遵守相关法律规定,同时也享有基于这些原始数据进行加工所获得的大数据产品的合法权益。

4.《数据安全法》与《电子商务法》

对于《电子商务法》和《数据安全法》之间的关系,通说认为《电子商务法》和《数据安全法》在性质、立法目的与功能方面存在十分明显的差异:(1)前者属于私法范畴,后者属于领域法范畴;(2)前者确认数据电文的归属并保障数据电文在传递中的安全,但这种安全是电子商务的安全。换句话说,是交易的安全,仍然属于私法领域,而后者直接以数据安全为保护对象。[1]

二、数据安全侵害行为概述

(一)侵权主体

从《数据安全法》所保护的法益出发,数据安全侵害行为所实施的主体应

---

[1] 参见齐爱民:《数据法原理》,高等教育出版社 2022 年版,第 117 页。

当是参与到数据处理过程中的相应组织、组织主要负责人以及个人。除此之外，由于数据安全属于国家所实施监管的内容，因此掌握有大量数据、信息的国家行政机关以及相关国家工作人员也可能成为侵害数据安全的侵权主体。对于国家工作人员不履行本法规定的数据安全保护义务不履行数据安全监管职责、玩忽职守、滥用职权、徇私舞弊的，依法给予行政处分。

（二）行为表现

《数据安全法》第六章规定了违反本法相应条款所要承担的法律责任，与数据处理过程中可能侵犯数据安全法益的行为相对应。本部分将相关条款提炼出6类典型的侵权行为，分别是相关组织和个人违反数据安全保护义务，违法向境外提供数据，相关行政部门疏于行使数据安全监管职责，以及窃取、非法获取数据以及非法开展数据处理活动、排除限制竞争的行为。

1.违反数据安全保护义务

在《数据安全法》的立法中，明确数据安全保护义务是前提。《数据安全法》明确要求"开展数据处理活动应当依照法律法规的规定，建立健全全流程数据安全管理制度"，将数据安全保护义务落实到数据处理的全流程上，包括数据处理过程中的相关组织、个人、具体负责人和直接责任人，并对落实数据安全保护义务的具体措施进行了一般性制度安排：组织开展数据安全培训，采取相应技术措施和其他必要措施，保障数据安全。如果利用互联网等信息网络开展数据处理活动，还应该在网络安全等级保护制度的基础上履行数据安全保护义务。重要数据的处理中应当明确数据安全负责人和管理机构，落实数据安全保护责任。[1]

基于数据分级分类保护制度，对履行数据安全保护义务的数据处理者有着不同的风险管理要求。开展一般数据处理活动，数据处理者应进行实时风险监测，发现数据安全风险时应立即采取补救措施，发生数据安全事件应立即采取

---

[1] 参见黄震:《数据安全法律责任体系的构建与完善》，载《金融电子化》2021年第7期。

处置措施,并告知用户和报告有关部门的义务;对于重要数据的处理者,要求按规定定期开展风险评估,并向有关主管部门报送风险评估报告;对于关键信息基础设施的运营者,遵守《网络安全法》规定进行出境安全管理;对于从事数据交易中介服务的机构,要求数据提供方说明数据来源、审核交易双方的身份和留存审核交易记录。此外,对于特许领域的数据服务,法律法规规定提供数据处理相关服务应当取得行政许可的,服务提供者应当依法取得许可。[1]

接下来是对具体涉及"违反数据安全保护义务"的法律条款中的关键部分的解读。

(1)《数据安全法》第45条第1款规定"开展数据处理活动的组织、个人不履行本法第二十七条、第二十九条、第三十条规定的数据安全保护义务的";第27条第2款规定"重要数据的处理者应当明确数据安全负责人和管理机构,落实数据安全保护责任"。

数据运营者应当按照相关法律法规的规定,参照数据安全标准,履行数据安全保护义务,建立数据安全管理责任、考核评价制度和数据安全投诉举报制度,制定数据安全计划,实施数据安全防护技术措施,开展数据安全风险评估,制定数据安全事件应急预案,及时处置和报告数据安全事件,组织数据安全教育培训,接受有关部门监管和社会监督。[2]

(2)《数据安全法》第45条第2款规定"违反国家核心数据管理制度,危害国家主权、安全和发展利益的"。

核心数据与重要数据都属于位阶高于一般数据的数据类型,应当作一定区分。重要数据更多立足于社会经济发展的角度,核心数据是从国家安全的角度来讲。由于在数据已经成为国际上的一种战略性资源的情况下,核心数据中提到的"国家重大利益",主要针对的是国际制裁等对外情况。

2. 违法向境外提供数据

《数据安全法》第46条第1款"违反本法第三十一条规定,向境外提供重

---

[1] 参见程啸:《论数据安全保护义务》,载《比较法研究》2023年第2期。
[2] 参见《天津市数据安全管理办法(暂行)》第7条。

要数据的"。第 48 条第 2 款"违反本法第三十六条规定,未经主管机关批准向外国司法或者执法机构提供数据的"。

3. 疏于行使数据安全监管职责

《数据安全法》第 50 条规定:"履行数据安全监管职责的国家工作人员玩忽职守、滥用职权、徇私舞弊的,依法给予处分。"

"数据安全监管"的内涵广泛,不仅包括完善数据安全保障、评估体系及安全审查制度,还包括承担监督本法等数据安全法规的具体落地执行、积极接受和处理数据安全方面的举报投诉,开展面向全社会的数据安全教育、咨询服务、明确各类涉数利益主体分级分类安全管理主体责任等具体职责。[1]对于国家机关而言,应当依照法律、行政法规规定的权限、程序等履行职责,本条则规定了履行数据安全监管职责的工作人员渎职行为的法律责任,渎职行为具体包括玩忽职守、滥用职权、徇私舞弊。

4. 窃取、非法获取数据,非法开展数据处理活动、排除限制竞争的行为

窃取、非法获取数据的行为在实践中以利用"爬虫"技术窃取数据为典型。根据对相关判决书的整理,此类侵权行为引发的诉讼,民事案由主要为"知识产权与竞争纠纷",而刑事罪名主要为《刑法》第 253 条之一规定的"侵犯公民个人信息罪"和第 285 条、第 286 条规定的"计算机网络犯罪"。

数据处理活动中的排除、限制竞争应当是指经营者违反《反垄断法》的规定进行数据处理活动,实施垄断协议、滥用市场支配地位等垄断行为。例如,《反垄断法》明确禁止经营者在其经营活动中排除、限制市场竞争。国务院反垄断委员会此前发布的《国务院反垄断委员会关于平台经济领域的反垄断指南》中,明确提及了经营者利用数据或算法排除、限制竞争的多种行为模式。经营者通过数据、算法、平台规则或者其他方式实质上达成协调一致的行为(垄断协议);经营者通过平台规则、数据、算法、技术等方面的实际设置限制或者障碍的方式限定交易(滥用市场支配地位限定交易);基于大数据和算法,根据交易相

---

[1] 参见曾铮、王磊:《数据要素市场基础性制度:突出问题与构建思路》,载《宏观经济研究》2021年第 3 期。

对人的支付能力、消费偏好、使用习惯等,实行差异性交易价格或者其他交易条件(滥用市场支配地位实施差别待遇)。此外,平台经营者掌握的数据情况对于认定经营者市场支配地位具有重要意义,《国务院反垄断委员会关于平台经济领域的反垄断指南》详细列举了认定或者推定经营者具有市场支配地位的考量因素,包括经营者的市场份额、相关市场竞争状况、经营者控制市场的能力、经营者的财力和技术条件、其他经营者的依赖程度、市场进入难易程度等。这一规定将数据处理活动与《反不正当竞争法》《反垄断法》等法律法规的规定相结合,促进竞争和创新,提高经济运行效率,维护消费者利益和社会公共利益,体现了中国对数据安全的综合监管思路。[1]

除了以上两类数据侵害行为外,《数据安全法》还作了以损害个人、组织合法权益的数据处理行为作为非法数据处理类型的兜底性规定,衔接现有法律、行政法规的处罚规定。

5. 拒不配合数据调取

在实践中,公安机关积极组织大数据安全、App 违法违规专项整治,与中央网信办共同建立打击危害公民个人信息和数据安全违法犯罪长效机制,依法严厉打击数据安全违法犯罪,各地公安机关常态化实施监督、检查和指导,督促相关组织强化安全保护,从行动上切实保障国家关键信息基础设施、重要网络和数据安全、个人信息安全。《数据安全法》充分考虑部门职能优势和实践效果,在总则中明确公安机关的数据安全监管职责,明确"公安机关、国家安全机关等依照本法和有关法律、行政法规的规定,在各自职责范围内承担数据安全监管职责",公安机关依法履责,对数据处理者履行数据风险监测与风险评估等数据安全保护义务,保障国家数据安全,保护公民、组织的合法权益,维护国家主权、安全和发展利益。

同时,《数据安全法》第 35 条明确有关组织、个人对公安机关依法调取数据的配合义务,规定:"公安机关、国家安全机关因依法维护国家安全或者侦查犯

---

[1] 参见《国务院反垄断委员会关于平台经济领域的反垄断指南》(国反垄发〔2021〕1 号)。

罪的需要调取数据,应当按照国家有关规定,经过严格的批准手续,依法进行,有关组织、个人应当予以配合。"如果相关组织、个人拒不配合数据调取的,妨碍公安机关打击数据安全违法犯罪活动的,由有关主管部门责令改正,给予警告和罚款。

6. 违规开展数据交易

数据生产要素价值实现的前提在于流通,数据只有实现流动才能成为基本的生产资料和满足市场的数据需求,才能促进数据价值的释放,才能真正推动数字经济稳定和长远的发展,为此《数据安全法》以法律形式明确了国家建立健全数据交易管理制度,以促进数据要素流通,加快培育数据要素市场。

2023年3月深圳市发展和改革委员会颁布实施《深圳市数据交易管理暂行办法》,明确数据交易场所是经市政府批准成立的,数据交易主体包括数据卖方、数据买方、数据商和第三方服务机构,其中第三方服务机构是指辅助数据交易活动有序开展,提供法律服务、数据资产化服务、安全质量评估服务、培训咨询服务及其他第三方服务的法人或非法人组织,即从事数据交易中介服务的机构。《数据安全法》第33条明确了数据交易中介服务机构在进行数据交易时,应当要求数据提供方说明数据的来源,审核交易双方的身份,并留存审核、交易记录。若未履行该义务,该法第47条规定了具体的行政处罚,由有关主管部门责令改正,没收违法所得,处以罚款,严重者可以责令暂停相关业务、停业整顿、吊销相关业务许可证或者吊销营业执照。

此外,数据交易中介服务机构还应当建立数据流通交易安全基础设施,加强防攻击、防泄露、防窃取的监测、预警、控制和应急处置能力建设,关键设备应当采用自主可控的产品和服务,建立健全全流程数据安全管理制度,组织开展安全教育培训,落实数据安全保护责任,采取相应的技术措施和其他必要措施,保障数据安全。

(三)危害结果

《数据安全法》第1条规定有"保护个人、组织的合法权益"的立法目的,因此，构成侵权行为必须满足以下条件:(1)个人、组织的损害事实与非法数据活动之间存在因果关系;(2)损害必须是现实已经产生或者必然产生的,不是想象的、虚拟的,是直接的,不是间接的。

对于危害结果,对其严重程度,在《数据安全法》中也进行了分级处罚。《数据安全法》第45条、第46条、第48条第2款规定了"拒不改正或者造成大量数据泄露等严重后果的""情节严重的",需要承担更严重的法律责任。

第二节　民事责任

《数据安全法》第51条规定:"窃取或者以其他非法方式获取数据,开展数据处理活动排除、限制竞争,或者损害个人、组织合法权益的,依照有关法律、行政法规的规定处罚。"第52条第1款规定:"违反本法规定,给他人造成损害的,依法承担民事责任。"

一、现有法律体系和司法实践对数据的保护

2019年11月,中国共产党第十九届四中全会指出,数据可以作为生产要素参与分配机制,明确肯定了数据的财产属性。需要指出,数据是静态的,数据服务是动态的,有数据服务支撑的数据才有财产价值。因中国尚未就数据要素进行单独立法,故数据能否作为知识产权权利客体而受民法或其他知识产权部门法保护仍有争议。如何在现有法律框架下有效地保护数据财产,值得思考。但不可否认,在当前的市场环境下,数据已经逐渐成为经营者,尤其是互联网经营者之间相互竞争的基础性资源,获得数据意味着可据此进行分析并改进、完善产品功能,从而获得更多的经营利益。司法不能以数据尚未产生法定权利为由而拒绝裁判,而应考虑如何在现有的法律体系中找到说理裁判的依据。

（一）《民法典》中对数据的概括性保护

《民法典》第127条确立了对数据、网络虚拟财产的保护规则，本条规定："法律对数据、网络虚拟财产的保护有规定的，依照其规定。"数据在《数据安全法》中的定义为"任何以电子或者其他方式对信息的记录"，网络虚拟财产往往以数据形式存在于特定空间，具有一定价值，满足人们的需求，具有合法性，能够为人所掌控，属于在一定条件下可以进行交易的特殊财产，故而其具有财产利益的属性。

关于数据、网络虚拟财产的归属，存在两种观点：一种观点认为数据、网络虚拟财产应归于用户，即接受网络服务商所提供服务的用户所有；另一种观点认为应当属于网络服务商所有，用户根据与服务商之间的合同对网络服务商提供的数据仅有使用权。

此外，对于特殊的一类承载有个人信息的数据，《民法典》第111条强调了自然人的个人信息受法律保护。《民法典》在第四编人格权编第六章专章规定了隐私权和个人信息保护，明确了个人信息的定义、个人信息的处理原则和条件、处理个人信息的免责事由、自然人查阅、复制、更正删除个人信息的权利、信息处理者的信息安全保护义务、未经同意不得对外提供个人信息等内容。

（二）《反不正当竞争法》对数据和抓取行为的普遍保护

《反不正当竞争法》以鼓励和保护公平竞争、维护市场经济秩序为目的，兼顾经营者、消费者和社会公共多方利益，因此当经营者为收集、整理数据，以及维护其互联网产品中的数据运行和安全而付出成本，且该种数据整体上可为经营者进行衍生性利用或开发从而获得进一步的经营利益时，其他经营者未经许可擅自抓取且使用平台数据的行为，一般以《反不正当竞争法》进行调整。

实践中，大多数与数据相关的法律纠纷都围绕对数据竞争性权益的释明、确认及保护产生，相关的法律规制主要表现为如何运用现行竞争法律法规规范和救济与数据相关的行为所引发的扰乱市场竞争秩序、侵害消费者权益及损害其他经营者权益的情形,其中以《反不正当竞争法》对数据抓取行为的规制为重要表现。[1]

在司法审判中,大数据通过反不正当竞争的方式保护分为两种,一种是采取保密措施的数据,可以作为商业秘密予以保护;另一种是没有采取保密措施,同时又不能作为版权保护的已经公开的数据,可以根据《反不正当竞争法》第2条一般性的条款进行保护。目前,司法对于企业间的数据获取行为主要适用《反不正当竞争法》第2条和《反不正当竞争法》第12条互联网专条进行规制。

> **案例阅读**
>
> 2016年4月,北京市海淀区人民法院审结了北京微梦创科网络技术有限公司(以下简称微梦公司)诉北京淘友天下技术有限公司、北京淘友天下科技发展有限公司不正当竞争纠纷案。原告微梦公司提起本案诉讼,原告和被告经营的脉脉平台曾经存在合作关系,用户可以通过新浪微博账号和个人手机号注册登录脉脉,原告后来发现大量非脉脉用户直接显示有新浪微博用户头像、名称、职业、教育等信息,后终止合作,主张被告存在不正当竞争行为,包括非法抓取、使用新浪微博用户信息;非法获取并使用脉脉注册用户手机通讯录联系人与新浪微博用户的对应关系;模仿新浪微博加V认证机制及展现方式,以及发表言论诋毁微梦公司商誉。
>
> 法院查明,二被告在用户注册账户时要求访问其手机通讯录,通过此方式非法获取了通讯录中联系人与新浪微博用户之间的对应关系,并将这些联系人展示为脉脉用户的直接人脉。此外,脉脉还展示

---

[1] 参见陈兵:《平台经济数据治理的法治基调与未来走向——以"竞争与保护"的平衡为中心》,载《人民论坛·学术前沿》2021年第21期。

了通过非法手段获取的新浪微博职业和教育信息。尽管与微梦公司合作结束后,二被告并未删除已获取的新浪微博用户信息,而是继续使用。二被告的上述行为,危害到新浪微博平台用户的信息安全,损害了微梦公司的合法竞争利益,对微梦公司构成不正当竞争。同时,法院也明确网络平台提供方可以在用户同意的前提下基于自身经营活动的需要收集并进行商业性使用的用户数据信息主张权利。

同时,法院还指出,脉脉软件通过关联用户的手机通讯录,展示了大量非脉脉用户的新浪微博信息,这种做法未充分考虑到用户的权益。脉脉没有明确告知用户上传个人通讯录的要求及其后果,脉脉未尊重新浪微博用户关于个人职业、教育信息是否公开以及如何公开的个人意愿,未提供信息展示关闭方式,导致一些用户在不知情的情况下被纳入人脉圈中。法院强调,在开发合作模式中第三方获取用户信息时应坚持的"用户授权+平台授权+用户授权"的三重授权原则,涉及互联网中用户信息的基本原则是"用户明示同意原则"+"最少够用原则"。[1]

二、数据确权问题研究

(一)数据权益的归属规则

在传统权利理论中,一直存在意志说、利益说、资格说等多种权利理论。随着智能社会的到来,很多实物需要依赖数据服务发挥功效,数据的经济价值越来越突出。因此,数据权益的正当性与其创造的"经济价值"息息相关,应当将"经济价值"的创造贡献程度作为数据赋权的主要判断依据。

通常的数据资源商业化过程一般包括如下步骤:收集用户信息、用户信息

---

[1] 参见北京市海淀区人民法院(2016)京73民终588号。

转换为原始数据、整合原始数据、形成数据产品。用户信息多为反映某一事实的客观资讯，不易广泛传播，不易被集中分析，社会价值有限，如用户在网络中留下的身份信息、浏览记录等内容。原始数据是将上述信息作数字化处理后，如实记录或载荷用户信息的电子符号。用户信息在转换为原始数据后可以在网络上进行传播，可以被计算机网络系统进行处理。原始数据形成一定规模后，可以为大数据分析提供必要的样本，在此基础上通过算法逻辑形成按照特定条理和系统编排的数据库，就具有了创造性价值贡献。

（二）数据权益主体的权利范围

根据上述数据发展阶段，参与创造数据经济价值的主体包括提供用户信息主体、用户信息采集主体、数据成果开发主体。

我国《民法典》明确规定个人信息受法律保护，这种对个人信息权的保护是采取了人格权的保护方法，具体来说就是权利主体享有人格权请求权，可以根据个人信息的实际状况有权要求义务人为一定行为或者不为一定行为，或者要求侵害人采取一定的措施恢复个人信息的圆满状态。而此显然不属于数据安全法规范的范畴，因为个人信息类的原始数据在没有达到一定数量级成为权力束之前，都没有上升到国家安全的层面，因此《民法典》和《个人信息保护法》就能给予很好的保护，而不需要用到《数据安全法》的相关内容。

用户信息采集主体利用技术手段收集了用户信息等原始数据，虽然在这一过程中付出了劳动，但并未产生创造性成果，原始数据的价值仍由收集到的用户信息的价值决定。因此，用户信息主体基于人格权请求权仍对其中的个人信息享有控制权。如果赋予用户信息采集主体以财产权等独立权益，采集数据中的个人信息部分势必会失去法律保护，严重情况下可能会侵害用户主体的人格权益。可见，原始数据采集主体的权益边界，应受限于网络用户对其所提供的个人信息的控制，不能享有独立的财产权等权益，只能依其与网络用户的约定享有对原始数据的有限使用权。在无信息提供主体明确授权的情况下，数据控制主体对单一原始数据所享有的使用权并不具有独占性。擅自使用少量由他人所控制的原始数据,除涉嫌侵犯相关用户信息主体的数据权益外,与数据控制主体的数据权益无涉,数据控制主体不能因此主张损失赔偿。

经过数据挑选、架构搭建、算法设计,用户信息和原始数据可能会形成具有可利用的数据成果,即大数据产品。大数据产品的核心商业价值在于提供数据及其分析结果。因此,大数据产品主体应当独立地享有数据产品的财产权。由于中国现行法律对数据的权利保护尚未作出具体规定,限于物权法定原则,现阶段对大数据产品主体权益无法给予物权上的保护。鉴于大数据产品能给其开发者、经营者带来竞争优势,其应当享有的财产性权益可以表现为竞争性财产权益。如果放在物权法的视野下,擅自使用他人大数据产品直接构成财产侵权;放在反不正当竞争法的视野下,擅自使用他人大数据产品也是明显属于搭便车自肥有违商业道德的行为。鉴于数据开放、共享是中国乃至各国的基本公共政策,擅自使用他人大数据产品是否构成不正当竞争,仍应将其置身于市场竞争秩序的大背景下,从公平竞争与自由竞争两个维度加以综合考量,不能简单地以"搭便车"自肥而"一票否决"。[1]值得注意的是,由于大数据产品往往是相关企业对用户海量数据的收集和整理,达到了一定的数量级进而符合权利束的标准,因此在此类数据的管理上必须遵循《数据安全法》中关于数据处理者需要履行的安保义务规定,并且在数据出境方面,也要注意国家安全保障责任。

案例阅读

广东省深圳市腾讯计算机系统有限公司(以下简称腾讯公司)、腾讯科技(深圳)有限公司(以下简称腾讯科技公司)共同开发运营的个人微信产品,能够为消费者提供即时社交通信服务。浙江搜道网络技术有限公司(以下简称搜道公司)、杭州聚客通科技有限公司(以下简称聚客公司)开发运营的"聚客通群控软件",以 Xposed 外挂技术将

---

[1] 参见沙丽:《数据权益的权属判断与分类保护》,载《人民司法》2022年第23期。

该软件中的"个人号"功能模块嵌套于个人微信产品中运行，利用个人微信用户的用户账号数据、好友关系链数据、用户操作数据等个人身份数据和个人行为数据，为购买该软件服务的微信用户在个人微信平台上开展商业运营活动提供帮助。腾讯公司、腾讯科技公司诉称：其对微信平台中的全部数据享有数据权益，搜道公司、聚客公司擅自获取、使用微信数据，已构成不正当竞争。搜道公司、聚客公司辩称：微信用户信息所形成的涉案数据应当归用户所有，腾讯公司、腾讯科技公司并不享有任何数据权益，无权就此主张权利；被控侵权软件的应用属于创新性竞争，不应被认定为不正当竞争。

法院经审理认为，首先，本案中腾讯公司、腾讯科技公司主张享有数据权益的涉案数据均为微信用户的个人身份数据或个人行为数据。该部分数据只是将微信用户提供的用户信息作了数字化记录后而形成的原始数据，并非微信产品所产生的衍生数据。其次，腾讯公司、腾讯科技公司主张数据权益的涉案数据，可以分为两种数据形态：一是单一原始数据个体，二是数据资源整体。就单一原始数据个体而言，数据控制主体只能依附于用户信息权益，依其与用户的约定享有原始数据的有限使用权。使用他人控制的单一原始数据只要不违反"合法、必要、征得用户同意"原则，一般不应被认定为侵权行为，数据控制主体亦无赔偿请求权。就数据资源整体而言，因系网络平台方经过长期经营积累聚集而成，且能够给网络平台方带来开发衍生产品获取增值利润和竞争优势的机会，网络平台方应当就此享有竞争权益。如果擅自规模化破坏性使用网络平台方数据资源的，数据控制主体有权要求获得赔偿。本案中，腾讯公司、腾讯科技公司的个人微信产品作为社交平台，其主要功能是帮助用户便利地进行社会交际。由于社交活动具有较多私密性的特点，且微信用户数据具有用户社交信息与用户身份信息一并记录的特点，微信用户对于其个人微信数据具有很高的敏感性及安全性要求。微信产品使用过程中社交信息安全性的用户体验获得,直接关系用户使用微信产品的意愿,构成了微信产品经营生态的底线要求。搜道公司、聚客公司擅自收集、存储或使用微信平台中作为经营性用户微信好友的其他微信用户的个人信息,将导致微信用户对微信产品丧失应有的安全感及基本信任,减损微信产品对于用户关注度及用户数据流量的吸引力,实质性损害腾讯公司、腾讯科技公司对于微信数据资源享有的竞争权益,已构成不正当竞争行为。

关于涉案被诉行为是否属于创新性竞争,法院认为,基于数字经济开放、共享、效率的主要价值取向及其共生经济的基本特质,数字经济条件下的竞争应允许在他人既有网络产品基础上创新性地开展自由竞争,但创新竞争不能以牺牲其他经营者对于市场发展及消费者福利的贡献力为代价。一项网络创新竞争如果在竞争效能上对于市场发展破坏性大于建设性的,即便能够给部分消费者带来某些福利,如果不加禁止不仅会损害其他多数消费者的福利,同时还将损害其他市场主体的创造积极性,进而会影响消费者整体与长远利益的提升。本案中,微信产品在国内外拥有巨量的活跃用户,其对于市场的贡献力是显而易见的。被控侵权软件虽然提升了少数经营性用户使用微信产品的体验,但恶化了多数用户使用微信产品的体验,如不加禁止,会危及微信产品的整体效能发挥与后续发展,进而会影响广大消费者的福祉。搜道公司、聚客公司此种所谓创新竞争活动,在竞争效能上对市场整体而言明显弊大于利,难谓有效率的创新竞争,并不具有正当性。

综上,杭州互联网法院判决:搜道公司、聚客公司立即停止涉案不正当竞争行为,共同赔偿腾讯公司、腾讯科技公司260万元,并刊登声明为腾讯公司、腾讯科技公司消除影响。宣判后,搜道公司、聚客公司不服提起上诉,后又申请撤回上诉。[1]

---

[1] 参见杭州互联网法院(2020)浙01民终5889号。

三、数据库的法律保护

司法实践中涉及数据安全的权利客体以数据库为典型,这是由数据库本身具有的特性决定的。《新闻学大辞典》中对数据库的定义是:在计算机系统设备内,按照一定结构存放,并将相互关联的数据集合叫作数据库。这些数据集合是数字、文字、图像等各种形式的信息,经过计算机处理而形成的特定符号的集合。因此,数据库先天性具有载有大量数据信息、高并发请求、管理与共享性等特性。大部分企业的信息系统都是以数据库为核心的,企业的信息系统中保存着大量各式各样的重要或者敏感数据信息,在开放的互联网环境下很容易遭受外来的攻击。因此,我们应该及时展开对数据库安全方面的理论研究,最终达到保护企业数据库信息系统安全的目的。《数据安全法》作为宏观层面的立法,对数据库的保护具有重要作用。接下来将通过对数据库权益属性的理论分析,讨论对数据库的反不正当竞争法保护路径。

(一)数据库的著作权属性

我国当前的立法中并未明确数据库的法律概念,对数据库进行法律保护的依据主要以《著作权法》中的"汇编作品"为基础,辅之以《反不正当竞争法》《商标法》《消费者权益保护法》等单行法。《著作权法》第 15 条规定:"汇编若干作品、作品的片段或者不构成作品的数据或者其他材料,对其内容的选择或者编排体现独创性的作品,为汇编作品,其著作权由汇编人享有,但行使著作权时,不得侵犯原作品的著作权。"据此,对数据库进行著作权保护的方式是将内容的选择或编排体现创作性的数据库作为汇编作品予以保护。此外,《反不正当竞争法》在第 2 条中明确了经营者行为的一般原则,该条第 1 款规定:"经营者在生产经营活动中,应当遵循自愿、平等、公平、诚实信用的原则,遵守法律和商业道德。"《民法典》第 7 条中的诚实信用原则以及《商标法》第 52 条对商标侵权的规定在特定情况下都可以用于对数据库的法律保护。

在司法实践中，法院在运用著作权保护数据库时通常要求证明作者在表现形式上具有独创性。数据库作为事实作品只有在具有著作权意义上的独创性时方可受到《著作权法》的保护。一般来讲，只要数据的选择、编排方式不是采用机械的或一般人所惯用的，是独立完成的，并体现出最低限度的创造性即可。在具体案件中，可以将权利人主张的数据库与被控侵权的数据库进行对比，对比二者在数据选择量及编排体例上的区别，是否存在独创性的表现形式，被控侵权数据库是否抄袭了权利人主张的数据库的部分内容。

（二）数据库的不正当竞争保护路径

除了著作权的知识产权保护方案外，利用《反不正当竞争法》保护有关电子数据库的情形亦已出现。《反不正当竞争法》的立法宗旨是在知识产权保护的法定权利之外，对经营者和消费者的合法"权益"进行保护。构成不正当竞争的前提是双方具有竞争关系。在经营范围相同或近似的情况下，实施了不正当竞争行为且造成损害后果的，可以适用《反不正当竞争法》进行规制。

具体到数据库的保护，判断是否存在竞争关系，除了经营范围之外，还可以考虑争议数据库的性质、类别、行业等条件是否相同或近似。在认定是否构成不正当竞争时，应将加害方"接触"或者可能接触受害人数据库作为认定的一个原则。接触包括购买、借用、盗用、破译等方式。如果不能证明加害人接触过受害人的数据库，在认定时应充分慎重。只有在双方的内容及体例完全相同或十分近似的情况下才可以认定。此外，还可以考虑加害方在进行不正当竞争行为时，使用的信息的量（比例）、抄袭的情节、是否将错误一起抄袭的情况。

> **案例阅读**
>
> 2021年，上海市杨浦区人民法院审结"丁香园"诉"医学界"爬取其药品说明书数据库一案，法院认定构成不正当竞争。原告是"丁

香园"旗下产品"用药助手"软件的运营方,被告为"医学界医生站"软件的运营方。原告发现,被告软件提供了与原告药品说明书数据库类似的功能模块。原告认为,被告运营的软件完全复制了原告设立的药品说明书数据库,致使用户流失,故向法院提起诉讼,要求被告停止不正当竞争行为、消除影响并赔偿损失。被告辩称,其系通过公开渠道自行搜集、整理取得说明书,与原告的数据库存在换行等差异,两者之所以有相同错别字及图片纯属巧合,故其未实施不正当竞争行为。

法院认为,虽然药品说明书本身属于对社会公开的信息,但通过收集、整合编辑后能够凭借其药品种类多样性、获取便捷性而取得竞争优势。被告软件中的药品说明书不仅在药品分类、文字内容等方面与原告的对应说明书基本相同,更存在相同的错别字或药品、药方等图片,且在短时间内更新大量数据并不符合常理。因此,被告的行为侵害了原告对此享有的经济利益及市场竞争优势,构成不正当竞争,判决被告赔偿原告经济损失及合理费用共31万元。[1]

四、民事法律责任的承担方式[2]

《民法典》规定的民事主体就其侵权行为应承担的法律责任主要有:(1)停止侵害;(2)排除妨碍;(3)消除危险;(4)返还财产;(5)恢复原状;(6)赔偿损失;(7)赔礼道歉;(8)消除影响、恢复名誉。上述承担侵权责任的方式,可以单独适用,也可以合并适用。

停止侵害,是指民事主体尚未实施或者正在实施数据侵害行为并未终结的,权利人有权请求民事主体停止实施侵害行为。停止侵害的实质是要求民事

---

[1] 参见上海市杨浦区人民法院(2021)沪0110民初3349号。
[2] 参见齐爱民:《数据法原理》,高等教育出版社2022年版,第222~223页。

主体停止实施数据侵害行为,及时制止数据侵权行为的发生和延续,防止扩大损害后果。

排除妨碍,是指权利人行使其数据权受到他人不法阻碍或妨害时,有权要求侵权人排除妨害以保障数据权的正常行使。排除妨碍既适用于侵害财产权的情况,也适用于侵害人身权的情况。数据权人提出该项请求后,不论侵权人的妨碍有无过错均应立即排除对受害人数据权行使的妨碍。侵权人不排除的,受害人可依法向人民法院提起排除妨碍之诉。

消除危险,是指消除对数据权人人身、财产造成损害的危险来源的民事责任。危险指的是造成人身或财产损害的可能性,而不是现实性。比如,存在非法侵入信息系统的危险或者数据泄露的危险时,危险制造者有责任停止或者改变技术措施,消除上述危险。

返还财产的责任形式在这里主要体现为返还数据。所谓返还数据,是指民事主体没有合法依据获取权利人数据的,权利人有权请求民事主体返还或者销毁。返还的情况往往针对民事主体连同相对人储存数据的介质一并带走的情形,而销毁则针对相对人仍保有数据的情形。

恢复原状,是指权利人的数据、介质或者数据系统被他人非法侵害遭到损坏时,如果能够补救,则数据权人有权要求加害人通过技术恢复数据原来的状态。恢复原状重在恢复数据权被侵害前的状态。

赔偿损失,是指侵权行为人以支付金钱的方式弥补受害方因数据侵权行为所遭受的财产或者利益损失的一种责任形式。赔偿损失是一种重要的侵权责任承担方式。侵权行为人实施侵权行为的,在承担停止侵权或者排除妨害等责任之后,对给对方造成的财产损失和精神损害,应当予以赔偿。

赔礼道歉,是指由侵权人以口头方式或者书面(包括纸面和电子形式)方式向受害人承认错误、表示歉意的责任承担方式。并非所有的民事数据侵权行为都适用赔礼道歉,其仅适用于给受害人造成精神损害的侵权行为,如不法数据行为侵害生命权、健康权、身体权、姓名权、名誉权、肖像权、隐私权、个人信息权等精神性人格权及死者人格利益和包含精神利益的权利。一般而言,仅侵害数据财产权不适用赔礼道歉法律责任。

所谓消除影响、恢复名誉,是指相对人有权请求民事主体因非法数据行为侵害姓名权、肖像权、名誉权、荣誉权等人身权而通过口头或者书面形式恢复相对人被损害的名誉。

第三节 行政责任

一、数据安全监管中的约谈制度

《数据安全法》第 44 条规定,有关主管部门在履行数据安全监管职责中,发现数据处理活动存在较大安全风险的,可以按照规定的权限和程序对有关组织、个人进行约谈,并要求有关组织、个人采取措施进行整改,消除隐患。对这条的理解与适用重点是数据安全监管的约谈制度。行政约谈是指依法享有监督管理职权的行政主体,发现其所监管的行政相对人出现了特定问题,为了防止发生违法行为,在事先约定的时间、地点与行政相对人进行沟通、协商,然后给予警示、告诫的一种非强制行政行为。行政约谈实现了行政监管方式由事后的处罚打击型向事前的服务监管型的转变,有利于推动服务型政府的建设。[1]随着服务型政府理念的兴起,在参与式行政合作式行政备受推崇的当下,行政约谈这种良性互动的行政行为方式不仅体现了行政主体对行政相对人权利的尊重,也在维护行政相对人合法权益以及充分调度和利用社会资源方面显现出较大优势。[2]目前运行较为成熟、实践较为丰富的行政约谈是互联网信息内容监管约谈,2015 年 4 月 28 日国家互联网信息办公室颁布了《互联网新闻信息服务单位约谈工作规定》,初步确立了约谈制度。事实

---

[1] 参见徐永涛、林树金:《我国行政约谈的理论基础及法治化》,载《东岳论丛》2014 年第 12 期。
[2] 参见邢鸿飞、吉光:《行政约谈刍议》,载《江海学刊》2014 年第 4 期。

上,在该规定出台之前,国家互联网信息办公室就曾联合北京互联网信息办公室,约谈网易和新浪等年检中违法问题突出、受到大量公众举报的网站,并取得了立竿见影的效果。实践表明,约谈方式日渐成为互联网信息内容监管领域的主要规制工具。[1]

(一)约谈主体

有权进行约谈的主体应是承担数据安全监管职责的相关主管部门。《数据安全法》第6条中规定了工业、电信、交通、金融、自然资源、卫生健康、教育、科技等主管部门、公安机关、国家安全机关、国家网信部门都有权依照本法和有关法律、行政法规的规定在各自职责范围内开展相关监管工作。

但需要注意的是,对于不同领域内出现的各式各样的风险与问题,约谈的主体也应存在相应的区别。如涉及互联网平台信息监管的约谈主体为网信办,涉及消费者权益保护一般会由消费者权益保护委员会开展工作。如果缺乏统一的协调机制,彼此独立的约谈主体可能会造成平台企业被频繁约谈、重复约谈的可能性,这无疑不利于加强约谈的治理权威,也会进一步释放约谈的治理效能。[2]因此明确行政约谈的主体,是构建全面的数据安全风险防范机制的前提基础。

(二)约谈对象

从目前既有的约谈时间来看,被约谈的对象主要是存在违法风险的法人、非法人组织中负责数据安全管理的主要责任人。

(三)约谈的情形和法定条件

为了保证数字产业的蓬勃自由发展,应避免行政手段的过度干预,市场机

---

[1] 参见朱新力、李芹:《行政约谈的功能定位与制度建构》,载《国家行政学院学报》2018年第4期。

[2] 参见刘乃梁、潘盛龙:《平台经济治理中的行政约谈:实践源流与优化向度》,载《电子政务》2023年第7期。

制可以自发调节的,抑或企业标准、行业规范可以解决的,不宜适用行政约谈加以干预,应当尊重市场、平台企业以及行业协会的自治能力。对于一些重大违法违规的情形亦不适用行政约谈制度,否则易造成"以谈代罚",有逃避监管的嫌疑,更会虚化行政约谈的预防性功能。

"约谈启动条件的规定决定着约谈范围的界定与约谈功能的发挥。"[1]学理上约谈的启动条件大致可分为三类:具备潜在违法之情形、已经出现轻微违法情形、未违法但是造成了重大舆论影响且有违公序良俗。

依照《数据安全法》第44条的规定,采取约谈措施的情形为发现数据处理活动存在较大安全风险。

案例阅读

2020年3月21日,针对媒体报道的新浪微博因用户查询接口被恶意调用导致App数据泄露问题,工业和信息化部网络安全管理局对新浪微博相关负责人进行了问询约谈,要求其按照《网络安全法》《电信和互联网用户个人信息保护规定》等法律法规要求,对照工业和信息化部等四部门制定的《App违法违规收集使用个人信息行为认定方法》,进一步采取有效措施,消除数据安全隐患:一是要尽快完善隐私政策,规范用户个人信息收集使用行为;二是要加强用户信息分类分级保护,强化用户查询接口风险控制等安全保护策略;三是要加强企业内部数据安全管理,定期及新业务上线前要开展数据安全合规性自评估,及时防范数据安全风险;四是要在发生重大数据安全事件时,及

---

[1] 肖燕雄、颜美群:《网络信息内容规制领域行政约谈的法治化困境与进路》,载《贵州师范大学学报(社会科学版)》2022年第4期。

时告知用户并向主管部门报告。[1]

新浪微博表示,公司高度重视数据安全和个人信息保护,针对此次事件已采取了升级接口安全策略等措施,后续将按照工业和信息化部要求,落实企业数据安全主体责任,切实做好用户个人信息保护工作。

二、行政处罚方式

(一)责令改正

责令改正是一个包容性很强的概念,由于不同的违法行为、违法形态有不同的改正方式,因而责令改正有不同的表现形式。除"责令改正"和"限期改正"两种表现形式外,根据现有法律、法规和规章的规定,责令改正还有多种变体形式,包括限期清除、责令停止侵权、限期完善设施等形式。[2]依照《数据安全法》中对数据处理的定义,整个过程包括数据的收集、存储、使用、加工、传输、提供、公开等流程,在不同的流程环节中,"责令改正"的具体内容也不相同,应当由行政机关依据法定义务对违法行为作出具体指令。通常,"责令改正"具有防止损失扩大的"紧急保全"性质,从实践中的案例来看,体现为要求相关责任主体履行"健全数据安全管理制度""依法定期开展风险评估""及时清理处置网络安全隐患"等安全保护措施。这些措施高度贴合《网络安全法》《数据安全法》等法律规定中对数据处理者应当履行的安全保护义务的要求。

---

[1] 参见《网络安全管理局就新浪微博 App 数据泄露问题开展问询约谈》,载工业和信息化部 2020 年 3 月 24 日,https://www.miit.gov.cn/xwdt/gxdt/sjdt/art/2020/art_3e63cea18ebb4a9796db087d09a84c80.html。

[2] 参见李孝猛:《责令改正的法律属性及其适用》,载《法学》2005 年第 2 期。

案例阅读

2023年2月，湖南省湘潭市公安局岳塘分局网安部门在工作中发现辖区某商旅服务公司票务系统中存有大量用户姓名、电话、身份证号、航班、银行账户等敏感数据，存在数据泄露风险。经查，该公司服务器短时间内存在大量登录失败，被恶意用户暴力破解账户密码痕迹。同时，服务器内安装的ElasticSearch软件，可以通过互联网在无须账号密码条件下直接访问系统内敏感数据。湘潭市公安局岳塘分局根据《数据安全法》第27条、第45条第1款之规定，给予该企业警告，并责令限期改正。

（二）给予警告

警告属于行政处罚中的名誉罚，针对的是行政相对人的人格性权益，通过制裁，产生名誉减损和社会评价降低的法律效果，因此，作为行政行为的"警告"所产生的法律效果，应该是对被处罚相对人个人利益的名誉减损或社会声誉的贬低。但此处值得商榷的是，警告作为一项具体行政行为，一般发生在作出决定的行政机关和接受警告的行政相对人之间，在如此一种双方关系之中，难以实现被罚相对人个人名誉或社会声誉减损的法律效果，更像是一种"行政指导的事实行为"，只有公开警告，才能在一定程度上起到名誉罚的效果。[1]

案例阅读

2022年3月13日，邵东市委网信办和市公安局网络安全保卫大队民警对辖区单位开展网络安全和数据安全检查时，发现辖区内两家

---

[1] 参见朱芒：《作为行政处罚一般种类的"通报批评"》，载《中国法学》2021年第2期。

单位疑似存在数据泄露风险。经查,两家单位没有制定数据安全管理制度和操作规程,没有对单位员工开展正规的数据安全教育培训,没有采取任何防篡改、防泄露、防侵入等技术措施,用户个人信息数据存在泄露风险。根据《数据安全法》第45条和《湖南省网络安全和信息化条例》第26条、第33条、第55条之规定,邵东市委网信办联合市公安局对未履行数据安全保护义务的这两家单位负责人进行约谈,对两家单位依法予以行政警告处罚,要求切实履行主体责任,及时清理和处置网络安全隐患。两家单位负责人均表示接受处罚并且立即按要求整改到位。[1]

（三）罚款

罚款是实践中最为常见的一种行政处罚手段,属于财产罚。"罚款"作为行政处罚中的一种"主罚",是指行政机关在法律授权的范围内,根据立法目的,针对行政不法行为所作的具有经济性的制裁,本质上系属财产罚。[2]尽管罚款具有易于掌握、责任明确的优点,但在以组织为主体的违法情境下也存在威慑不足、溢出效应、价值虚化等现实困境,从而无法体现行政处罚非难违法行为的伦理价值,[3]在实践中,对此类行政处罚手段适用最多,而且往往与警告和责令整改同时适用。需要指出的是,由于缺少对相关处罚标准的规定,导致各地的处罚标准差异化,因此对于违法情节所对应的罚款数额亟须统一标准。

---

[1]《邵东市连开两张违反〈数据安全法〉罚单》,载网信湖南微信公众号2023年4月3日,https://mp.weixin.qq.com/s/IXAuD5acaGZ06apZScDH9w。

[2] 参见李惠宗:《行政法要义》,台北,元照出版有限公司2009年版,第462~463页。

[3] 参见谭冰霖:《单位行政违法双罚制的规范建构》,载《法学》2020年第8期。

> **案例阅读**
>
> 2022年2月，在开展广州民生实事"个人信息超范围采集整治治理"专项工作中，广州警方在检查中发现，广州某公司开发的"驾培平台"存储了驾校培训学员的姓名、身份证号、手机号、个人照片等信息1070万余条，但该公司没有建立数据安全管理制度和操作规程，对日常经营活动中采集到的驾校学员个人信息未采取去标识化和加密措施，系统存在未授权访问漏洞等严重数据安全隐患。系统平台一旦被不法分子突破窃取，将导致大量驾校学员的个人信息泄露，给广大人民群众个人利益造成重大影响。
>
> 根据《数据安全法》的有关规定，广州警方对该公司未履行数据安全保护义务的违法行为，依法处以警告并处罚款人民币5万元的行政处罚，开创了广东省公安机关适用《数据安全法》的先例，对数据安全治理作出了积极探索和实践。

（四）暂停相关业务、停业整顿、吊销相关业务许可证或者吊销营业执照

行为人侵害数据安全行为造成严重后果的，应当承担更重的行政法律责任。例如，《数据安全法》第45条第1款规定的加重情节"拒不改正或者造成大量数据泄露等严重后果"；第45条第2款规定的"违反国家核心数据管理制度，危害国家主权、安全和发展利益的"；第46条向境外提供重要数据，情节严重的。对于第46条而言，首先应当符合侵权行为基本成立条件，才可能因为具备加重情节进而承担更重的法律责任，若开展数据处理活动的组织和个人拒不改正或者造成大量数据泄露等严重后果，表明数据安全保护义务下的数据安全利益受到更严重的侵犯，理应受到更进一步处罚，此类处罚属于行政处罚中的资格罚，资格罚脱胎于行为罚，资格罚最后的表现结果是对当事人行为的限制

或者剥夺。[1]

此类行政处罚的正当性来源是国家主权、安全和发展利益。政务大数据汇聚了各级政府部门的业务数据和相关公共数据，记录着社会主体活动的方方面面，具有巨大的价值，且关系国家安全、国民经济命脉、重要民生、重大公共利益等，与国家的经济运行、社会治理、公共服务、国防安全等密切相关，并极可能遭到以数据为目标的跨境攻击，必须予以强有力的安全保障。《数据安全法》第45条第2款从国家战略高度审视核心数据安全问题，将之置于当下发展和未来建设的重要位置，设定了财产罚和资格罚两种具体处罚措施，并大大提高了罚款金额的下限。由此可能会引发一个问题，财产罚和资格罚并用，是否违反行政处罚的"一事不再罚"原则，答案显然是否定的。对于罚款以外的其他类型处罚，如没收违法所得、暂扣或吊销许可证等，原则上可以并处。因为不同类型的处罚在制裁效果和目的上都有较大差异，允许并处更有利于行政目的的实现。[2]

三、行政执法情况[3]

结合《数据安全法》等相关规定以及当前的执法实践可以看出，数据安全保护领域的相关行政执法事项主要由网信部门、工信部门、公安机关以及国家安全机关负责。尽管各部门有其法定的职责权限，行政执法的对象和范围也各有侧重，但在具体开展行政执法的过程中，仍然存在一些困境，权责不清、各自为政、执法推诿、效率低下等问题尚未有效解决，法律赋予网信部门的统筹协调职能履行得不够顺畅。行政执法过程中存在不同执法部门对同一单位、同一事项重复检查且检查标准不一等问题，不同法律实施主管机关采集的数据还不能

---

[1] 参见黄海华：《行政处罚的重新定义与分类配置》，载《华东政法大学学报》2020年第4期。

[2] 参见马怀德：《〈行政处罚法〉修改中的几个争议问题》，载《华东政法大学学报》2020年第4期。

[3] 参见刘新宇主编：《数据保护：合规指引与规则解析》（第2版），中国法制出版社2021年版。

实现"互联互通",经常给网络运营商增加额外负担。

针对前述问题,除了依照相关法律法规及政策文件规定、在实践中进一步明确各职能部门的权责界限以外,各部门还可以采取联合协作等方式开展行政执法工作,以加强资源整合、信息共享,打破数据壁垒。例如,2019年初,中央网信办、工信部、公安部、市场监管总局共同发布了《关于开展App违法违规收集使用个人信息专项治理的公告》,联手在全国范围组织开展App违法违规收集使用个人信息专项治理行动。

(一)网信部门的行政执法情况

《网络安全法》第8条、第23条、第35条、第37条、第39条、第50条、第51条、第53条规定了国家网信部门在统筹协调网络安全工作、相关监督管理工作方面的具体职能。《个人信息保护法》第60条之规定亦明确了国家网信部门在个人信息保护领域统筹协调个人信息保护工作和相关监督管理工作的职责。《数据安全法》第6条第4款规定:"国家网信部门依照本法和有关法律、行政法规的规定,负责统筹协调网络数据安全和相关监管工作。"第31条规定:"关键信息基础设施的运营者在中华人民共和国境内运营中收集和产生的重要数据的出境安全管理,适用《中华人民共和国网络安全法》的规定;其他数据处理者在中华人民共和国境内运营中收集和产生的重要数据的出境安全管理办法,由国家网信部门会同国务院有关部门制定。"2023年3月18日国家互联网信息办公室发布了《网信部门行政执法程序规定》,自2023年6月1日起施行。该规定对2017年5月2日公布的《互联网信息内容管理行政执法程序规定》进行了全面修订,对近年来网信执法领域取得的诸多改革成果予以确认和巩固。

根据网信部门发布的执法活动信息,近年来其执法落脚于"清朗"系列专项行动上,重点执法工作为互联网内容管理。2022年网信部门组织开展了13项"清朗"专项行动,2023年开展整治"自媒体"乱象、打击网络水军操纵信息内容、规范重点流量环节网络传播秩序、优化营商网络环境保护企业合法权益、整治生活服务类平台信息内容乱象、整治短视频信息内容导向不良问题、整治暑期未成年人网络环境、整治网络戾气、整治春节网络环境共 9 项专项行动，主要措施是清理违法和不良信息、下架 App 或小程序、解散关闭群组、关闭网站等。[1]

不过，网信部门也在加强网络安全、数据安全、个人信息安全领域的执法工作，2023 年根据网络安全审查结论及发现的问题和移送的线索，国家网信办依法对知网（CNKI）违法处理个人信息行为作出网络安全审查相关行政处罚的决定，属地网信办依法依规查处了一批怠于履行网络安全和数据安全义务的违法违规企业，下架了一批违法违规处理个人信息的移动应用程序，下架了一批未按国家有关规定开展安全评估工作，存在较大安全风险的移动应用程序。[2]

> **案例阅读**　湖南省长沙市电商平台未履行数据安全保护义务案[3]
>
> 2023 年 2 月，湖南省长沙市公安局岳麓分局网安部门在工作中发现，辖区某电商平台存在数据泄露隐患，迅速组织专业技术人员调取日志并约谈单位相关责任人员。经查，该企业服务器存在未授权访问漏洞，用户隐私数据存在泄露风险。通过进一步核实，该企业未制定数据安全管理制度、未充分落实网络安全等级保护制度。长沙市公安局岳麓分局根据《数据安全法》第 27 条、第 45 条第 1 款之规定，给予该企业警告，并处罚款 5 万元，对直接责任人处罚款 1 万元，责令限期改正。

---

[1] 参见《一图速览丨2023 年"清朗"系列专项行动新闻发布会》，载中央网络安全和信息化委员会办公室，https://www.cac.gov.cn/2023-03/28/c_1681651403795085.htm。

[2] 《网信系统持续推进网络执法　查处各类网上违法违规行为》，载中央网络安全和信息化委员会办公室，https://www.cac.gov.cn/2024-01/31/c_1708373600499439.htm。

[3] 《湖南网安适用〈数据安全法〉对多个单位作出行政处罚》，载公安部网安局微信公众号 2023 年 4 月 7 日，https://mp.weixin.qq.com/s/K6PBwwTvF87Qv8_ndWtMFA。

（二）工信部门的行政执法情况

为明确工业和信息化部、地方行业监管部门的职责范围，建立权责一致的工作机制，工业和信息化部印发《工业和信息化领域数据安全管理办法（试行）》（工信部网安〔2022〕166号），构建了"工业和信息化部、地方行业监管部门"两级监管机制，也即工业和信息化部统筹工业和电信领域数据安全监管工作，地方行业监管部门分别负责对本地区工业、电信、无线电领域数据处理者进行监督管理。该管理办法还规定了数据处理者开展数据识别备案、加强内部管理、组织常态化监测预警与应急处置、定期实施风险评估等义务。

2019年7月，工信部开展为期一年的电信和互联网行业提升网络数据安全保护能力专项行动，通过集中开展数据安全合规性评估、专项治理和监督检查，督促基础电信企业和重点互联网企业强化网络数据安全流程管理，及时整改消除重大数据泄露、滥用等安全隐患。在合规性评估和专项治理层面，包括：（1）开展网络数据安全风险评估，针对物联网、车联网、卫星互联网、人工智能等新技术新应用带来的重大互联网数据安全问题，及时开展行业评估和跨部门联合评估工作。（2）深化App违法违规专项治理，持续推进App违法违规收集使用个人信息专项治理行动，组织第三方评测机构开展App安全滚动式评测，对在网络数据安全和用户信息保护方面存在违法违规行为的App及时进行下架和公开曝光；组织开展应用商店安全责任专项部署，督促应用商店落实App运营者真实身份信息验证、应用程序安全检测、违法违规App下架等责任。（3）强化网络数据安全监督执法，持续开展数据泄露等网络数据安全和用户信息安全事件监测跟踪与执法调查，对违法违规行为及时采取约谈、公开曝光、行政处罚等措施，将处罚结果纳入电信业务经营不良名单或失信名单。[1]

2023年1月29日，工信部编制了《工业和信息化部行政执法事项清单

---

[1] 参见《工业和信息化部办公厅关于印发〈电信和互联网行业提升网络数据安全保护能力专项行动方案〉的通知》。

（2022年版）》并对外公布，其中明确了"对工业和信息化领域数据处理者落实数据安全保护责任义务及管理措施落实的监督检查""对工业和信息化领域数据处理者开展数据处理活动未依照法律、法规的规定，建立健全全流程数据安全管理制度的行政处罚""对工业和信息化领域数据处理者开展数据处理活动未依照法律、法规的规定，组织开展数据安全教育培训的行政处罚""对工业和信息化领域数据处理者开展数据处理活动未依照法律、法规的规定，采取相应的技术措施和其他必要措施，保障数据安全的行政处罚""对工业和信息化领域数据处理者利用互联网等信息网络开展数据处理活动，未在网络安全等级保护制度的基础上，履行第二十七条数据安全保护义务的行政处罚""对工业和信息化领域重要数据的数据处理者，未明确数据安全负责人和管理机构，落实数据安全保护责任的行政处罚""对工业和信息化领域数据处理者开展数据处理活动，未加强风险监测，发现数据安全缺陷、漏洞等风险时，未立即采取补救措施的行政处罚""对工业和信息化领域数据处理者发生数据安全事件时，未立即采取处置措施的行政处罚""对工业和信息化领域数据处理者发生数据安全事件时，未按照规定及时告知用户并向有关主管部门报告的行政处罚""对工业和信息化领域重要数据的处理者未按照规定对其数据处理活动定期开展风险评估，并向有关主管部门报送风险评估报告的行政处罚""对工业和信息化领域重要数据的处理者报送的风险评估报告未包括处理的重要数据的种类、数量，开展数据处理活动的情况，面临的数据安全风险及其应对措施等的行政处罚""对工业和信息化领域关键信息基础设施的运营者在中华人民共和国境内运营中收集和产生的重要数据的出境安全管理，未落实《网络安全法》的有关规定的行政处罚""对工业和信息化领域非关键信息基础设施运营者的数据处理者在中华人民共和国境内运营中收集和产生的重要数据的出境安全管理，未落实《数据出境安全评估办法》等有关规定的行政处罚""对从事工业和信息化领域数据交易中介服务的机构，未要求数据提供方说明数据来源，审核交易双方的身份，并留存审核、交易记录的行政处罚""对境内的工业和信息化领域数据处理者未经工业、电信、无线电领域主管机关批准向外国司法或者执法机构提供存储于境内的数据的行政处罚"共 15 项执法事项。

工业和信息化部行政执法信息公示平台已经展示有涉及数据安全的执法信息,执法类别集中在"行政处罚"上,少数为"行政检查",目前处罚了未采取重要数据备份和加密等措施、未建立健全全流程数据安全管理制度、未组织开展数据安全教育培训、未采取相应的技术措施、未明确数据安全负责人和管理机构、未加强风险监测、发生数据安全事件时未立即采取处置措施、未按照规定对其数据处理活动定期开展风险评估、重要数据的出境安全管理未落实相应要求、未经批准向境外提供数据、数据交易中介服务机构未履行审核义务等行为。[1]

根据工业和信息化部行政执法信息公示平台上的执法信息,当前行政处罚大多属于《数据安全法》第 27 条规定的行为,内容为:"开展数据处理活动应当依照法律、法规的规定,建立健全全流程数据安全管理制度,组织开展数据安全教育培训,采取相应的技术措施和其他必要措施,保障数据安全。利用互联网等信息网络开展数据处理活动,应当在网络安全等级保护制度的基础上,履行上述数据安全保护义务。重要数据的处理者应当明确数据安全负责人和管理机构,落实数据安全保护责任。"需要注意的是,已经出现了对数据交易中介机构、数据出境的行政处罚案例,相较于网信部门,工信部门的行政处罚事项已形成一定架构且更为多样。

(三)公安机关的行政执法情况

《数据安全法》为公安机关全链条打击、惩治侵犯公民个人信息、倒卖个人信息等违法犯罪行为提供了重要法律保障,将更加有利于落实网络安全等级保护制度,全方位保护个人信息安全。自 2020 年以来,公安部每年都组织"净网"专项行动,依法重拳打击侵犯公民个人信息违法犯罪活动,截至 2023 年 8 月累计侦破案件 3.6 万起,抓获犯罪嫌疑人 6.4 万名,查获手机黑卡 3000 余万张、网络黑

---

[1] 参见《行政执法信息公示平台》,载工业和信息化部,https://wap.miit.gov.cn/datainfo/xzzfxxgspt/zfsx/index.html。

号 3 亿余个,推动出台了《个人信息保护法》《数据安全法》,会同中央网信办等部门制定印发了《App 违法违规收集使用个人信息认定方法》《常见类型移动互联网应用程序必要个人信息范围规定》等,明确了个人信息认定标准、行业规范和企业责任,并同步开展行政执法工作,巡查互联网企业 5.5 万家,办理行政案件 1.3 万余起,处罚了一批超范围采集公民个人信息的手机 App 运营公司,修补安全漏洞 3000 余个,督导互联网头部企业完善用户数据采集、存储、使用制度。[1]

根据公安部发布的信息,近年来涉网络和数据安全的执法重点落脚于保护关键信息基础设施、重要网络和大数据安全,采取"日常走访+年度检查"的方式落实执法活动。2023 年第三季度,公安机关共办理网络和数据安全行政执法案件 1.4 万起,其中,网络运营者不履行网络安全保护义务的案件占 86%。[2]从这个角度,工信部门和公安部执法的重点对象都指向了网络运营者类主体。

(四)国家安全机关的行政执法情况

《数据安全法》确立了中国数据安全监管体制,其中明确中央国家安全领导机构负责国家数据安全工作的决策和议事协调,统筹协调国家数据安全的重大事项重要工作,建立国家数据安全工作协调机制。实践中,国家安全机关通常负责危害国家安全行为的处理。国家安全部曾公布三起危害重要数据安全案例,包括某航空公司数据被境外间谍情报机关网络攻击窃取案、某境外咨询调查公司秘密搜集窃取航运数据案、李某等人私自架设气象观测设备采集并向境外传送敏感气象数据案,主要涉及境外组织对我国重要数据进行技术窃取、委托境内组织收集等行为。[3]

---

[1] 参见《公安部召开新闻发布会 通报打击侵犯公民个人信息违法犯罪成效情况》,载公安部网安局 2023 年 8 月 10 日,https://mp.weixin.qq.com/s/E-NmcHf_kBd-rFi_EVViJA。

[2] 参见《人民日报:公安机关切实履职维护好国家网络和数据安全 加强网络安全管理 完善技术防护体系》,载公安部官网 2023 年 7 月 7 日,https://www.mps.gov.cn/n2255079/n4242954/n4841045/n4841050/c9102234/content.html。

[3] 参见《国家安全部公布三起危害重要数据安全案例》,载新华网,http://www.xinhuanet.com/info/20211101/b21cc3f1219f48f7bc9ecb70b6c91b84/c.html。

> **案例阅读**　　　**某境外咨询调查公司秘密搜集窃取航运数据案**

2021年5月，国家安全机关在工作中发现，某境外咨询调查公司通过网络、电话等方式，频繁联系我国大型航运企业、代理服务公司的管理人员，以高额报酬聘请行业咨询专家之名，与我境内数十名人员建立"合作"，指使其广泛搜集提供我航运基础数据、特定船只载物信息等。办案人员在进一步调查后得知，相关境外咨询调查公司与所在国家的间谍情报机关关系密切，承接了大量情报搜集和分析业务，将通过我境内人员所获的航运数据，都提供给该国间谍情报机关。

为了防范相关危害的持续发生，国家安全机关及时对有关境内人员进行警示教育，并责令所在公司加强内部人员管理和数据安全保护措施。同时，依法对该境外咨询调查公司的有关活动进行了查处。

> **案例阅读**　　　**李某等人私自架设气象观测设备，采集并向境外传送敏感气象数据案**

2021年3月，国家安全机关在工作中发现，国家某重要军事基地周边建有一可疑气象观测设备，具备采集精确位置信息和多类型气象数据的功能，所采集数据直接传送至境外。

国家安全机关通过调查得知，有关气象观测设备由李某在网上购买并私自架设，类似设备已向全国多地售出100余套，部分被架设在我国重要区域周边，有关设备所采集数据被传送到境外某气象观测组织的网站。该境外气象观测组织实际上由某国政府部门以科研之名发起成立，而该部门的一项重要任务就是搜集分析全球气象数据信息，为其军方提供服务。国家安全机关会同有关部门联合开展执法，责令有关人员立即拆除设备，消除了风险隐患。

第四节　刑事责任

一、数据犯罪刑事责任承担

（一）数据犯罪刑事责任的概念

我国《刑法》尚未针对数据犯罪设置专门罪名，而是通过罪群方式将数据犯罪纳入刑法的规制范围，这一罪群以计算机数据犯罪和个人信息犯罪为主，以其他数据犯罪为辅。[1]通说认为，数据犯罪不仅包括以数据作为犯罪对象的犯罪，还涵纳以数据作为犯罪工具、犯罪载体等其他与数据相关的犯罪。[2]

数据犯罪刑事责任是指犯罪人因实施数据犯罪行为而应当承担的刑法规定的法律责任。数据侵害行为的严重性达到危害社会的程度，即危害到由刑法保护的法益的，应承担刑事责任。

我国《刑法》规定，一切危害国家主权、领土完整和安全，分裂国家、颠覆人民民主专政的政权和推翻社会主义制度，破坏社会秩序和经济秩序，侵犯国有财产或者劳动群众集体所有的财产，侵犯公民私人所有的财产，侵犯公民的人身权利、民主权利和其他权利，以及其他危害社会的行为，依照法律应当受刑罚处罚的，都是犯罪；但是情节显著轻微、危害不大的，不认为是犯罪。从上述规定来看，行为人侵害数据权，包括数据主权、个人信息权、数据财产权、知情权等达到危害社会程度的，均可构成数据犯罪并应承担刑事责任。[3]

---

[1] 参见喻海松:《数据犯罪刑法规制模式的现状评析与未来展望》，载《法学杂志》2023年第5期。

[2] 参见张萌:《数字经济时代下的数据犯罪，需要思考些什么》，载庭前独角兽2023年9月11日，https://mp.weixin.qq.com/s/bWNJ04-qCdoEvf6zTlSuVQ。

[3] 参见齐爱民:《数据法原理》，高等教育出版社2022年版，第225页。

(二)数据犯罪的犯罪构成[1]

所谓犯罪构成,又称犯罪的构成要件,是指依照刑法规定,决定某一具体侵害行为是否构成犯罪并承担刑事责任的一切客观和主观要件的总和。任何一种犯罪的成立都必须具备4个方面的构成要件,即犯罪主体、犯罪主观方面、犯罪客体和犯罪客观方面。相应地,数据犯罪的成立必须同时具备数据犯罪主体、数据犯罪主观方面、数据犯罪客体和数据犯罪客观方面4个方面的构成要件。数据犯罪主体是指实施侵害数据权的行为,依法应当承担刑事责任的自然人或单位。数据犯罪主观方面是指犯罪主体对自己侵害数据的行为及其危害结果所持的心理态度。数据犯罪主观方面包括故意和过失,又称过错,是一切犯罪构成都必须具备的主观方面要件。我国刑法规定,故意犯罪,应当负刑事责任;过失犯罪,法律有规定的才负刑事责任。数据犯罪客体,是指由刑法保护而被犯罪侵犯的数据关系。数据犯罪客观方面是指数据犯罪活动的客观外在表现形式,包括危害行为和危害结果。数据犯罪构成是判断罪与非罪、此罪与彼罪的依据。

(三)数据犯罪的刑罚

数据犯罪的刑罚是指数据犯罪刑事责任的承担。刑罚是由国家最高立法机关在《刑法》中确定的,由法院对犯罪分子适用并由专门机构执行的最为严厉的国家强制措施。根据《刑法》的规定,刑罚分为主刑和附加刑。

1. 主刑。主刑是对行为人适用的主要刑罚,只能独立适用,不能附加适用,对犯罪分子只能判一种主刑。主刑分为管制、拘役、有期徒刑、无期徒刑和死刑。

2. 附加刑。附加刑是既可以独立适用又可以附加适用的刑罚。附加刑分为罚金、剥夺政治权利、没收财产。对在中国境内犯罪的外国人,可以独立或者附加适用驱逐出境。

---

[1] 参见齐爱民:《数据法原理》,高等教育出版社2022年版,第225~226页。

(四)刑事责任能力

刑事责任能力,指行为人承担刑事责任所必须具备的刑法意义上辨认和控制自己行为的能力。我国刑法通说认为,不具备刑事责任能力的人实施危害社会的行为,不构成犯罪,不能被追究刑事责任。对于自然人而言,只要达到一定的年龄,生理和智力发育正常,就认为具备了刑法意义上辨认和控制能力,从而具有刑事责任能力。我国刑法规定的最低刑事责任年龄为12岁。根据我国《刑法》的规定,已满16周岁的人为完全刑事责任能力人,应当负刑事责任;已满14周岁不满16周岁的人,对故意杀人、故意伤害致人重伤或者死亡、强奸、抢劫、贩卖毒品、放火、爆炸、投放危险物质罪等罪名,应当负刑事责任;已满12周岁不满14周岁的人,犯故意杀人、故意伤害罪,致人死亡或者以特别残忍手段致人重伤造成严重残疾,经最高人民检察院核准追诉的,应当负刑事责任;不满12周岁的人为无刑事责任能力人,对于实施任何危害社会的行为,都不负刑事责任。鉴于数据犯罪的技术性与少年对技术手段的学习能力,有学者主张已满14周岁不满16周岁的人,对数据犯罪应当负刑事责任。

我国《刑法》第18条规定,精神病人在不能辨认或者不能控制自己行为的时候造成危害结果,经法定程序鉴定确认的,不负刑事责任,但是应当责令他的家属或者监护人严加看管和医疗;在必要的时候,由政府强制医疗。间歇性的精神病人在精神正常的时候犯罪,应当负刑事责任。尚未完全丧失辨认或者控制自己行为能力的精神病人犯罪的,应当负刑事责任,但是可以从轻或者减轻处罚。醉酒的人犯罪,应当负刑事责任。上述规定同样适用于数据犯罪。

二、《刑法》中对数据犯罪的规定

(一)传统数据犯罪分类

根据我国《刑法》的规定,传统犯罪类型包括侵害国家秘密罪、侵害军事秘密罪和侵害经济与社会秩序罪。

1. 侵害国家数据主权和安全类犯罪

我国《刑法》第 111 条规定了为境外获取、刺探、收买、非法提供国家秘密、情报罪；第 282 条规定了非法获取国家秘密罪和非法持有国家绝密、机密文件、资料、物品罪；第 398 条规定了泄露国家秘密罪。

2. 侵害军事数据安全类犯罪

我国《刑法》规定，侵害军事数据安全类犯罪可以分为三类：非法获取军事秘密罪；为境外获取、刺探、收买、非法提供军事秘密、情报罪；泄露军事秘密罪。

3. 侵害经济秩序罪

根据我国《刑法》的规定，通过侵害数据的行为实施的侵害经济秩序罪包括侵犯商业秘密数据类犯罪、泄露内幕信息罪、利用未公开信息交易罪。我国《刑法》第 219 条规定了侵犯商业秘密罪，第 180 条规定了泄露内幕信息罪和利用未公开信息交易罪。

4. 侵害社会秩序罪

根据我国《刑法》第 291 条之一的规定，侵害社会数据秩序罪可以分为编造、故意传播虚假恐怖信息罪和编造、故意传播虚假信息罪两种。

(二)针对数据安全的犯罪

《数据安全法》第 45 条第 2 款规定："违反国家核心数据管理制度，危害国家主权、安全和发展利益的……构成犯罪的，依法追究刑事责任。"第 52 条第 2 款规定："违反本法规定……构成犯罪的，依法追究刑事责任。"从我国现行《刑法》的规定与刑事审判实践来看，涉及数据利益保护和数据安全的罪名，主要包括侵犯商业秘密罪（第 219 条）、侵犯公民个人信息罪（第 253 条）、非法获取计算机信息系统数据罪（第 285 条第 2 款）、拒不履行网络安全管理义务罪（第 286 条第 1 款）、破坏计算机信息系统罪（第 286 条第 2 款）等，可以看出，我国《刑法》和司法解释中对数据犯罪的处置规则大致可以概括为两种路径：一是基于数据的本质属性,将其作为信息以非物权形式加以保护;二是依据数据的技术特性、将其作为计算机系统的内在组成部分加以保护。[1]

1. 为境外窃取、刺探、收买、非法提供国家秘密、情报罪

《刑法》第 111 条规定:"为境外的机构、组织、人员窃取、刺探、收买、非法提供国家秘密或者情报的,处五年以上十年以下有期徒刑;情节特别严重的,处十年以上有期徒刑或者无期徒刑;情节较轻的,处五年以下有期徒刑、拘役、管制或者剥夺政治权利。"

> **案例阅读**
>
> 2022 年央视报道了一起为境外刺探、非法提供高铁数据的重要案件。这起案件是《数据安全法》实施以来首例涉案数据被认定为情报的案件,也是我国首例涉及高铁运营安全且危害国家安全的案件。
>
> 涉案企业为境外公司搜集、提供的数据涉及铁路 GSM-R 敏感信号,GSM-R 是高铁移动通信专网,承载着高铁运行管理和指挥调度等各种指令。经国家安全机关调查,这家境外公司从事国际通信服务,但它长期合作的客户包括某西方大国间谍情报机关、国防军事单位以及多个政府部门。涉案数据被国家保密行政管理部门鉴定为情报,境内公司的行为是《数据安全法》《无线电管理条例》等法律法规严令禁止的非法行为,相关人员的行为涉嫌《刑法》第 111 条规定的为境外刺探、非法提供情报罪。[2]

---

[1] 参见王倩云:《人工智能背景下数据安全犯罪的刑法规制思路》,载《法学论坛》2019 年第 2 期。

[2] 参见《〈焦点访谈〉曝光上海某公司向境外出售中国高铁数据》,载央视网,https://v.cctv.com/2022/04/14/VIDEnWbdZ4RrBQ9e8SF0EGBy220414.shtml。

2. 侵犯商业秘密罪

我国《刑法》第 219 条规定："有下列侵犯商业秘密行为之一,情节严重的,处三年以下有期徒刑,并处或者单处罚金;情节特别严重的,处三年以上十年以下有期徒刑,并处罚金:(一)以盗窃、贿赂、欺诈、胁迫、电子侵入或者其他不正当手段获取权利人的商业秘密的;(二)披露、使用或者允许他人使用以前项手段获取的权利人的商业秘密的;(三)违反保密义务或者违反权利人有关保守商业秘密的要求,披露、使用或者允许他人使用其所掌握的商业秘密的。明知前款所列行为,获取、披露、使用或者允许他人使用该商业秘密的,以侵犯商业秘密论。本条所称权利人,是指商业秘密的所有人和经商业秘密所有人许可的商业秘密使用人。"

第 219 条之一规定:"为境外的机构、组织、人员窃取、刺探、收买、非法提供商业秘密的,处五年以下有期徒刑,并处或者单处罚金;情节严重的,处五年以上有期徒刑,并处罚金。"

> **案例阅读**
>
> 在 2020 年,湖南省衡阳市蒸湘区人民法院审理了一宗侵犯商业秘密罪的案件。案中被告人唐某为衡阳富士康公司的员工,与公司签订了保密协议。然而,在其任职期间,唐某因对公司政策不满,利用职务之便和公司计算机系统的管理缺陷,非法获取了公司包括"人力资源招募政策""招聘现况及人员情况""会议纪要"等多项机密信息,并通过拍照及邮件的方式将这些信息发送给了朋友。这些机密资料随后被泄露到互联网上。特别地,一篇发表在美国的文章利用从唐某那里泄露的资料,对衡阳富士康公司的一些做法提出了"非法用工"的指控,该文章随后被众多其他网站转载,严重损害了衡阳富士康公司的声誉。唐某所窃取并泄露的商业机密内容具体包括:公司人力招募政

策规则;公司配合输送实习生的学校名单;公司人力雇佣问题和解决方法;公司聘用派遣工超标的数据;公司使用实习生和正式工的成本对比;公司的生产经营目标;公司短期工的替换计划;公司人力招募现状、人数、加班量;公司2020年7月的人力状况,员工离职、薪资与各项劳工议题管理;公司的会议记录。

法院最终认定,被告人唐某违反了与衡阳富士康公司签订的保密协议,利用公司计算机系统的漏洞盗取并外泄公司商业秘密,这一行为不仅对衡阳富士康公司造成了严重的负面影响,还导致公司承担了超过140万元人民币的用工成本损失。因此,法院判决唐某犯侵犯商业秘密罪,处以有期徒刑2年,并处罚金人民币1万元。[1]

3. 侵犯公民个人信息罪

《刑法》第253条之一规定:"违反国家有关规定,向他人出售或者提供公民个人信息,情节严重的,处三年以下有期徒刑或者拘役,并处或者单处罚金;情节特别严重的,处三年以上七年以下有期徒刑,并处罚金。违反国家有关规定,将在履行职责或者提供服务过程中获得的公民个人信息,出售或者提供给他人的,依照前款的规定从重处罚。窃取或者以其他方法非法获取公民个人信息的,依照第一款的规定处罚。单位犯前三款罪的,对单位判处罚金,并对其直接负责的主管人员和其他直接责任人员,依照各该款的规定处罚。"

案例阅读

最高人民法院审判委员会在2022年12月26日审议通过并发布了指导性案例194号,为一起严重侵犯公民个人信息案件。在此案

---

[1] 湖南省衡阳市蒸湘区人民法院刑事判决书,(2020)湘0408刑初151号。

中，被告人熊某联同他人违反了国家相关规定，共同投资购买了空白微信账号和一种能进行智能群发消息、添加好友、创建群聊的营销软件，通过网络购买他人的求职信息，非法添加微信好友，并将这些经过操作的微信账号出售或是将非法收集的公民个人信息提供给他人以谋取利益。

法院指出，公民个人信息是与个人生活紧密相关的信息，通常个人不愿意这些信息被无关人士知晓。非法获取的个人信息如果涉及隐私或者一旦泄露可能造成极其严重的后果，不仅严重侵害了公民的个人信息安全和合法权益，还可能助长网络赌博、电信网络诈骗等违法犯罪活动，对社会公共秩序造成严重干扰，带来巨大的社会危害。微信作为具有通信、社交、支付等多重功能的平台，其账号与用户的手机号实名制绑定，进而与银行卡等个人信息关联，因此微信账号本身也被认定为公民个人信息的一部分。被告人通过非法手段处理已公开的个人信息并以此牟利，违背了信息公开的原始目的或者显著改变了信息的使用目的。这种行为在信息被进一步利用后可能危及个人的人身或财产安全，情节特别严重，构成了侵犯公民个人信息罪。[1]

4. 提供侵入、非法控制计算机信息系统程序、工具罪

我国《刑法》第 285 条第 3 款规定："提供专门用于侵入、非法控制计算机信息系统的程序、工具，或者明知他人实施侵入、非法控制计算机信息系统的违法犯罪行为而为其提供程序、工具，情节严重的，依照前款的规定处罚。"

---

[1] 最高人民法院指导性案例 194 号：熊昌恒等侵犯公民个人信息案。

案例阅读

最高人民法院审判委员会在 2020 年 12 月 29 日批准并发布了指导性案例 145 号,为一宗数据非法控制计算机信息系统的案件。在此案中,被告人张某、彭某、祝某和姜某预谋合作从赌博网站的广告费中获利,通过检索和筛选存在安全漏洞的服务器,然后向这些服务器注入木马(后门程序)以取得控制权。随后,利用"菜刀"等软件连接到这些木马程序,获得了对服务器后台浏览、增加、删除、修改等操作的权限,并上传包含赌博关键词且设置了自动跳转功能的静态网页到目标服务器上,以提升赌博网站广告在搜索引擎中的命中率。对此,公诉机关指控这 4 人构成破坏计算机信息系统罪。

在庭审过程中,被告人及其辩护人均承认了指控的主要事实,但辩护人认为,被告人的行为仅限于对目标服务器的侵入或非法控制,并未造成实质性破坏,因此应当定性为非法侵入计算机信息系统罪或非法控制计算机信息系统罪,而不应构成破坏计算机信息系统罪。

法院的最终裁决认为,尽管被告人对目标服务器进行了数据的修改和增加,但这些行为并未导致信息系统的功能受到实质性破坏或无法正常运行,也未对信息系统内有价值的数据进行增加、删除或修改。因此,被告人的行为并不符合破坏计算机信息系统犯罪中对计算机信息系统存储、处理或传输的数据进行删除、修改、增加的定义,应当认定为非法控制计算机信息系统罪。[1]

---

[1] 最高人民法院指导案例 145 号:张竣杰等非法控制计算机信息系统案。

5. 非法获取计算机信息系统数据罪

《刑法》第 285 条第 2 款规定："违反国家规定,侵入前款规定以外的计算机信息系统或者采用其他技术手段,获取该计算机信息系统中存储、处理或者传输的数据,或者对该计算机信息系统实施非法控制,情节严重的,处三年以下有期徒刑或者拘役,并处或者单处罚金;情节特别严重的,处三年以上七年以下有期徒刑,并处罚金。"

一般来说,该罪名的犯罪主体大多具有较高的电脑操作水平和网络技术,对计算机信息系统和计算机网络能熟练使用,主观方面表现为故意,客体是计算机信息系统的安全,犯罪对象仅限于使用中的计算机信息系统中存储、处理、传输的数据,脱离于计算机信息系统存放的 U 盘中数据不包含在内。非法获取是指未经权利人或者国家有权机关授权而取得他人数据的行为。本罪在客观方面表现为行为人违反国家规定,实施侵入国家事务、国防建设、尖端科学技术领域外的普通计算机信息系统,或者采用其他技术手段,从而获取这些计算机信息系统中存储、处理或者传输的数据的行为,并且情节严重,意味着可能涉及教育、卫生、商业等各大行业。

如企业管理者法律意识淡泊,企业技术人员使用爬虫技术和其他公司经营的平台漏洞,突破、绕开其他公司平台网络安全措施,大量获取其他公司经营信息等数据,违法违规经营,则将涉嫌构成非法获取计算机信息系统数据罪。依照《数据安全法》第 27 条的规定,开展数据处理活动的企业应当依照法律、法规的规定,建立健全全流程数据安全管理制度,组织开展数据安全教育培训,采取相应的技术措施和其他必要措施,保障数据安全。爬虫技术本身并不被法律禁止,但是利用该技术实施违法犯罪行为,相关人员应承担法律责任。

对此,企业应实现数据来源合规;可设立数据安全官,专项负责数据安全及个人信息安全保护工作;构建数据安全管理体系;制定、落实《数据分类分级管理制度》《员工安全管理等级》,制定常态化合规管理制度,避免经营风险。

> **案例阅读**
>
> 2021年2~6月，被告人徐某未经某快递公司授权，指使被告人毛某开发"导出快递数据"系统外挂软件，同年7~8月，徐某、毛某、杨某某与当时为快递公司文员的刘某某内外勾结，通过外挂软件登录刘某某公司的账号，非法批量获取快递物流数据，卖给网店商家刷单使用，虚假增加商家交易量，上述人员非法获利7万余元。2022年7月，上海市青浦区人民检察院以涉嫌非法获取计算机信息系统数据罪对徐某等4人提起公诉。同年11月，上海市青浦区人民法院以非法获取计算机信息系统数据罪分别判处徐某等4人有期徒刑1年至3年3个月不等，并处罚金。
>
> 本案中，快递从业人员利用职业便利，与外部人员相勾结，使用外挂软件登录员工系统账号，批量获取快递物流数据，危害性极大，严重影响了快递行业数据安全、公民个人信息安全，甚至人民群众人身财产安全。本案中以非法获取计算机信息系统数据罪严惩此类犯罪，切实维护了快递企业数据安全及公民信息安全。

对于本案是否适用《数据安全法》的相关规定追究组织或者主要负责人的安全保护义务值得我们探讨。《数据安全法》第45条规定"开展数据处理活动的组织、个人不履行本法第二十七条、第二十九条、第三十条规定的数据安全保护义务的"，要承担相应的行政责任。对于"违反国家核心数据管理制度，危害国家主权、安全和发展利益的"要承担行政责任，构成犯罪的，依法追究刑事责任。《数据安全法》第27条规定要"采取相应的技术措施和其他必要措施，保障数据安全"；第29条规定："开展数据处理活动应当加强风险监测，发现数据安全缺陷、漏洞等风险时，应当立即采取补救措施；发生数据安全事件时，应当立即采取处置措施，按照规定及时告知用户并向有关主管部门报告。"由于在本案侦办时《数据安全法》还并未出台，忽略了组织和相关主要负责人（快递公司)的安全保护义务的履行,缺少对其的监管,无法鉴别在本案中是否也违反了《数据安全法》的相关规定。但是在现行法律已经颁布实行的情况下,未来相似案件的侦办需要将组织的责任纳入考虑的范围。

同时,相关部门应当充分发挥监察职能,延伸社会治理。本案中,检察机关发挥法律监督职能,向快递公司制发检察建议,通过评估公司员工管理及数据管理中的潜在风险,提供合理改进措施及法律建议。这实际上是履行了《数据安全法》中规定的相关部门的管理职能,值得借鉴和学习。

6. 破坏计算机信息系统罪

《刑法》第286条规定:"违反国家规定,对计算机信息系统功能进行删除、修改、增加、干扰,造成计算机信息系统不能正常运行,后果严重的,处五年以下有期徒刑或者拘役;后果特别严重的,处五年以上有期徒刑。违反国家规定,对计算机信息系统中存储、处理或者传输的数据和应用程序进行删除、修改、增加的操作,后果严重的,依照前款的规定处罚。故意制作、传播计算机病毒等破坏性程序,影响计算机系统正常运行,后果严重的,依照第一款的规定处罚。单位犯前三款罪的,对单位判处罚金,并对其直接负责的主管人员和其他直接责任人员,依照第一款的规定处罚。"

> **案例阅读**
>
> 2023年,上海市第三中级人民法院对一起涉嫌干扰环境质量自动监测系统、导致检测数据失真的刑事案件进行了公开审理并作出宣判,这是上海市首例此类案件。
>
> 被告人沈某某系某公司环境监测设备的维护和运营负责人,在受聘为上海某仪电公司提供环保自动监测设备运维服务期间,2011年,尽管清楚知道这将干扰自动监测设备数据采样的真实性,沈某某还是设计并安装了自来水管路至进样管道。到2021年设备改造时,沈某

某仍指示下属员工按照原有管路布局对设备及管道进行拆除和重新安装。2022年，在上海市生态环境局执法总队等单位进行联合执法检查时，发现上海某仪电公司排放的污水中化学需氧量和氨氮值数据严重失真。因此，检察机关以破坏计算机信息系统罪对沈某某提起公诉。

经审理，上海市第三中级人民法院认定沈某某违反国家规定，明知不得擅自改动环境监测设备，却采用加装自来水管路至进样管道的方式长期干扰自动监测系统的数据采集功能，导致在线监测数据严重失真，无法真实反映排污单位外排污水的化学需氧量和氨氮浓度值，严重影响了环境保护主管部门对排污单位的有效监管。鉴于后果严重，法院依据《刑法》第286条和《最高人民法院、最高人民检察院关于办理环境污染刑事案件适用法律若干问题的解释》第10条等相关规定，判决沈某某有期徒刑2年，缓刑2年。[1]

案例阅读

2018年6月，牛某某在某科技公司担任程序员，负责为某金融机构开发"数据防泄露系统"，其间牛某某因对公司不满，自行编写了"逻辑炸弹"恶意代码函数，并上传至该公司服务器，导致上述"数据防泄露系统"软件无法正常运行，给公司造成直接经济损失，引发金融机构的数据泄露风险。

2019年10月9日，北京市海淀区人民检察院以被告人牛某某犯破坏计算机信息系统罪，向北京市海淀区人民法院提起公诉。2020

---

〔1〕《数据"注水"？上海首例人为干扰环境质量监测入刑案，判了！》，载上海市第三中级人民法院，http://www.shszfy.gov.cn/detail.jhtml?id=1001900444，2024年3月6日最后访问。

年 9 月 10 日，北京市海淀区人民法院依法判决被告人牛某某犯破坏计算机信息系统罪，判处牛某某有期徒刑 1 年 6 个月。目前判决已生效。[1]

该案系一起具有鲜明技术特点的新型网络科技犯罪案件。犯罪分子在目标计算机信息系统中植入"逻辑炸弹"，在符合特定逻辑条件下实现自动触发，导致系统初始化失败和策略崩溃，进而造成计算机信息系统不能正常运行。该案涉及金融领域数据安全，有违反《数据安全法》第 45 条之可能，由于案发时间早于《数据安全法》的颁布时间，因此仍适用现有的法律规制，但是在未来此类案件的侦办有望适用新的法律以实现对数据安全的全面保护，为数字经济发展保驾护航。

7. 拒不履行网络安全管理义务罪

《刑法》第 286 条之一规定："网络服务提供者不履行法律、行政法规规定的信息网络安全管理义务，经监管部门责令采取改正措施而拒不改正，有下列情形之一的，处三年以下有期徒刑、拘役或者管制，并处或者单处罚金：（一）致使违法信息大量传播的；（二）致使用户信息泄露，造成严重后果的；（三）致使刑事案件证据灭失，情节严重的；（四）有其他严重情节。单位犯前款罪的，对单位判处罚金，并对其直接负责的主管人员和其他直接责任人员，依照前款的规定处罚。有前两款行为，同时构成其他犯罪的，依照处罚较重的规定定罪处罚。"

> **案例阅读**
>
> 2021 年 4 月 16 日，虚拟运营商远某公司，因拒不履行信息网络安全管理义务罪，董事长王某及部分高管被昆明市盘龙区人民法院一审

---

[1] 北京市海淀区人民法院刑事判决书，(2019) 京 0108 刑初 2053 号。

判处1年4个月至1年10个月的有期徒刑或拘役。这是全国第一起电信运营商因手机卡实名制监管不到位,造成电信网络诈骗犯罪严重后果发生而获刑的判例。

据公安机关的相关人员介绍,远某公司作为电信运营商的一级代理商,为了获取高额回报,与通讯营运商的内部人员勾结,从通讯营运商手中违规获取大量电话卡,为全国300多个类似"黑兔子"窝点的犯罪团伙提供大量电话"黑卡"用于盗取微信号和从事电信网络诈骗活动,仅2018年就非法提供"黑卡"1000万余张。同时,他们还自己组建盗号团队,直接实施盗号、发送非法短信等各类违法犯罪行为,成为境内外电信网络诈骗犯罪活动的有力推手。

法院认为,远某公司负责人被告人李某某负有查验、评估、审核行业卡使用情况的职责,其在明知违反实名制管理规定的情况下,提供大量带有公民个人信息的回收卡,违反用户实名制进行挑卡,造成严重后果,且在两年内经监管部门多次责令改正而拒不改正。被告人李某某无视国家法律,作为网络服务提供管理者,拒不履行信息网络安全管理义务,经监管部门责令采取改正措施而拒不改正,其行为触犯了《刑法》第286条之一之规定,犯罪事实清楚,证据确实、充分,其行为已构成拒不履行信息网络安全管理义务罪。[1]

---

[1] 云南省昆明市盘龙区人民法院刑事判决书,(2020)云0103刑初1206号。

附　　录

一、中国数据安全法律法规与标准目录

位阶	名称	文号	发布时间
宪法	《中华人民共和国宪法修正案》	中华人民共和国全国人民代表大会公告第 1 号	2018 年 3 月 11 日
法律	《中华人民共和国民法典》	中华人民共和国主席令第 45 号	2020 年 5 月 28 日
法律	《中华人民共和国国家安全法》	中华人民共和国主席令第 29 号	2015 年 7 月 1 日
法律	《中华人民共和国网络安全法》	中华人民共和国主席令第 53 号	2016 年 11 月 7 日
法律	《刑法修正案（九）》	中华人民共和国主席令第 30 号	2015 年 8 月 29 日
法律	《消费者权益保护法》	中华人民共和国主席令第 7 号	2013 年 10 月 25 日
法律	《电子商务法》	中华人民共和国主席令第 7 号	2018 年 8 月 31 日
法律	《关键信息基础设施安全保护条例》	中华人民共和国国务院令第 745 号	2021 年 9 月 1 日起施行
法律	《优化营商环境条例》	中华人民共和国国务院令第 722 号	2020 年 1 月 1 日起施行
法律	《政府信息公开条例》	中华人民共和国国务院令第 711 号	2019 年 5 月 15 日起施行
法律	《国务院关于在线政务服务的若干规定》	中华人民共和国国务院令第 716 号	2019 年 4 月 26 日
法律	《征信业管理条例》	中华人民共和国国务院令第 631 号	2023 年 3 月 15 日起施行

续表

位阶	名称	文号	发布时间
部门规章	《数据出境安全评估办法》	国家互联网信息办公室令第 11 号	2022 年 9 月 1 日起施行
	《促进和规范数据跨境流动规定》	国家互联网信息办公室令第 16 号	2024 年 3 月 22 日起施行
	《个人信息出境标准合同办法》	国家互联网信息办公室令第 13 号	2023 年 6 月 1 日起施行
	《互联网信息服务算法推荐管理规定》	国家互联网信息办公室令第 9 号	2022 年 3 月 1 日起施行
	《网络安全审查办法》	国家互联网信息办公室令第 8 号	2022 年 2 月 15 日起施行
	《汽车数据安全管理若干规定（试行）》	国家互联网信息办公室令第 7 号	2021 年 10 月 1 日起施行
	《电信和互联网用户个人信息保护规定》	中华人民共和国工业和信息化部令第 24 号	2013 年 9 月 1 日起施行
	《非经营性互联网信息服务备案管理办法》（2024 年修订）	中华人民共和国工业和信息化部令第 68 号	2024 年 1 月 18 日
	《规范互联网信息服务市场秩序若干规定》	中华人民共和国工业和信息化部令第 20 号	2011 年 12 月 29 日
	《电信和互联网用户个人信息保护规定》	中华人民共和国工业和信息化部令第 24 号	2013 年 7 月 16 日
	《电信业务经营许可管理办法》	中华人民共和国工业和信息化部令第 42 号	2017 年 7 月 3 日
	《互联网域名管理办法》	中华人民共和国工业和信息化部令第 43 号	2017 年 8 月 24 日
	《互联网信息服务深度合成管理规定》	国家互联网信息办公室、工业和信息化部、公安部令第 12 号	2022 年 11 月 25 日
	《互联网新闻信息服务管理规定》	国家互联网信息办公室令第 1 号	2017 年 5 月 2 日
	《区块链信息服务管理规定》	国家互联网信息办公室令第 3 号	2019 年 1 月 10 日
	《儿童个人信息网络保护规定》	国家互联网信息办公室令第 4 号	2019 年 8 月 22 日

续表

位阶	名称	文号	发布时间
部门规章	《网络信息内容生态治理规定》	国家互联网信息办公室令第 5 号	2019 年 12 月 15 日
	《互联网用户账号信息管理规定》	国家互联网信息办公室令第 10 号	2022 年 6 月 27 日
	《数据出境安全评估办法》	国家互联网信息办公室令第 11 号	2022 年 7 月 7 日
	《网信部门行政执法程序规定》	国家互联网信息办公室令第 14 号	2023 年 3 月 18 日
	《公安机关互联网安全监督检查规定》	中华人民共和国公安部令第 151 号	2018 年 9 月 15 日
	《网络交易监督管理办法》	国家市场监督管理总局令第 37 号	2021 年 3 月 15 日
	《银行保险机构消费者权益保护管理办法》	中国银行保险监督管理委员会令 2022 年第 9 号	2022 年 12 月 12 日
	《中国人民银行金融消费者权益保护法实施办法》	中国人民银行令〔2020〕第 5 号	2020 年 9 月 15 日
	《征信业务管理办法》	中国人民银行令〔2021〕第 4 号	2021 年 9 月 27 日
	《证券期货业网络和信息安全管理办法》	中国证券监督管理委员会令第 218 号	2023 年 2 月 27 日
地方性法规、政府规章	《北京市"十四五"时期智慧城市发展行动纲要》	京大数据发〔2021〕1 号	2021 年 3 月 5 日
	《关于推进北京市数据专区建设的指导意见》	京经信发〔2022〕87 号	2022 年 11 月 21 日
	《北京市数字经济促进条例》	北京市人民代表大会常务委员会公告〔十五届〕第 89 号	2022 年 11 月 25 日
	《上海市公共数据和一网通办管理办法》	上海市人民政府令第 9 号	2018 年 9 月 30 日
	《上海市公共数据开放暂行办法》	上海市人民政府令第 21 号	2019 年 8 月 29 日
	《上海市数据条例》	上海市人民代表大会常务委员会公告〔15 届〕第 94 号	2021 年 11 月 25 日
	《上海市智能网联汽车测试与应用管理办法》	上海市人民政府令第 60 号	2021 年 12 月 29 日

续表

位阶	名称	文号	发布时间
地方性法规、政府规章	《广东省公共数据管理办法》	广东省人民政府令第 290 号	2021 年 10 月 18 日
	《广州市数字经济促进条例》	广州市第十六届人民代表大会常务委员会公告第 1 号	2022 年 4 月 6 日
	《广州市政务信息共享管理规定》	广州市人民政府令第 165 号	2019 年 4 月 10 日
	《广州市公共信用信息管理规定》	广州市人民政府令第 204 号	2024 年 1 月 30 日
	《深圳市公共信用信息管理办法》	深圳市人民政府令第 297 号	2017 年 8 月 10 日
	《中山市政务数据管理办法》	中山市人民政府令第 16 号	2020 年 5 月 15 日
	《广东省数字经济促进条例》	广东省第十三届人民代表大会常务委员会公告第 85 号	2021 年 7 月 30 日
	《深圳经济特区数据条例》	深圳市第七届人民代表大会常务委员会公告第 10 号	2021 年 7 月 6 日
	《深圳经济特区数字经济产业促进条例》	深圳市第七届人民代表大会常务委员会公告第 65 号	2022 年 9 月 5 日
	《深圳经济特区人工智能产业促进条例》	深圳市第七届人民代表大会常务委员会公告第 64 号	2022 年 9 月 5 日
	《深圳经济特区智能网联汽车管理条例》	深圳市第七届人民代表大会常务委员会公告第 55 号	2022 年 6 月 30 日
	《河北省政务数据共享应用管理办法》	河北省人民政府令〔2022〕第 7 号	2022 年 11 月 3 日
	《河北省数字经济促进条例》	河北省第十三届人民代表大会常务委员会公告第 120 号	2022 年 5 月 27 日
	《山西省政务数据资产管理试行办法》	山西省人民政府令第 266 号	2019 年 11 月 28 日
	《山西省政务数据管理与应用办法》	山西省人民代表大会常务委员会公告第 65 号	2020 年 11 月 27 日
	《山西省大数据发展应用促进条例》	山西省人民代表大会常务委员会公告第 43 号	2020 年 5 月 15 日
	《辽宁省政务数据资源共享管理办法》	辽宁省人民政府令第 330 号	2019 年 11 月 26 日

续表

位阶	名称	文号	发布时间
地方性法规、政府规章	《辽宁省地方交易场所监督管理暂行办法》	辽宁省人民政府令第 336 号	2020 年 12 月 9 日
	《辽宁省大数据发展条例》	辽宁省人民代表大会常务委员会公告〔13 届〕第 97 号	2022 年 5 月 31 日
	《沈阳市政务数据资源共享开放条例》	沈阳市人民代表大会常务委员会公告第 19 号	2020 年 8 月 14 日
	《江苏省公共数据管理办法》	江苏省人民政府令第 148 号	2021 年 12 月 18 日
	《江苏省数字经济促进条例》	江苏省第十三届人民代表大会常务委员会公告第 81 号	2022 年 5 月 31 日
	《南京市政务数据管理暂行办法》	南京市人民政府令第 329 号	2019 年 8 月 7 日
	《无锡市公共数据管理办法》	无锡市人民政府令第 171 号	2020 年 2 月 26 日
	《杭州市网络交易管理暂行办法》	杭州市政府令第 282 号	2015 年 3 月 10 日
	《宁波市公共数据安全管理暂行规定》	宁波市政府令第 254 号	2020 年 9 月 25 日
	《浙江省公共数据开放与安全管理暂行办法》	浙江省人民政府令第 381 号	2020 年 6 月 12 日
	《浙江省行政合法性审查工作规定》	浙江省人民政府令第 393 号	2023 年 1 月 9 日
	《浙江省数字经济促进条例》	浙江省第十三届人民代表大会常务委员会公告第 44 号	2020 年 12 月 24 日
	《浙江省公共数据条例》	浙江省第十三届人民代表大会第六次会议公告第 3 号	2022 年 1 月 21 日
	《安徽省实施〈优化营商环境条例〉办法》	安徽省人民政府令第 290 号	2019 年 12 月 30 日
	《安徽省政务数据资源管理办法》	安徽省人民政府令第 299 号	2020 年 12 月 30 日
	《安徽省大数据发展条例》	安徽省人民代表大会常务委员会公告第 41 号	2021 年 3 月 29 日
	《福建省政务数据管理办法》	福建省政府令第 178 号	2016 年 10 月 15 日

续表

位阶	名称	文号	发布时间
地方性法规、政府规章	《福建省交易场所管理办法》（2016年修订）	福建省人民政府令第180号	2016年11月2日
	《福建省大数据发展条例》	福建省人民代表大会常务委员会公告〔13届〕第64号	2021年12月15日
	《江西省公共数据管理办法》	江西省人民政府令第254号	2022年1月12日
	《滨州市公共数据管理办法》	滨州市人民政府令第16号	2023年1月18日
	《济南市公共数据管理办法》	济南市人民政府令第269号	2020年9月30日
	《山东省公共数据开放办法》	山东省人民政府令第344号	2022年1月31日
	《山东省电子政务和政务数据管理办法》	山东省人民政府令第329号	2019年12月25日
	《山东省大数据发展促进条例》	山东省人民代表大会常务委员会公告第167号	2021年9月30日
	《河南省数字经济促进条例》	河南省第十三届人民代表大会常务委员会公告第78号	2021年12月28日
	《南阳市优化营商环境办法》	南阳市人民政府令第1号	2021年12月24日
	《武汉市公共数据资源管理办法》	武汉市政府令第309号	2021年9月27日
	《湖北省政务数据资源应用与管理办法》	湖北省人民政府令第419号	2021年1月25日
	《湖北省优化营商环境办法》	湖北省人民政府令第412号	2020年8月24日
	《湖南省地理空间数据管理办法》	湖南省人民政府令第281号	2017年3月3日
	《湖南省网络安全和信息化条例》	湖南省第十三届人民代表大会常务委员会公告第81号	2021年12月3日
	《贵阳市政府数据共享开放条例》（2021年修正）	贵州省第十三届人民代表大会常务委员会第二十次会议	2021年5月27日
	《贵州省大数据发展应用促进条例》	贵州省第十二届人民代表大会常务委员会公告2016年第1号	2016年1月15日

续表

位阶	名称	文号	发布时间
地方性法规、政府规章	《贵州省大数据安全保障条例》	贵州省人民代表大会常务委员会公告2019年第9号	2019年8月1日
	《贵州省政府数据共享开放条例》	贵州省人民代表大会常务委员会公告2020年第12号	2020年9月25日
	《贵阳市健康医疗大数据应用发展条例》(2021年修正)	贵州省第十三届人民代表大会常务委员会第二十次会议	2021年5月27日
	《贵阳市政府数据共享开放条例》(2021年修正)	贵州省第十三届人民代表大会常务委员会第二十次会议	2021年5月27日
	《宁夏回族自治区政务数据资源共享管理办法》	宁夏回族自治区人民政府令第100号	2018年9月4日
	《重庆市数据条例》	重庆市人民代表大会常务委员会公告〔5届〕第177号	2022年3月30日
	《海南省大数据开发应用条例》	海南省人民代表大会常务委员会公告第37号	2019年9月27日
	《陕西省大数据条例》	陕西省人民代表大会常务委员会公告〔13届〕第82号	2022年9月29日
	《黑龙江省促进大数据发展应用条例》	黑龙江省第十三届人民代表大会常务委员会公告第47号	2022年5月13日
	《吉林省促进大数据发展应用条例》	吉林省第十三届人民代表大会常务委员会公告第54号	2020年11月27日
	《天津市促进大数据发展应用条例》	天津市人大常委会公告第18号	2018年12月14日
	《云南省信息化促进条例》（2015年修正）	云南省第十二届人民代表大会常务委员会公告第34号	2015年9月25日
司法解释	《最高人民法院 最高人民检察院 公安部关于办理信息网络犯罪案件适用刑事诉讼程序若干问题的意见》	法发〔2022〕23号	2022年8月26日
	《最高人民法院、最高人民检察院关于办理非法利用信息网络帮助信息网络、犯罪活动等刑事案件适用法律若干问题的解释》	法释〔2019〕15号	2019年10月21日

续表

位阶	名称	文号	发布时间
司法解释	《最高人民法院关于审理利用信息网络侵害人身权益民事纠纷案件适用法律若干问题的规定》(2020年修正)	法释〔2020〕17号	2020年12月29日
司法解释	《最高人民法院关于审理使用人脸识别技术处理个人信息相关民事案件适用法律若干问题的规定》	法释〔2021〕15号	2021年7月27日
司法解释	《最高人民法院、最高人民检察院关于办理侵犯公民个人信息刑事案件适用法律若干问题的解释》	法释〔2017〕10号	2017年5月8日
规范性文件	《贯彻落实网络安全等级保护制度和关键信息基础设施安全保护制度的指导意见》	公网安〔2020〕1960号	2020年9月22日
规范性文件	《互联网个人信息安全保护指南》		2019年4月10日
规范性文件	《信息安全等级保护管理办法》	公通字〔2007〕43号	2007年6月22日
规范性文件	《App违法违规收集使用个人信息行为认定方法》	国信办秘字〔2019〕191号	2019年11月28日
规范性文件	《工业数据分类分级指南（试行）》	工信厅信发〔2020〕6号	2020年2月27日
规范性文件	《常见类型移动互联网应用程序必要个人信息范围规定》	国信办秘字〔2021〕14号	2021年3月12日
规范性文件	《关于促进数据安全产业发展的指导意见》	工信部联网安〔2022〕182号	2023年1月3日
规范性文件	《工业和信息化领域数据安全管理办法（试行）》	工信部网安〔2022〕166号	2022年12月8日
规范性文件	《关于开展数据安全管理认证工作的公告》	国家市场监督管理总局公告2022年第18号	2022年6月5日
规范性文件	《关于开展App安全认证工作的公告》	市场监管总局、中央网信办公告2019年第11号	2019年3月13日

续表

位阶	名称	文号	发布时间
规范性文件	《工业数据分类分级指南（试行）》	工信厅信发〔2020〕6号	2020年2月27日
	《中国银行保险监督管理委员会关于印发银行业金融机构数据治理指引的通知》	银保监发〔2018〕22号	2018年5月21日
	《中国银保监会关于印发监管数据安全管理办法（试行）的通知》	银保监发〔2020〕43号	2020年9月23日
	《中国人民银行关于发布金融行业标准做好个人金融信息保护技术管理工作的通知》	银发〔2020〕45号	2020年2月13日
	《全国一体化政务大数据体系建设指南》	国办函〔2022〕102号	2022年9月13日
	《关于构建数据基础制度更好发挥数据要素作用的意见》	中国共产党中央委员会 国务院	2022年12月2日
	《移动互联网应用程序信息服务管理规定》	国家互联网信息办公室	2022年6月14日
	《"十四五"电子商务发展规划》	商电发〔2021〕191号	2021年10月9日
	《国家网络安全事件应急预案》	中网办发文〔2017〕4号	2017年1月10日
	《加强工业互联网安全工作的指导意见》	工信部联网安〔2019〕168号	2019年7月26日
	《常见类型移动互联网应用程序必要个人信息范围规定》	国信办秘字〔2021〕14号	2021年3月12日
	《关于加强互联网信息服务算法综合治理的指导意见》	国信办发文〔2021〕7号	2021年9月17日
	《云计算服务安全评估办法》	国家互联网信息办公室、国家发展和改革委员会、工业和信息化部、财政部公告2019年第2号	2019年7月2日
	《电子政务电子认证服务业务规则规范》（2018年修订）	国密局字〔2018〕572号	2018年12月18日

283

续表

位阶	名称	文号	发布时间
规范性文件	《政务信息资源目录编制指南（试行）》	发改高技〔2017〕1272号	2017年6月30日
	《政务信息资源共享管理暂行办法》	国发〔2016〕51号	2016年9月5日
	《工业和信息化部关于加强智能网联汽车生产企业及产品准入管理的意见》	工信部通装〔2021〕103号	2021年7月30日
	《公共互联网网络安全突发事件应急预案》	工信部网安〔2017〕281号	2017年11月14日
	《移动智能终端应用软件预置和分发管理暂行规定》	工信部信管〔2016〕407号	2016年12月16日

部分涉及数据安全的国家标准		
标准号及名称	标准号	实施日期
《信息安全技术 金融信息服务安全规范》	GB/T 36618-2018	2019年4月1日起施行
《智能交通 数据安全服务》	GB/T 37373-2019	2019年12月1日起施行
《信息安全技术 数据安全能力成熟度模型》	GB/T 37988-2019	2020年3月1日起施行
《信息安全技术 大数据安全管理指南》	GB/T 37973-2019	2020年3月1日起施行
《信息安全技术 个人信息去标识化指南》	GB/T 37964-2019	2020年3月1日起施行
《信息技术 大数据 政务数据开放共享》第1部分：总则	GB/T 38664.1-2020	2020年11月1日起施行
《信息技术 大数据 政务数据开放共享》第2部分：基本要求	GB/T 38664.2-2020	2020年11月1日起施行
《信息技术 大数据 政务数据开放共享》第3部分：开放程度评价	GB/T 38664.3-2020	2020年11月1日起施行
《信息安全技术 政务信息共享 数据安全技术要求》	GB/T 39477-2020	2021年6月1日起施行
《信息安全技术 个人信息安全规范》	GB/T 35273-2020	2020年10月1日起施行
《政务服务平台基础数据规范》	GB/T 39046-2020	2020年10月1日起施行

续表

标准号及名称	标准号	实施日期
《信息安全技术 个人信息安全影响评估指南》	GB/T 39335-2020	2021年6月1日起施行
《信息安全技术 健康医疗数据安全指南》	GB/T 39725-2020	2021年7月1日起施行
《基于云计算的电子政务公共平台安全规范 第3部分:服务安全》	GB/T 34080.3-2021	2021年10月1日起施行
《信息安全技术 网络音视频服务数据安全要求》	GB/T 42016-2022	2023年5月1日起施行
《信息安全技术 网络预约汽车服务数据安全要求》	GB/T 42017-2022	2023年5月1日起施行
《信息安全技术 网络支付服务数据安全要求》	GB/T 42015-2022	2023年5月1日起施行
《信息安全技术 即时通信服务数据安全要求》	GB/T 42012-2022	2023年5月1日起施行
《信息安全技术 网上购物服务数据安全要求》	GB/T 42014-2022	2023年5月1日起施行
《信息安全技术 声纹识别数据安全要求》	GB/T 41807-2022	2023年5月1日起施行
《信息安全技术 步态识别数据安全要求》	GB/T 41773-2022	2023年5月1日起施行
《信息安全技术 基因识别数据安全要求》	GB/T 41806-2022	2023年5月1日起施行
《信息安全技术 人脸识别数据安全要求》	GB/T 41819-2022	2023年5月1日起施行
《信息安全技术 关键信息基础设施安全保护要求》	GB/T 39204-2022	2023年5月1日起施行
部分涉及数据安全的行业标准		
《证券期货业数据分类分级指引》	JR/T 0158-2018	2018年9月27日发布
《金融数据安全 数据安全分级指南》	JR/T 0197-2020	2022年6月20日发布
《金融数据安全 数据生命周期安全规范》	JR/T 0223-2021	2021年3月2日发布
《个人金融信息保护技术规范》	JR/T 0171-2020	2020年2月13日起施行

二、主要国家和地区数据安全法律目录

（一）欧盟数据安全相关法律汇总

颁布年份	法律名称	主要内容
1981	《个人信息自动化处理中的个人保护公约》 The Convention for the Protection of Individuals with regard to Automatic Processing of Personal Data	世界上第一部关于数据保护的国际公约
1995	《个人信息处理保护与自由流通的第 95/46/EC 号指令》 Directive 95/46/EC on the protection of individuals with regard to the processing of personal data and on the free movement of such data	正式确立了公正合法、知情同意、安全保障等处理个人信息的基本原则，还对数据控制者、处理者规定了相应的权利与义务
2016	《通用数据保护条例》 General Data Protection Regulation，GDPR	鼓励数据在安全的前提下的自由流通，并且将个人信息的保护及监管提升到前所未有的高度
2018	《非个人信息自由流动条例》 Regulation on the Free Flow of Non-personal Data	旨在统一有关非个人信息的自由流动规则
2019	《网络安全法》 EU Cybersecurity Act	确立了第一份欧盟范围的网络安全认证计划
2020	《欧盟数据战略》 A European Strategy for Data	致力于实现真正的单一数据市场的愿景
2020	《数据治理法》 Data Governance Act，DGA	目标包括增加对数据中介机构的信任程度；增强全欧洲的数据共享机制；促进数据的可用性
2022	《数据法》 Data Act	就数据安全明确提出，要在保持高隐私、安全、安保和道德标准的同时，平衡数据的流动和使用，通过实施安全措施，增强对数据处理服务的信任，夯实欧洲数据经济基础
2022	《数字市场法》 Digital Market Act，DMA	意在明确大型数字服务提供者的责任，遏制大型网络平台企业的非竞争性行为

续表

颁布年份	法律名称	主要内容
2022	《数字服务法》 Digital Service Act, DSA	意在明确数字服务提供者的责任并遏制大型网络平台的恶性竞争行为

(二)美国数据安全相关法律汇总

颁布年份	法律名称	主要内容
2024	《防止受关注国家访问美国人的大量敏感个人数据和美国政府相关数据》(Preventing Access to Americans' Bulk Sensitive Personal Data and United States Government-Related Data by Countries of Concern)	限制"受关注国家"的相关个人和实体获取美国人敏感个人数据和与美国政府相关数据的同时,继续承诺保证与其他国家开展商务、贸易、投资等数据交流。此外,行政命令还作出承诺,不要求数据存储或设施进行本地化安排。在司法部拟议规则中,司法部进一步明确了"受关注国家"的范围,将受审查的交易类型,以及触发交易限制的敏感数据类型以及门槛标准等内容
2018	《外国投资风险审查现代化法》 Foreign Investment Risk Review Modernization Act of 2018	界定"敏感个人信息",将其列为外国投资安全审查时评估国家安全风险的要素之一
2018	《澄清域外合法使用数据法》 Clarifying Lawful Overseas Use of Data Act	明确长臂管辖适用情形,针对数据管辖权进行立法,规定数据管辖权应取决于数据控制者,而非数据存储地。同时规定只有符合特定条件的外国政府经过美国政府的同意才能收集利用美国的数据
2018	《加州消费者隐私法》 California Consumer Privacy Act, CCPA	是美国目前最全方位也最严格的隐私法案
1974	《隐私法》 Privacy Act	针对个人信息在被收集及利用时的行为予以规范,赋予公民知情权和隐私权
1974	《家庭教育权利和隐私权法》 Family Educational Rights and Privacy Act (FERPA)	2008年和2011年两次修订。对公共实体如潜在雇主、公共资助的教育机构和外国政府获取个人教育信息和记录进行规定
1986	《电子通信隐私法》 Electronic Communications Privacy Act (ECPA)	针对在储存或传输中未经授权地获取或截取他人电子通讯进行立法

续表

颁布年份	法律名称	主要内容
1996	《健康保险隐私和责任》Health Insurance Portability and Accountability Act（HIPAA）	针对医疗数据中的医疗隐私及患者的身份认证立法
1998	《儿童网上隐私保护法》the Children's Online Privacy Protection Act（COPPA）	针对13岁以下的儿童信息立法，在收集儿童信息时必须征得其监护人的同意
1999	《金融服务现代化法》The Gramm Leach Bliley Act（GLBA）	针对金融信息的收集、使用和披露立法，规定数据主体有权不共享其数据，限制了非公开个人信息的披露

（三）英国数据安全相关法律汇总

颁布年份	法律名称	主要内容
1984 1998 2018	《数据保护法》Data Protection Act	赋予公民更多的个人信息控制权，增加了个人信息保护机构信息专员办公室的授权，设定了专门的司法数据处理机制，在立法上提升了个人信息的保障水平
2000	《信息自由法》Freedom of Information Act	作为该领域的基础性法律，明确了公共机构应履行公开特定信息的义务，公民具有获取、访问公共机构信息的权利
2004	《自由保护法》Protection of Freedom	
2016	《国家网络安全战略 2016-2021》National Cyber Security Strategy（2016-2021）	将网络安全提升至国家安全的重点领域，形成了较为完备的网络安全战略框架，即以一种监督的定位视角，实现"防御-震慑-发展"并重的网络数据安全体系
2022	《国家网络安全战略 2022-2030》National Cyber Security Strategy（2022-2030）	阐释了政府将确保所有公共部门有效应对网络威胁，强化应对网络攻击的韧性，旨在打造一个民主、负责任的网络强国
2022	《数据保护和数字信息法案》The Data Protection and Digital Information Bill	英国在脱欧之后首次推动数据保护改革的举措之一，该法被视为英国版的 GDPR

(四)俄罗斯数据安全相关法律汇总

颁布年份	法律名称	主要内容
1993	《俄罗斯联邦宪法》 Russian Federal Constitution	对于信息安全问题作了明确而又原则性的规定
2006	《信息、信息技术和信息保护法》 Federal Law on Information, Information Technologies and Protection of Information	作为专门讨论信息安全问题的基本法确立了数据安全立法的基本规范
1997 2000 2009 2015 2021	《国家安全战略》 National Security Strategy	是俄罗斯最顶层的国家战略文件,综合体现国防、社会、经济、科技等重要领域的安全威胁、战略利益、应对策略等
2020	《联邦信息安全纲要》 Information Security Doctrine of the Russian Federation	旨在帮助俄罗斯从法律、方法、技术和组织方面为信息安全制定具体计划
2020	《国家信息安全学说》 National Information Security Doctrine	是俄罗斯第一部正式颁布的有关国家信息安全方面的重要文件

(五)日本数据安全相关法律汇总

颁布年份	法律名称	主要内容
2003	《个人信息保护法》 Action the Protection of Personal Information	作为综合性的法律,统管公私领域数据安全
2012	《电子政务开放数据战略》 Open Data Strategy for E-Government	明确公共数据属于国民共有财产,国家应加强构建政策体系以促进公共数据的利用,拉开了日本政府构建数据开放政策体系的序幕
2016	《开放数据2.0官民协同促进数据流通》 Open Data 2.0 Collaborating between Government and People to Promote Data Circulation	拓宽了政府数据开放的开放主体、开放对象和适用地区等,标志着日本开放数据建设迈入新阶段
2017	《开放数据基本指南》 Basic Guidelines for Open Data	是日本政府数据开放的总指导文件
2018	《数字政府实施计划》 Digital Government Implementation Plan	标志着政府数据开放已经成为日本向数字化社会转型的一大关键战略要素

（六）韩国数据安全相关法律汇总

颁布年份	法律名称	主要内容
2020	《个人信息保护法》 Personal Information Protection Act	意在强化数据主体权利，规范数据处理者在数据处理全周期的行为
2006	《关于促进信息通信网络利用与信息保护法》 Information Communication Network Utilization Promotion and Information Protection Act	主要规范信用信息公司的数据处理行为
2020	《信用信息的利用及保护法》 Credit Information Utilization and Protection Act	主要规范信息通信服务提供者的数据处理行为
2021	《数据产业振兴和利用促进基本法》 Basic Law for Promotion and Utilization of Data Industry	旨在为韩国发展数据产业和振兴数据经济提供系统且全面的支持

（七）新加坡数据安全相关法律汇总

颁布年份	法律名称	主要内容
2007	《计算机滥用法》 Computer Misuse Act	旨在打击日益严重的计算机犯罪，加重对其的处罚
2018	《网络安全法》 Cyber Security Act	旨在建立关键信息基础设施所有者的监管框架、网络安全信息共享机制、网络安全事件的响应和预防机制、网络安全服务许可机制，为新加坡提供一个综合、统一的网络安全法
2012 （2020年修订）	《个人信息保护法》 Personal Data Protection Act	对个人信息收集、使用和披露行为进行规制；增设数据可携带权

参考文献

1. 黄震:《数据安全法律责任体系的构建与完善》,载《金融电子化》2021年第7期。
2. 曾铮、王磊:《数据要素市场基础性制度:突出问题与构建思路》,载《宏观经济研究》2021年第3期。
3. 陈兵:《平台经济数据治理的法治基调与未来走向——以"竞争与保护"的平衡为中心》,载《人民论坛·学术前沿》2021年第21期。
4. 徐永涛、林树金:《我国行政约谈的理论基础及法治化》,载《东岳论丛》2014年第12期。
5. 邢鸿飞、吉光:《行政约谈刍议》,载《江海学刊》2014年第4期。
6. 朱新力、李芹:《行政约谈的功能定位与制度建构》,载《国家行政学院学报》2018年第4期。
7. 刘乃梁、潘盛龙:《平台经济治理中的行政约谈:实践源流与优化向度》,载《电子政务》2023年第7期。
8. 肖燕雄、颜美群:《网络信息内容规制领域行政约谈的法治化困境与进路》,载《贵州师范大学学报(社会科学版)》2022年第4期。
9. 李孝猛:《责令改正的法律属性及其适用》,载《法学》2005年第2期。
10. 朱芒:《作为行政处罚一般种类的"通报批评"》,载《中国法学》2021年第2期。
11. 李惠宗:《行政法要义》,台北,元照出版有限公司2009年版。
12. 谭冰霖:《单位行政违法双罚制的规范建构》,载《法学》2020年第8期。

13. 黄海华:《行政处罚的重新定义与分类配置》,载《华东政法大学学报》2020年第4期。

14. 马怀德:《〈行政处罚法〉修改中的几个争议问题》,载《华东政法大学学报》2020年第4期。

15. 王倩云:《人工智能背景下数据安全犯罪的刑法规制思路》,载《法学论坛》2019年第2期。

16. 刘新宇主编:《数据保护:合规指引与规则解析》(第2版),中国法制出版社2021年版。

17. 龙卫球主编:《中华人民共和国数据安全法释义》,中国法制出版社2021年版。

18. 张平主编:《中华人民共和国数据安全法理解适用与案例解读》,中国法制出版社2021年版。

19. 沈福俊:《中国行政救济程序论》,北京大学出版社2008年版。

20. 齐爱民:《数据法原理》,高等教育出版社2022年版。

21. 杨庚、王周生:《联邦学习中的隐私保护研究进展》,载《南京邮电大学学报(自然科学版)》2020年第5期。

22. 周辉等:《数据要素市场的法治化:原理与实践》,中国社会科学出版社2022年版。

23. 周汉华主编:《个人信息保护法条文精解与适用指引》,法律出版社2022年版。

24. 何晶晶、张心宇:《中国健康医疗数据跨境流动规制探析》,载《国际法研究》2022年第6期。

25. 谢富胜、吴越、王生升:《平台经济全球化的政治经济学分析》,载《中国社会科学》2019年第12期。

26. 商希雪、韩海庭:《数据分类分级治理规范的体系化建构》,载《电子政务》2022年第10期。

27. 徐玖玖:《利益均衡视角下数据产权的分类分层实现》,载《法律科学

(西北政法大学学报)》2023 年第 2 期。

28. 洪延青:《国家安全视野中的数据分类分级保护》,载《中国法律评论》2021 年第 5 期。

29. 赵精武:《论数据出境评估、合同与认证规则的体系化》,载《行政法学研究》2023 年第 1 期。

30. 张凌寒:《论数据出境安全评估的法律性质与救济路径》,载《行政法学研究》2023 年第 1 期。

31. 丁晓东:《数据跨境流动的法理反思与制度重构——兼评〈数据出境安全评估办法〉》,载《行政法学研究》2023 年第 1 期。

32. 刘金瑞:《数据安全范式革新及其立法展开》,载《环球法律评论》2021 年第 1 期。

33. 郑曦:《刑事司法中的数据安全保护问题研究》,载《东方法学》2021 年第 5 期。

34. 徐玉梅、王欣宇:《我国重要数据安全法律规制的现实路径——基于国家安全视角》,载《学术交流》2022 年第 5 期。

35. 季卫东:《探讨数字时代法律程序的意义——聚焦风险防控行政的算法独裁与程序公正》,载《中国政法大学学报》2023 年第 1 期。

36. 张阳:《金融交易数据的监管应用——以交易报告库为中心》,载《财经法学》2022 年第 3 期。

37. 邢会强:《政务数据共享与个人信息保护》,载《行政法学研究》2023 年第 2 期。

38. 刘恒:《行政救济制度研究》,法律出版社 1998 年版。

39. 江必新、梁凤云:《行政诉讼法理论与实务》(第 3 版)(下卷),法律出版社 2016 年版。

40. 薛刚凌主编:《行政法与行政诉讼法》,中国人民大学出版社 2007 年版。

41. 中国社会科学院语言研究所词典编辑室编:《现代汉语词典》,商务印书馆 1985 年版。

42. 姜明安:《行政诉讼法》(第 3 版),北京大学出版社 2016 年版。

43. 林莉红:《行政诉讼法学》(第 4 版),武汉大学出版社 2015 年版。

44. 胡建淼主编:《行政诉讼法学》,高等教育出版社 2003 年版。

45. 马怀德主编:《行政诉讼法学》(第 2 版),北京大学出版社 2008 年版。

46. 章剑生:《现代行政法基本理论》,法律出版社 2008 年版。

47. 安小米等:《政府数据治理与利用能力研究——现状、问题与建议》,载《图书情报知识》2021 年第 5 期。

48. 高秦伟:《数字政府背景下行政法治的发展及其课题》,载《东方法学》2022 年第 2 期。

49. 赵金旭,赵娟,孟天广:《数字政府发展的理论框架与评估体系研究——基于 31 个省级行政单位和 101 个大中城市的实证分析》,载《中国行政管理》2022 年第 6 期。

50. [爱尔兰]Colin Scott、石肖雪:《作为规制与治理工具的行政许可》,载《法学研究》2014 年第 2 期。

51. 王春晖:《我国〈数据安全法〉十大亮点解析》,载《中国电信业》2021 年第 9 期。

52. 黄如花、李楠:《开放数据的许可协议类型研究》,载《图书馆》2016 年第 8 期。

53. 高富平:《数据流通理论:数据资源权利配置的基础》,载《中外法学》2019 年第 6 期。

54. Hahn K L.Research Library Publishing Service: New Options for University Publishing Association of Research Libraries 2008.

55. Neil Gunningham, Robert A.Kagan, Dorothy Thornton, *Social License and Environmental Protection: Why Businesses Go Beyond Compliance*, 29 Law and Social Inquiry 307–342(2004).

56. 宁宣凤、吴涵、蒋科:《中国数据保护路径解读》,载《数字经济》2021 年第 6 期。

57. 李顾元:《〈数据安全法(草案)〉视野下的公共数据治理》,载《信息安全与通信保密》2020年第8期。

58. 博庆贺、邵佩佩、岳彩轩:《5G时代,政府数据管理及隐私风险探究》,载《中国电信业》2021年第11期。

59. 高翔:《超越政府中心主义:公共数据治理中的市民授权机制》,载《治理研究》2022年第2期。

60. 叶传星、闫文光:《论中国数据跨境制度的现状、问题与纾困路径》,载《北京航空航天大学学报(社会科学版)》2024年第1期。

61. 周亚超、左晓栋:《美国受控非密信息分类与安全控制解析》,载《网络空间安全》2020年第3期。

62. 宋华琳、郑琛:《论政府数据开放中的数据安全保护制度》,载《中国司法》2022年第3期。

63. 孟强龙:《行政约谈法治化研究》,载《行政法学研究》2015年第6期。

64. 贾燕飞:《我国行政约谈制度及其规范化构建》,载《哈尔滨市委党校学报》2015年第5期。

65. 王世伟:《论大数据时代信息安全的新特点与新要求》,载《图书情报工作》2016年第6期。

66. 黄宁、李杨:《"三难选择"下跨境数据流动规制的演进与成因》,载《清华大学学报(哲学社会科学版)》2017年第5期。